面向"十三五"理实一体化系列教材·汽车类

汽车电气系统检修

（第 2 版）

主　编　王秋梅　王永浩
副主编　刘金凤　曲春红
参　编　王慧勇　董　刚　董　秀

北京理工大学出版社
BEIJING INSTITUTE OF TECHNOLOGY PRESS

内容简介

本书采用项目化教学方法，分为汽车电气系统检修基础、汽车电源系统检修、汽车起动系统检修、汽车照明与信号系统检修、汽车仪表与报警系统检修、汽车辅助电气系统检修、汽车空调系统检修、汽车整车线路分析等8个项目。其中一些重点和难点知识可通过扫描二维码观看相关的视频和动画进行学习。

本书内容丰富、实用性强，既可作为高等院校、高级技工院校和技师(术)学院汽车专业的理实一体化教材，也可以作为汽车维修专业技术人员的培训教材和参考书。

版权专有　侵权必究

图书在版编目(CIP)数据

汽车电气系统检修/王秋梅，王永浩主编.—2版.—北京：北京理工大学出版社，2019.12(2019.12重印)

ISBN 978-7-5682-7901-7

Ⅰ．①汽…　Ⅱ．①王…②王…　Ⅲ．①汽车-电气系统-检修　Ⅳ．①U472.41

中国版本图书馆 CIP 数据核字(2019)第 252246 号

出版发行 / 北京理工大学出版社有限责任公司
社　　址 / 北京市海淀区中关村南大街5号
邮　　编 / 100081
电　　话 / (010)68914775(总编室)
　　　　　(010)82562903(教材售后服务热线)
　　　　　(010)68948351(其他图书服务热线)
网　　址 / http://www.bitpress.com.cn
经　　销 / 全国各地新华书店
印　　刷 / 唐山富达印务有限公司
开　　本 / 787毫米×1092毫米　1/16
印　　张 / 15.5　　　　　　　　　　　　　责任编辑 / 陈莉华
字　　数 / 423千字　　　　　　　　　　　　文案编辑 / 陈莉华
版　　次 / 2019年12月第2版　2019年12月第2次印刷　责任校对 / 周瑞红
定　　价 / 49.80元　　　　　　　　　　　　责任印制 / 李志强

图书出现印装质量问题，请拨打售后服务热线，本社负责调换

前 言

随着汽车产业的迅猛发展和汽车保有量的增长,人们对汽车在速度、灵活性、专用性、可靠性、自动化程度、安全性、经济性、排放量等方面提出了更高要求。电子工业、计算机技术的飞速发展,使汽车电气系统发生了巨大的变化,在结构方面向轻量化、小型化发展,在性能方面向免维护(或少维护)、长寿命、高可靠性方向发展。机电一体化、高性能、智能化已成为电气系统的发展趋势。

为适应汽车电子技术的发展,满足现代职业教育以就业为导向的办学要求,依据理论与实践一体化的教学方法,我们组织多位专业教师和企业工作人员,共同编写了这本教材。本教材的编写思路是以项目为载体,用具体的工作任务为导向引出相应的知识点、技能点,充分调动学生的主动性和能动性,从而达到教学目的。

本教材根据职业教育的特点,突出学生动手能力的培养,对汽车电气系统的教学内容进行了有机整合。本教材采用项目化教学方法,分为汽车电气系统检修基础、汽车电源系统检修、汽车起动系统检修、汽车照明与信号系统检修、汽车仪表与报警系统检修、汽车辅助电气系统检修、汽车空调系统检修、汽车整车线路分析等8个项目。根据1+X职业技能等级考核标准,将技能等级考核的标准和要求融入教材的教学内容中,对本教材的结构体系进行了精心的设计,将每一个系统的检修作为一个实际项目(前有项目概述、后有项目总结),结合具体的车型展开了分析,每个项目包含若干个具体的工作任务,按照"情景描述"—"知识充电站"—"任务实施"—"拓展知识"这一思路进行编排。按照先情景导入任务,让学员带着问题来学习,然后了解相关重点知识,再进行工作任务实施,以培养其解决实际问题的能力,对开拓学生的思路具有一定的帮助。

本教材中一些重点和难点知识可通过扫描二维码来观看相关的视频和动画,这降低了学习的难度且大大提高了读者的阅读兴趣。同时也通过云课堂、蓝墨云班课等网络线上教学模式,与线下的实训操作相结合,两种教学形式的有机结合,可以让学习者的学习由浅到深,层层深入。

本教材符合国家专业教学标准,内容丰富、实用性强,既可作为高等院校、高级技工院校和技师(术)学院汽车专业的理实一体化教学教材,也可以作为汽车维修专业技术人员的培训教材和参考书。

本教材由学校和企业共同编写，由烟台汽车工程职业学院王秋梅老师、王永浩老师担任主编，刘金凤老师、曲春红老师担任副主编，参与本教材编写的人员还有董刚老师、董秀老师和来自相关企业的王慧勇高级工程师。

其中项目一、项目三由王永浩编写，项目四、项目六由王秋梅编写，项目五由刘金凤编写，项目七由曲春红编写，项目二由董刚、董秀编写，项目八由王慧勇编写。

本教材在编写过程中，参考了大量校企合作企业的技术资料和书籍，得到了许多同行特别是烟台汽车工程职业学院车辆运用工程系教师以及校企合作企业人员的大力支持和帮助，在此谨向本教材参考资料的作者及关心、支持本教材写作的同行们表示衷心的感谢。

由于编者水平有限，教材中难免存在缺点和错误之处，恳请广大读者批评指正。

编 者

目 录

项目一　汽车电气系统检修基础 ········· 001
　任务一　汽车电气系统的组成与特点 ········· 002
　　一、情境描述 ········· 002
　　二、知识充电站 ········· 002
　　三、任务实施 ········· 004
　任务二　汽车电路基础元件的检测 ········· 004
　　一、情境描述 ········· 004
　　二、知识充电站 ········· 004
　　三、任务实施 ········· 013
　　四、拓展知识 ········· 014

项目二　汽车电源系统检修 ········· 017
　任务一　蓄电池亏电故障检修 ········· 018
　　一、情境描述 ········· 018
　　二、知识充电站 ········· 018
　　三、任务实施 ········· 026
　　四、拓展知识 ········· 031
　任务二　汽车发电机的检修 ········· 035
　　一、情境描述 ········· 035
　　二、知识充电站 ········· 035
　　三、任务实施 ········· 047
　　四、拓展知识 ········· 050

项目三　汽车起动系统检修 ········· 055
　任务一　起动机异响故障检修 ········· 056
　　一、情境描述 ········· 056
　　二、知识充电站 ········· 056
　　三、任务实施 ········· 065

四、拓展知识 ………………………………………………………………………… 066
　任务二　起动机无法运转故障检修 ………………………………………………… 069
　　一、情境描述 ………………………………………………………………………… 069
　　二、知识充电站 ……………………………………………………………………… 069
　　三、任务实施 ………………………………………………………………………… 071
　　四、拓展知识 ………………………………………………………………………… 073

项目四　汽车照明与信号系统检修 …………………………………………………… 075
　任务一　前照灯不亮故障的检测与维修 …………………………………………… 076
　　一、情境描述 ………………………………………………………………………… 076
　　二、知识充电站 ……………………………………………………………………… 076
　　三、任务实施 ………………………………………………………………………… 080
　　四、拓展知识 ………………………………………………………………………… 082
　任务二　转向灯不亮故障的检测与维修 …………………………………………… 083
　　一、情境描述 ………………………………………………………………………… 083
　　二、知识充电站 ……………………………………………………………………… 083
　　三、任务实施 ………………………………………………………………………… 086
　　四、拓展知识 ………………………………………………………………………… 086
　任务三　汽车电喇叭不响故障的检测与维修 ……………………………………… 088
　　一、情境描述 ………………………………………………………………………… 088
　　二、知识充电站 ……………………………………………………………………… 088
　　三、任务实施 ………………………………………………………………………… 091
　　四、拓展知识 ………………………………………………………………………… 093

项目五　汽车仪表与报警系统检修 …………………………………………………… 097
　任务一　仪表指示异常的故障检修 ………………………………………………… 098
　　一、情境描述 ………………………………………………………………………… 098
　　二、知识充电站 ……………………………………………………………………… 098
　　三、任务实施 ………………………………………………………………………… 108
　　四、拓展知识 ………………………………………………………………………… 109
　任务二　报警灯常亮故障检修 ……………………………………………………… 113
　　一、情境描述 ………………………………………………………………………… 113
　　二、知识充电站 ……………………………………………………………………… 113
　　三、任务实施 ………………………………………………………………………… 117
　　四、拓展知识 ………………………………………………………………………… 118

项目六　汽车辅助电气系统检修 ……………………………………………………… 123
　任务一　电动车窗无法降落故障检修 ……………………………………………… 123

一、情境描述 ………………………………………………………………… 123
　　二、知识充电站 ……………………………………………………………… 124
　　三、任务实施 ………………………………………………………………… 127
　　四、拓展知识 ………………………………………………………………… 128
  任务二　电动刮水器不工作故障检修 …………………………………………… 129
　　一、情境描述 ………………………………………………………………… 129
　　二、知识充电站 ……………………………………………………………… 129
　　三、任务实施 ………………………………………………………………… 132
　　四、拓展知识 ………………………………………………………………… 134
  任务三　中控门锁失效故障检修 ………………………………………………… 135
　　一、情境描述 ………………………………………………………………… 135
　　二、知识充电站 ……………………………………………………………… 135
　　三、任务实施 ………………………………………………………………… 139
　　四、拓展知识 ………………………………………………………………… 139

项目七　汽车空调系统检修 ………………………………………………………… 143
  任务一　空调不制冷故障的检修 ………………………………………………… 144
　　一、情境描述 ………………………………………………………………… 144
　　二、知识充电站 ……………………………………………………………… 144
　　三、任务实施 ………………………………………………………………… 156
　　四、拓展知识 ………………………………………………………………… 157
  任务二　空调制冷不足故障的检修 ……………………………………………… 159
　　一、情境描述 ………………………………………………………………… 159
　　二、知识充电站 ……………………………………………………………… 159
　　三、任务实施 ………………………………………………………………… 165
　　四、拓展知识 ………………………………………………………………… 170

项目八　汽车整车线路分析 ………………………………………………………… 177
  任务　整车线路分析 ……………………………………………………………… 177
　　一、情境描述 ………………………………………………………………… 177
　　二、知识充电站 ……………………………………………………………… 177
　　三、任务实施 ………………………………………………………………… 187
　　四、拓展知识 ………………………………………………………………… 190

参考文献 ……………………………………………………………………………… 199

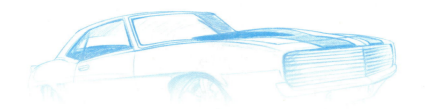

项目一
汽车电气系统检修基础

 项目概述

随着汽车技术和电子技术的发展，汽车电子技术也得到了迅速的发展，它已成为一个国家汽车工业发展水平的标志。汽车电气系统检修工作已经成为汽车维修的关键。汽车电气系统检修不仅要掌握汽车电气专业知识，还要会熟练使用检测工具。本项目主要介绍汽车电气系统的组成、特点，电路中常用元器件以及电路检测常用工具的使用方法，设置两个任务，分别是：汽车电气系统的组成与特点；汽车电路基础元件的检测。汽车电器分布与组成如图1-1所示。

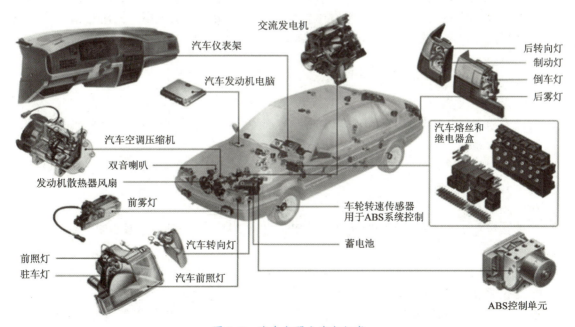

图1-1 汽车电器分布与组成

知识目标	能力目标
1）掌握汽车电器设备的组成与特点； 2）掌握汽车电器基本元件的有关知识； 3）掌握电路检测常用工具跨接线、测试灯、万用表的使用方法。	1）能够认识汽车上的电器设备； 2）能够正确使用汽车电器设备的常用检测仪器。

任务一　汽车电气系统的组成与特点

一、情境描述

学生：从事汽车电气系统检修工作，首先应从什么方面做起？

老师：要想成为一名合格的汽车电器维修人员，首先应该知道一辆车的哪些部分属于汽车电气部分，汽车电气系统由什么组成，它们又有什么特点。

二、知识充电站

（一）汽车电气系统的组成

汽车电气系统主要由电源、用电设备和中间装置组成。

1. 电源

汽车电源包括蓄电池、发电机及调节器。蓄电池的作用是发动机不工作时向起动机及其他用电设备供电。发动机起动后，发电机作为电源向用电设备供电，同时也给蓄电池充电。调节器的作用是在发电机工作时，保持其输出电压的稳定。

2. 用电设备

用电设备包括以下内容。

（1）起动系统

起动系统主要包括起动机及其控制电路，其作用是用于起动发动机。

（2）点火系统

点火系统用来产生电火花，点燃汽油机中的可燃混合气。点火系统主要包括点火线圈、点火器、分电器、火花塞等。

（3）照明系统

照明系统包括车外和车内的照明灯具，用于提供车辆安全行驶的必要照明。

（4）信号装置

信号装置包括音响信号装置和灯光信号装置两类，用于提供行车所必需的信号。

（5）仪表及报警装置

仪表及报警装置用来监测发动机及汽车的工作情况，使驾驶员能够通过仪表、报警装置及时监视发动机和汽车运行的各种参数及异常情况，确保汽车正常运行。它包括车速里程表、发动机转速表、水温表、燃油表、电压（电流）表、机油压力表、气压表和各种报警灯等。

（6）辅助电器设备

辅助电器设备（也称为舒适系统）包括风窗电动刮水器、风窗洗涤器、汽车视听设备、车窗玻璃电动升降器、电动座椅、电动天窗、电动后视镜等，车用辅助电器设备有日益增多的趋势，主要向舒适、娱乐、安全保障等方面发展。车辆的豪华程度越高，辅助电器设备也就越多。

（7）汽车电子控制系统

汽车电子控制系统主要是指利用微机控制的各个系统。

发动机的微机控制主要有汽油喷射发动机集中控制系统和电控柴油喷射系统。用于实现发动机的低油耗、低污染，提高汽车的动力性、经济性。

底盘上电子控制系统用于提高汽车的舒适性、安全性和动力性等，主要有电控自动变速器、电控悬架、制动防抱死/防滑控制系统（ABS/ASR）、电控动力转向、牵引力控制、巡航控制等。

车身电子控制系统包括汽车安全、舒适性控制和信息通信系统，主要有安全气囊、安全带、中央防盗门锁、空调系统、多功能电动座椅、多媒体界面、电动车窗和满足多种用电设备需求的新型电源管理系统，还有导航系统、车载网络系统、状态监测与故障诊断系统等。

总之，随着汽车电子技术的不断发展，将有越来越多的电子设备应用在汽车上，以提高汽车的安全性、舒适性和方便性。

3. 全车电路及配电装置

任何电器设备和电控装置要想获得电源供应，中间装置的连接必不可少。常见的连接装置有中央接线盒、保险装置、继电器、电气线束及插接件、电路开关等，这些中间装置的选用和装配直接影响到用电设备的运行状况。

由于现代汽车所采用的电控系统越来越多，所占的比例也越来越大，且汽车电控系统往往自成系统，将电子控制与机械装置相结合，形成了较为典型的机电一体化系统。因此，本书重点涉及传统汽车电器设备中的电子控制装置及电路，不涉及诸如电控燃油喷射、电子点火系统、电控自动变速器、制动防抱死系统等，这些微机控制系统将在发动机和底盘的教材中予以介绍。

（二）汽车电器设备的特点

汽车电器设备与普通电器设备相比有如下特点。

1. 两个电源

各用电设备均与蓄电池、发电机并联。发电机为主电源，可提供汽车运行时各用电设备的用电；蓄电池为辅助电源，主要供起动时用电。

汽车电路的特点

2. 低压直流电

蓄电池作为汽车上的电源之一，始终是直流电，主要用于发动机起动时为起动机供电，当蓄电池放电完毕后必须由直流电源对其进行充电，因此，汽车上的发电机也必须输出直流电。

汽车电气系统的额定电压一般为直流 12 V 和 24 V 两种。目前汽车上普遍采用 12 V 电源，重型柴油机多采用 24 V 电源。

随着汽车上电器设备的增多，电气负荷越来越大，要求汽车上采用能量大、体积小的电源。目前，已有汽车公司在研究使用 36 V、42 V 新型电源的课题。从效率的角度考虑，使用 42 V 电压系统，有利于减小电流，进而减小能量损耗，并且能够减小所需电子设备的体积，节省空间。

3. 单线制

从电源到用电设备使用一根导线连接，而另一根导线则用汽车车体或发动机机体的金属部分代替，这种连接方式称为单线制。单线制可节省导线，使电路简化、清晰，便于安装与检修，因此现代汽车电器设备广泛采用单线制。

4. 负极搭铁

汽车车身的金属机体作为公共的导线，在接线时电源的某极必须与金属机体相连，这样的连接称为搭铁。对于直流电来说，电气系统的正极或负极均可作为搭铁极，但按照国际通行的做法和我国国家标准 GB 2261—1971《汽车、拖拉机用电设备技术条件》的规定，汽车电气系统为负极搭铁。负极搭铁能减少蓄电池电缆铜端子在车架车身连接处的电化学腐蚀，提高搭铁的可靠性。

5. 用电设备并联

用电设备并联就是指汽车上的各种用电设备都采用并联方式与电源连接，每个用电设备都由各自串联在其支路中的专用开关控制，不会产生干扰。

三、任务实施

（一）任务实施环境

器材及工具准备：实训车辆。

（二）任务实施步骤

1）在实训车辆上找到蓄电池、发电机、起动机、前后灯具总成、喇叭、刮水器、电动车窗、中央接线盒等实物的安装位置。

2）查看蓄电池负极如何与车架连接。

3）打开某三个用电设备（如喇叭、大灯、刮水器、电动车窗等）。

通过以上任务的训练去充分理解、体会汽车电气系统的组成及特点。

任务二　汽车电路基础元件的检测

一、情境描述

学生：我们这门"汽车电气系统检修"课，会用到哪些检测工具？如何检测？

老师：现在我们就来认识一些常用的检测工具，并练习检测电路中的基础元件。

二、知识充电站

（一）汽车电路的基础元件

汽车电路的基础元件包括导线、熔断器、插接器、各种开关和继电器等，它们是汽车电路的基本组成部分，也称之为汽车电路的中间装置。

1. 导线

汽车电路是由导线连接起来的，导线是用电器从电源获得电能必不可少的元件。汽车电器设备的连接导线，按承受电压的高低可分为高压导线和低压导线两种。点火线圈（高压）输出线、分电器盖至发动机各缸火花塞上的（高压）分线，使用特制的高压点火线或高压阻尼点火线。汽车充电系统、仪表、照明、信号及辅助电器设备等，均使用低压导线，这里主要介绍低压导线。

（1）导线截面积的正确选择

汽车上各种电器设备所用的连接导线，可根据用电设备的负载电流大小选择导线的截面积。其一般原则为：长时间工作的电器设备可选用实际载流量为60%的导线；短时间工作的用电设备可选用实际载流量为60%～100%范围的导线。同时，还应考虑电路中的电压降和导线发热等情况，以免影响用电设备的电气性能和超过导线的允许温度。为保证一定的机械强度，一般低压导线截面积不小于0.5 mm^2。各种低压导线标称截面积的允许负载电流见表1-1。表1-2列出了汽车12 V电气系统主要电路导线截面积选择的推荐值。

表1-1　低压导线标称截面积的允许负载电流值

铜芯电线截面积 / mm^2	0.5	0.75	1.0	1.5	2.5	4	6	10	16	25	35	50
载流量（60%）/A	7.5	9.6	11.4	14.4	19.2	25.2	33	45	63	82.5	102	129
载流量（100%）/A	12.5	16	19	24	32	42	55	75	105	138	170	215

表1-2　汽车12 V电气系统主要电路导线截面积选择的推荐值

汽车类型	标称截面积 /mm^2	用途
轿车、货车、挂车	0.5	后灯、顶灯、指示灯、仪表灯、牌照灯、燃油表、刮水器电机
	0.8	转向灯、制动灯、停车灯、分电器
	1.0	前照灯的单线（不接熔断器）、电喇叭（3 A以下）
	1.5	前照灯的电线束（接熔断器）、电喇叭（3 A以上）
	1.5～4	其他连接导线
	4～6	电热塞
	4～25	电源线
	16～95	起动机电缆

（2）导线的颜色

随着汽车上使用电器的增多，导线数量也随之增多，为便于安装和检修，采用双色导线，主色为基础色，辅色为环布导线的条色带或螺旋色带，且标注时主色在前，辅色在后。以双色为基础选用时，各用电系统的电源线为单色，其余为双色，汽车各用电系统双色低压线的主色见表1-3。

表1-3 汽车各用电系统双色低压线主色的规定

系统名称	电线主色	代号	系统名称	电线主色	代号
电气装置接地线	黑	B	仪表、报警指示和喇叭系统	棕	Br
点火起动系统	白	W	前照灯、雾灯等外部照明系统	蓝	Bl
电源系统	红	R	各种辅助电机及电气操纵系统	灰	Gr
灯光信号系统	绿	G	收放音机、点烟器等系统	紫	V
车身内部照明系统	黄	Y			

（3）汽车线束

为使全车线路规整、安装方便及保护导线的绝缘，汽车上的全车线路除高压线、蓄电池电缆和起动机电缆外，一般将同区域的不同规格的导线用棉纱或薄聚氯乙烯带缠绕包扎成束，称为线束，如图1-2所示。

汽车线束的构成

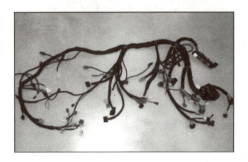 

图1-2 汽车线束实物

2. 熔断器

熔断器是最简便的而且是有效的短路保护电器。熔断器中的熔片或熔丝用电阻率较高的易熔合金制成，例如铅锡合金等；或用截面积甚小的良导体制成，例如铜、银等。线路在正常工作情况下，熔断器不应熔断。一旦发生短路或严重过载时，熔断器应立即熔断。

现代汽车上常见的熔断器外形如图1-3所示，可以分为熔片式、熔管式、绝缘式、金属丝式、插片式等。各种熔断器规格如表1-4所示，有多种形式的熔断器可供选用。其中插片式熔断器的组成如图1-4所示。除了熔断器，汽车中还有易熔线（简称熔丝）也是常用的熔断装置，图1-5为熔断器和易熔线的图形符号。

汽车熔断器的检测与更换

图1-3 常见熔断器

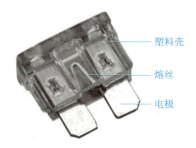

图1-4 插片式熔断器的组成

图 1-5 熔断器和易熔线的图形符号

（a）熔断器符号；（b）易熔线符号

熔断器在汽车上的位置如图 1-6 所示。

图 1-6 熔断器在汽车上的位置

由于熔体熔断所需要的时间与通过熔体电流的大小有关，为了达到既能有效实现短路保护，又能维持设备正常工作的目的，一般情况下，要求通过熔体的电流等于或小于额定电流的 1.25 倍时可以长期不熔断；超过其额定电流的倍数越大，熔体熔断的时间越短。

表 1-4 各种熔断器额定电流的规格

品种规格		额定电流 /A								
玻璃管式		2	3	5	7.5	10	15	20	25	30	40
绝缘式		—	—	5	8	10	—	20	25	—	—
插片式	电流 /A	2	3	5	7.5	10	15	20	25	30	40
	颜色	无色	紫	棕黄	褐	红	浅蓝	黄	白	绿	
金属丝式	电流 /A		3		7.5	10	15	20	25	30	
	直径 /mm		0.11		0.20	0.25	0.30	0.35	0.40	0.47	
熔片式	电流 /A	20			45			6		80	
	厚度 /mm	0.20			0.40			0.6		0.8	

3. 插接器

插接器又叫连接器，就是通常说的插头和插座，用于线束与线束或导线与导线间的相互连接。为防止插接器在汽车行驶过程中脱开，所有的插接器均采用了闭锁装置。

（1）插接器的符号和实物示意图

插接器的符号和实物如图 1-7 所示。

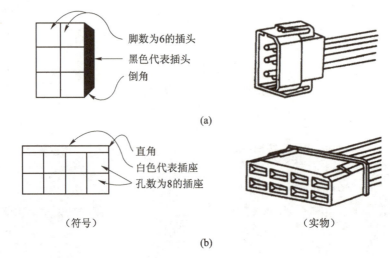

图 1-7 插接器的符号和实物
(a) 插头；(b) 插座

（2）插接器的拆卸

插接器的拆卸方法如图 1-8 所示。

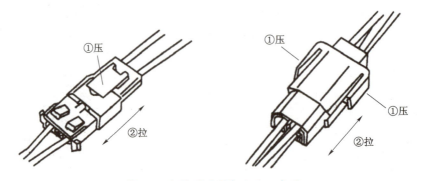

图 1-8 插接器的拆卸方法示意图

4. 开关

开关是电路中最常用的部件，它能控制电路的接通、断开。开关内的触点闭合时便通过电流，断开时便切断电流。开关可根据输入、输出开关的线路数目进行分类。若用"刀"表示输入开关的线路数目，用"掷"表示输出开关的线路数目，开关可分为单刀单掷开关、单刀双掷开关、单刀多掷开关等类型。下面介绍工程以及汽车中常用的开关。

（1）普通开关

控制电路中常用的起动、停止按钮就是一种单刀单掷开关。如图 1-9 所示为普通按钮图形符号。图 1-9（a）所示常开按钮处于原始位置时为断开状态，只有按下按钮时才会闭合触点，常用作控制电路的起动按钮。图 1-9（b）所示常闭按钮处于原始位置时为闭合状态，只有按下按钮时才会断开触点，常用作控制电路的停止按钮。图 1-9（c）所示复合按钮，有一组常开触点和一组常闭触点。这类按钮为瞬时接触形式，内有一个保持触点张开的弹簧，只有施加外力时触点才动作，外力撤消时触点便立即恢复原状。普通电动机控制电路上的按钮、汽车上的电喇叭按钮就是这种结构。除此以外，根据结构不同，按钮还有自锁式、紧急式、钥匙式、扳柄式等。汽车中的水银开关、舌簧开关都属于比较特殊的单刀单掷开关。

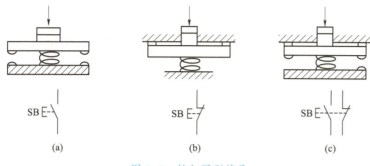

图 1-9 按钮图形符号

(a) 常开按钮；(b) 常闭按钮；(c) 复合按钮

点火开关的检测

（2）组合开关——点火开关

点火开关是汽车电路各分支电路的控制枢纽，是汽车电路中最重要的组合式开关，它的操纵端均做成锁的形式，如图 1-10（a）所示。

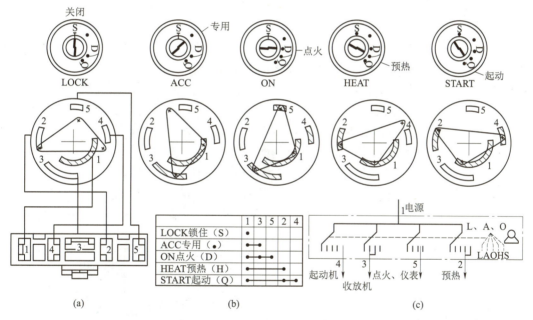

图 1-10 点火开关的结构及表示方法

(a) 结构示意图；(b) 表格表示法；(c) 图形符号表示法

点火开关主要用来接通和切断点火电路，同时还用以控制起动机、发电机励磁、收放机、空调、刮水器、点烟器、仪表、信号灯、进气预热和其他电器设备电路。

1）ON 挡——可接通仪表和点火系统、暖风装置、刮水器、转向灯等电路。

2）ACC 挡——接通收放机和点烟器电路。

3）START 挡——可接通起动电路，起动发动机后自动回到 ON 位置。

4）LOCK 挡——断电且转向联锁机构锁止位置。

5）HEAT 挡——预热挡，柴油车上使用。

如图 1-10（b）所示，点火开关处于不同状态下开关 5 个触点的通断关系常用表格表示法来表征。

1）LOCK 挡——触点不导通。

2）ACC 挡——触点 1、3 导通。

3）ON 挡——触点 1、3、5 导通。

4）HEAT 挡——触点 1、2 导通。

5）START 挡——触点 1、2、4 导通。

如图 1-10（c）所示为点火开关的图形符号表示法，5 个触点的排列次序分别为 1—3—5—2—4，配合内部接线，5 个状态从左到右分别表示为 LOCK 挡—ACC 挡—ON 挡—HEAT 挡—START 挡（分别用第一个大写字母表示）。

除了点火开关，将多种开关功能集成在一起而构成的组合开关在现代汽车上使用非常广泛，如灯光组合开关、风扇组合开关等。因此在识图时应了解开关在不同状态下开关内部触点（插头）和电路接线（插座）之间的对应关系。

5. 继电器

继电器可以实现自动接通或切断一对或多对触点，完成用小电流控制大电流的功能，以减小控制开关的电流负荷，保护电路中的控制开关。汽车上用到的继电器有进气预热继电器、空调继电器、喇叭继电器、雾灯继电器、中间继电器、风窗刮水器/清洗器继电器、危险报警与转向闪光继电器等。继电器实物如图 1-11 所示。

电磁继电器一般由铁芯、线圈、衔铁、触点簧片等组成，如图 1-12 所示。只要在线圈两端加上一定的电压，线圈中就会流过一定的电流，从而产生电磁效应，衔铁就会在电磁力吸引的作用下克服弹簧的拉力吸向铁芯，从而带动衔铁的动触点与静触点（常开触点）吸合。当线圈断电后，电磁的吸力也随之消失，衔铁就会在弹簧的反作用力下返回原来的位置，使动触点与原来的静触点（常开触点）释放。这样吸合、释放，从而达到了在电路中的导通、切断的目的。对于继电器的常开、常闭触点，可以这样来区分：继电器线圈未通电时处于断开状态的静触点，称为常开触点；处于接通状态的静触点称为常闭触点。

图 1-11 继电器实物

图 1-12 电磁继电器组成

继电器一般有两股电路，为低压控制电路和高压工作电路，其中线圈接入低压控制电路，触点接入高压工作电路。继电器的图形符号如图 1-13 所示，端子 85、86 之间是线圈，端子 30、87 之间是触点。继电器在电路中的接线方式如图 1-14 所示。可参照图 1-15 汽车喇叭电路来理解继电器在电路中的接线。在汽车喇叭电路中，继电器用小电流控制大电流，以减小喇叭开关的电流负荷，具有保护喇叭开关的作用。

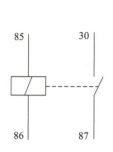

图 1-13　继电器符号

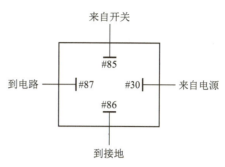

图 1-14　四个引脚继电器典型的接线端框

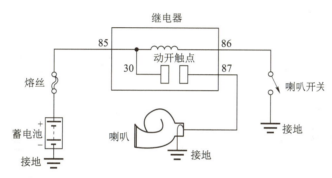

图 1-15　汽车喇叭电路

（二）汽车电路检测工具的使用

1. 跨接线

跨接线是一根测试导线，如图 1-16 所示。它是一种简单、有效的测试工具。跨接线可使电流"绕过"被怀疑是开路或断路的电路部分，从而使电路形成回路，进行导通性测试。如果连接跨接线后电路工作正常，不连接跨接线时工作不正常，则表示所跨过的部分存在开路故障。跨接线仅用于旁通电路的非电阻性部件，如开关、连接器和导线段等。

注意：切勿将跨接线直接跨接在用电设备两端，否则会烧损其他相关电路元件。如图 1-17 所示，电动机两端不能接跨接线。

跨接线的使用

2. 测电笔（测试灯）

测电笔包括一只 12 V 灯泡和一对引线，用于测试是否有电压，如图 1-18 所示。使用方法是将一条引线接地，用另一条引线沿电路接触不同的点，检测是否有电压，如图 1-19 所示。如果测电笔点亮，表明测试点有电压。

试灯的使用

3. 万用表

万用表有指针式和数字式的，目前使用最多的是数字式万用表，可以测量电压、电阻和 10 A 以下的电流。数字式万用表实物如图 1-20 所示。

万用表简介、万用表检测电压、电压降

图 1-16 跨接线

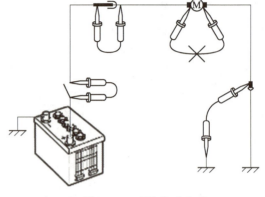

图 1-17 跨接线的使用

图 1-18 测电笔

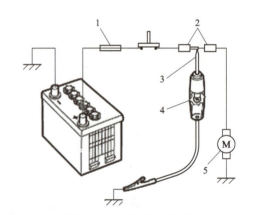

图 1-19 测电笔的使用

1—熔断器；2—连接器；3—探针；4—测试灯；5—电动机

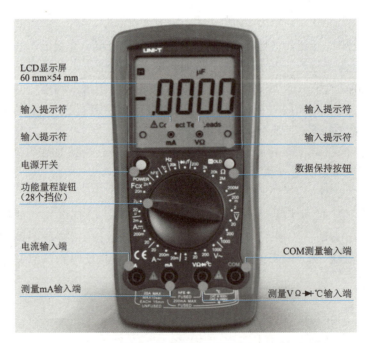

图 1-20 数字式万用表

（1）电压的测量

1）将万用表的测试导线插入相应插孔（红表笔插入 V/Ω 插孔，黑表笔插入 COM 插孔）。

2）将万用表的功能选择开关置于电压测量挡位，并根据待测量电压的类型选择直流和交流位置。

3）根据待测电压的大小选择量程。

4）使用万用表的测试导线将万用表接入待测电路，黑表笔接地，红表笔接信号线。

5）闭合待测试电路，观察万用表显示区域的电压读数。

6）按下 HOLD 按钮，锁定测量结果，并与标准值进行对比。

（2）电阻的测量

1）将万用表的测试导线插入相应插孔（红表笔插入 V/Ω 插孔，黑表笔插入 COM 插孔）。

万用表检测电阻

2）将万用表的功能选择开关置于电阻测量挡位，并根据待测量电阻阻值大小选择合适量程。

3）使用万用表的测试表笔接入待测电阻两端。

4）观察万用表显示区域的电阻读数。

5）按下 HOLD 按钮，锁定测量结果，并与标准值进行对比。

（3）万用表使用的注意事项

万用表使用不当，不但影响检量精度，还有可能烧坏仪表，为此必须注意下列事项：

1）不允许带电测电阻（被测元件所在电路处于开路状态时才可以检测该元件的电阻）。

2）不要在电流挡、电阻挡、二极管挡和蜂鸣器挡测量电压。

3）为防止操作失误，因选挡不当而损坏仪表，一般在万用表使用完毕之后，应将转换开关旋至交流电压的最大量程上。

4）仪表在测试时，不能旋转功能转换开关，特别是高电压和大电流时，严禁带电转换量程。

5）当屏幕出现电池符号时，说明电量不足，应更换电池。

6）电路实验中一般不用万用表测量电流。在每次测量结束后，应把仪表关掉。

7）无论使用或存放，严禁受潮和进水。

三、任务实施

（一）任务实施环境

器材及工具准备：

1）熔断器；

2）继电器；

3）万用表。

（二）任务实施流程

1）在若干熔断器中，用万用表检测出各熔断器是否烧蚀。

2）在若干继电器中，用万用表检测出各继电器是否能正常工作，其中对于故障继电器要具体指明是线圈故障还是触点故障。

(三)任务实施步骤

1. 熔断器的检测

可以用观察法检测,也可用万用表电阻挡测量熔断器是否熔断。

用 $R×100\ \Omega$ 挡测量熔断器阻值,若显示结果如图 1–21 所示,阻值较小,说明熔断器正常;若显示结果阻值为无穷大,说明熔断器已烧蚀。

图 1–21 熔断器的检测

2. 继电器的检测

(1)开路检测

采用万用表测电阻法,用万用表的 $R×100\ \Omega$ 挡检查。五个引脚继电器,如图 1–22 所示,如果 1—2 端阻值在规定范围内,3—4 端导通,3—5 端电阻为∞,则正常,否则有问题。

四脚继电器的检测

(2)加电检测

如图 1–23 所示,在 1 端和 2 端之间加 12 V 电压,3—4 端不导通,3—5 端导通,则为正常,否则有问题。

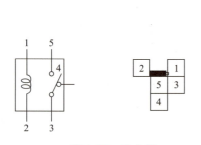

图 1–22 继电器

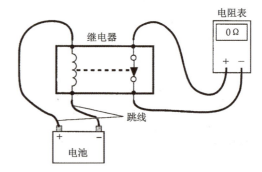

图 1–23 加电检测

四、拓展知识

(一)汽车故障诊断仪

车辆故障自检终端、汽车故障诊断仪(又称汽车解码器)是用于检测汽车故障的便携式智能汽车故障自检仪,用户可以利用它迅速地读取汽车电控系统中的故障,并通过液晶显示屏显示故障信息，迅速查明发生故障的部位及原因。

汽车故障诊断仪是维修中非常重要的工具，一般具有如下几项或全部的功能：① 读取故障码。② 清除故障码。③ 读取发动机动态数据流。④ 示波功能。⑤ 元件动作测试。⑥ 匹配、设定和编码等功能。⑦ 英汉辞典、计算器及其他辅助功能。

故障诊断仪大都随机带有使用手册，按照说明极易操作。一般来说有以下几步：① 在车上找到诊断座。② 选用相应的诊断接口。③ 根据车型，进入相应诊断系统。④ 读取故障码。⑤ 查看数据流。⑥ 诊断维修之后清除故障码。

汽车故障诊断仪市场上除了原厂汽车故障诊断电脑外，主要品牌有国内的道通、元征、亿科、车博士、欧克勒亚、金德、修车王、金奔腾等，国外的如德国博世、美国斯必克（SPX）和红盒子、瑞典 AUTODGAGNOS 等。常见的汽车故障诊断仪如图 1-24 所示。

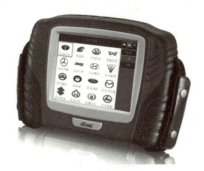

图 1-24　常见的汽车故障诊断仪

（二）汽车示波器

示波器是一种用途十分广泛的电子测量仪器，实物如图 1-25 所示。它能把肉眼看不见的电信号变换成看得见的图像，便于人们研究各种电现象的变化过程。利用示波器能观察各种不同信号幅度随时间变化的波形曲线，还可以用它测试各种不同的电量，如电压、电流、频率、相位差、调幅度等。

示波器的使用

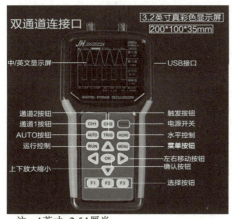
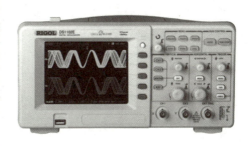

注：1英寸=2.54厘米。

图 1-25　示波器

汽车示波器，顾名思义就是用来检测汽车电子电路故障的示波器。市场上示波器一般被分作两种，一种为普通或工业示波器，一种为汽车示波器。工业示波器，由于应用的领域不同，其采样率及带宽等参数差异很大；而汽车示波器，则其挡次不会分得太大，因汽车电路信号传输速率最大的就是 CAN 总线（高速 CAN 速率为 1 Mb/s）了，所以汽车示波器的采样率为 20 MS/s 已足够了，不需要再大的采样率。

示波器的使用步骤

1）先预调：反时针旋转辉度旋钮到底，将竖直和水平位移转到中间，衰减置于最高挡，扫描置于"外 X"挡。

2）再开电源，指示灯亮后等待一两分钟进行预热后再进行相关的操作。

3）先调辉度，再调聚焦，进而调水平和竖直位移使亮点在中心合适区域。

4）调扫描、扫描微调和 X 增益，观察扫描。

5）把"外 X"挡拔开到扫描范围挡合适处，观察机内提供的竖直方向按正余弦规律变化的电压波形。

6）把待研究的外加电压由 Y 输入和地间接入示波器，调节各挡到合适位置，可观察到此电压的波形（与时间变化的图像），调同步极性开关可使图像的起点从正半周或负半周开始。

7）如欲观察亮斑（如外加一直流电压时）的竖直偏移，可把扫描调节到"外 X"挡。

（不同的示波器可能操作方法不同）

项目总结

1）汽车电气系统主要由电源、用电设备和中间装置组成。

2）汽车电气系统具有两个电源、低压直流、并联单线和负极搭铁的特点。

3）汽车电路的基础元件包括导线、熔断器、插接器、各种开关和继电器等，它们是汽车电路的基本组成部分，也称之为汽车电路的中间装置。

4）测试灯和跨接线常用于线路短路、断路的检测。

5）万用表可测量电路中的电阻、电流、电压及二极管是否导通等，但要注意功能选择开关及挡位的位置。

6）对于电控系统的故障检测和诊断，必须借助故障诊断仪。

项目二
汽车电源系统检修

 项目概述

汽车电器设备所使用的电源是直流电源,它来自蓄电池或发电机。由蓄电池、发电机及充电状态指示装置、开关和导线等连接而成的电气系统称为电源系统(简称电源系),如图2-1所示。

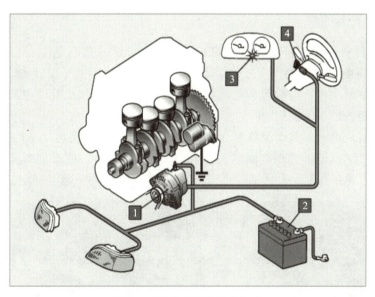

图2-1 汽车电源系统的组成
1—发电机;2—蓄电池;3—充电指示灯;4—点火开关

电源系统内蓄电池和发电机是并联工作的。在发动机正常工作时由发电机向用电设备供电并向蓄电池充电,起动时蓄电池向起动机供电。目前汽车上的电源系统可分为12 V电源系和24 V电源系,且普遍采用交流发电机与电子调节器。

汽车电源系统常见故障有:蓄电池亏电、充电指示灯常亮、发电不足等。在本项目中我们主要针对蓄电池亏电和充电指示灯常亮这两个故障现象开展检修作业。

知识目标	能力目标
1）掌握蓄电池的基本结构和型号； 2）了解蓄电池的工作原理； 3）正确描述蓄电池的容量及影响因素； 4）掌握交流发电机的基本结构及主要部件的功能； 5）正确描述电压调节器的类型及基本工作原理。	1）能够对蓄电池技术状况进行检查和维护； 2）能够对蓄电池充电； 3）能通过现象判断蓄电池的常见故障； 4）能正确拆装及检测发电机； 5）能用正确的诊断方法解决电源系统常见故障。

任务一　蓄电池亏电故障检修

一、情境描述

有一客户的卡罗拉轿车无法起动；打开前大灯，灯光暗淡；按下喇叭，声音不响亮。初步判断是蓄电池亏电，要求给予检修。

要完成这个工作任务，首先我们需要掌握蓄电池的结构和蓄电池技术状态检测等相关知识。

二、知识充电站

蓄电池是一种将化学能转变为电能的装置，属于可逆的直流电源，它既能将化学能转化为电能，也能将电能转换为化学能。用于汽车上的蓄电池，必须满足起动发动机的需要，即在 5～10 s 的短时间内，提供汽车起动机足够大的电流。汽油机起动电流为 200～600 A，有的柴油机起动电流达 1 000 A。

由于使用电解液不同，起动型蓄电池分为酸性和碱性。铅酸蓄电池结构简单，价格低廉，易于满足大量生产的汽车的需要，同时其内阻小，起动性能好，能在短时间内供给起动机所需要的大电流，因此在汽车上得到了广泛应用。小型轿车蓄电池在车内的位置如图 2-2 所示。

图 2-2　蓄电池在车内的位置

车辆蓄电池的功用：
1）发动机起动时，向起动机和点火系统供电。
2）发电机不发电或电压较低时向用电设备供电。
3）发电机超载时，协助发电机供电。
4）发电机端电压高于蓄电池电动势时，将发电机的电能转变为化学能储存起来。
5）起大电容器的作用，吸收发电机和电路中形成的过电压，保护车用电子元件。

（一）蓄电池的结构

铅酸蓄电池主要由极板、隔板、电解液、外壳和联条等部分组成，结构如图2-3所示。蓄电池由3或6个单格电池串联而成，每个单格电池电压约为2 V，串联成6 V或12 V以供汽车选用。汽油机汽车均选用12 V蓄电池；柴油机汽车电源设计为24 V。

普通蓄电池的基本结构

1. 极板

极板是蓄电池的核心部分，蓄电池充放电过程中，电能与化学能的相互转换依靠极板上的活性物质与电解液中硫酸的化学反应来实现。极板分正、负极板两种，均由栅架和活性物质组成。极板结构如图2-4所示。

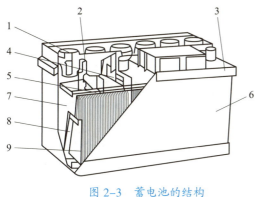

图2-3 蓄电池的结构

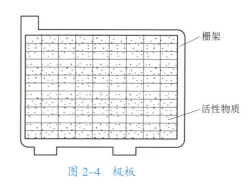

图2-4 极板

1—排气栓；2—负极桩；3—电池盖；4—穿壁连接；5—汇流条；
6—整体槽；7—负极板；8—隔板；9—正极板

栅架的作用是固结活性物质。栅架一般由铅锑合金铸成，具有良好的导电性、耐蚀性和一定的机械强度。铅锑合金中，铅占94%，锑占6%。加入少量的锑是为了提高栅架的机械强度和浇铸性能。但是铅锑合金耐电化学腐蚀性能较差，锑有一定的副作用，会加速氢的析出而加速电解液的消耗，还会引起蓄电池自放电和栅架腐烂，缩短蓄电池使用寿命。所以，多采用低锑合金栅架，含锑量为2%～3.5%。在板栅合金中加入0.1%～0.2%的砷，可以减缓腐蚀速度，提高硬度与机械强度，增强其抗变形能力，延长蓄电池的使用寿命。目前，国内外已使用铅锑砷合金作板栅。

正极板上的活性物质为二氧化铅（PbO_2），深棕色；负极板上的活性物质为海绵状纯铅（Pb），深灰色。正、负极板上的活性物质分别充填在铅锑合金铸成的栅架上，是参与电化学反应的工作物质，主要由铅粉、添加剂和一定浓度的稀硫酸混合而成。

极板的厚度对蓄电池的容量和起动性能有着极大的影响。目前国产极板厚度为1.8～2.4 mm，正极板厚度为2 mm，负极板厚度为1.8 mm；国外大都采用1.1～1.5 mm厚的薄型极板。

将正、负极板各一片浸入电解液中，可获得 2 V 左右的电动势。为了增大蓄电池的容量，常将多片正、负极板分别并联，组成正、负极板组，如图 2-5 所示。在每个单格电池中，正极板的片数要比负极板少一片，这样每片正极板都处于两片负极板之间，可以使正极板两侧放电均匀，避免因放电不均匀造成极板拱曲。

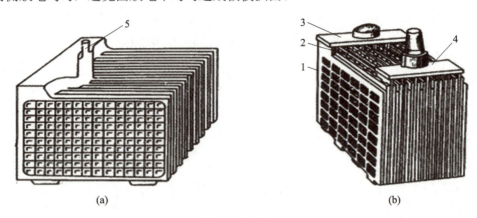

图 2-5 极板组
（a）极板组；（b）极板组总成
1—极板；2—隔板；3，4—模板；5—极桩

2. 隔板

隔板放置在正、负极板之间，将正、负极板隔开，以防正、负极板相互接触造成短路。隔板应耐酸并具有多孔性，以利于电解液的渗透。隔板一面光滑，另一面有槽，安装时，有槽的一面朝向正极板，且与外壳底部垂直。其目的是在化学反应时，沟槽使电解液上下沟通，并使脱落的活性物质沿槽下沉。

常用的隔板材料有木质、微孔橡胶和微孔塑料等。其中，木质隔板耐酸性较差；微孔橡胶隔板性能最好，但成本较高；微孔塑料隔板孔径小、孔率高、成本低，因此被广泛采用。

3. 电解液

电解液在蓄电池的化学反应中起到离子间导电的作用，并参与蓄电池的化学反应。由密度为 1.84 g/cm^3 纯硫酸和蒸馏水按一定的比例配制而成。两者以不同的比例混合后形成不同密度的电解液。蓄电池电解液的密度一般为 1.24～1.31 g/cm^3，使用密度应根据地区、气候条件和制造厂的要求而定。

电解液的密度对蓄电池的工作有重要影响。密度大，可减少结冰的危险并提高蓄电池的容量，但密度过大则黏度增加，反而会降低蓄电池的容量，缩短使用寿命。另外，电解液的纯度也是影响蓄电池性能和使用寿命的重要因素之一。

4. 外壳

蓄电池外壳为一整体式结构的容器，极板、隔板和电解液均装入外壳内。外壳应该耐酸、耐热、耐震。壳体多采用硬橡胶或聚丙烯塑料制成，为整体式结构，底部有凸起的肋条以搁置极板组。

蓄电池电压一般有 6 V 和 12 V 两种规格，因此壳内由间壁分成 3 个或 6 个互不相通的单格，各单格之间用铅质联条串联起来。壳体上部使用相同材料的电池盖密封，电池盖上设有对应于每个单格电池的加液孔，用于添加电解液和蒸馏水，以及测量电解液密度、温度和液面高度。加液孔盖上的通风孔可使蓄电池化学反应中产生的气体顺利排出。在极板组上部装有防护板，以防止测量电解液相对密度、液面高度或添加电解液时，损坏极板上部。

5. 联条

联条的作用是将单格蓄电池串联起来，提高整个蓄电池的端电压。联条一般由铅锑合金铸造而成，有外露式、跨桥式和穿壁对焊式3种，前者用在硬橡胶外壳和盖上，后两种用在塑料外壳和盖上。

外露式是指联条外露在蓄电池盖的上面，如图2-6（a）所示；跨桥式是指联条下部在蓄电池的平面上，或埋在盖下，连接部分跨接在各单格电池的中间壁上；穿壁对焊式是指在中间壁上打孔，使极板组柄直接穿过中间隔壁而将各单格电池连接起来，如图2-6（b）所示。

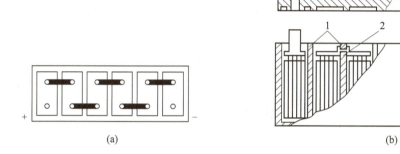

图 2-6　单格电池的连接方式
（a）外露式；（b）穿壁对焊式
1—容器间壁；2—联条；3—蓄电池盖

6. 加液孔盖

加液孔盖是用来封住加液孔的，用橡胶或塑料制成。旋入孔盖可防止电解液溅出，盖上有通气孔，可随时排出蓄电池内的 H_2 和 O_2，以免发生爆炸事故。下部有特制的隔层，作用是在汽车颠簸时，防止电解液从通气孔中溅出。新的蓄电池通气孔是密封的，在使用时，应先将盖上的通气孔打开，以保持畅通。

7. 极桩

极桩是蓄电池极板与汽车电气系统的连接件，它分为正极桩和负极桩两个，正极桩用"+"或涂以红颜色表示，负极桩用"-"或涂以蓝颜色表示。极桩由铅锑合金铸成。

（二）蓄电池的技术参数

1. 额定电压

蓄电池的额定电压为 12 V。汽油车一般用额定电压为 12 V 蓄电池，柴油车一般用 2 块 12 V 蓄电池串联使用，电压为 24 V。更换蓄电池时，一定要选择额定电压和车上电气系统电压等级一致的蓄电池。

2. 蓄电池的容量

蓄电池的容量标志着蓄电池对外供电的能力。一只完全充足电的蓄电池，在允许的放电范围内所输出的电量称为蓄电池的容量。

（1）额定容量

额定容量是检验蓄电池质量的重要指标之一。GB 5008.1—1991 标准规定，以 20 h 放电率的放电电流在电解液初始温度为（25±5）℃、密度为（1.28±0.01）g/cm³（25 ℃）的条件下，连续放电到限定的单格终止电压 1.75 V 时，蓄电池所输出的电荷量，称为蓄电池的额定容量，记为 C_{20}。

例如，6—QA—60 型蓄电池，在电解液初始温度为 25 ℃ 时，以 3 A 的放电电流持续放电 20 h，单格电压降到 1.75 V 时，其额定容量 C_{20} = 3×20 A·h=60 A·h。

（2）储备容量

储备容量是指充足电的蓄电池在电解液为 25 ℃ 条件下，以 25 A 电流放电到单格终止电压 1.75 V 时所能维持的时间。其符号为 C_m，单位为 min。它是国际上通用的另一种蓄电池容量表示方法。

（3）起动容量

起动容量是表示蓄电池在发动机电力起动时的供电能力，用倍率和持续时间表示。起动容量有两种规定：常温起动容量和低温起动容量。

1）常温起动容量。常温起动容量是电解液初始温度为 25 ℃ 时，以 5 min 至单格电池电压降至 1.5 V 时所输出的电荷。5 min 放电率的电流在数值上约为其额定容量的 3 倍。例如，对于 6—Q—100 型蓄电池，C_{20}=100 A·h，在电解液初始温度为 25 ℃ 时，以 3×100=300 A 的电流放电 5 min，单格电池电压降至 1.5 V，蓄电池端电压降至 1.5×6 V=9 V，其起动容量为 300 A×5/60 h=25 A·h。

2）低温起动容量。低温起动容量是电解液初始温度为 –18 ℃ 时，以 5 min 放电率的电流放电，放电 2.5 min 至单格电池电压降至 1 V 时所输出的电荷。

提示：发动机长期处于急速或低速工况工作时，蓄电池容易出现亏电。

3. 影响蓄电池容量的因素

影响蓄电池容量的因素有以下四方面。

（1）极板的构造

极板的面积大，能参与电化学反应的活性物质就多，故其容量也就大。采用薄型极板、增加极板的片数以及提高活性物质的孔率，都有利于提高蓄电池的容量。

（2）放电电流

放电电流越大，蓄电池的容量就越低。因为放电电流越大，单位时间所消耗的硫酸越多，极板孔隙内由于硫酸消耗较快造成孔隙内电解液密度下降相对较快，故大电流放电时，极板表面活性物质的孔隙极易被生成的硫酸铅堵塞，使孔隙内实际参加化学反应的活性物质的数量下降，因此随着放电电流的增加，蓄电池的容量也会减小。蓄电池容量与放电电流的关系如图 2-7 所示。

提示：在使用起动机起动发动机时，一次起动时间不应超过 5 s；连续两次起动应间隔 15 s 以上，使电解液充分渗透到极板孔隙内层，以提高极板孔隙内活性物质的利用率和再次起动的端电压，延长蓄电池的使用寿命。

（3）电解液的温度

电解液温度越低，容量越小，容量与电解液温度的关系如图 2-8 所示。温度降低时，电解液的黏度增加，渗入极板困难，容量减小。同时内阻增大，蓄电池端电压降低。因此在寒冷地区冬季容易造成起动困难，应当对蓄电池采取保温措施。

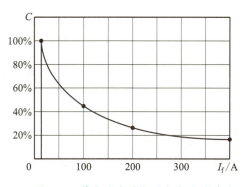

图 2-7　蓄电池容量与放电电流的关系

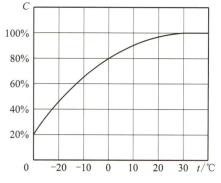

图 2-8　蓄电池容量与温度的关系

（4）电解液的密度

适当增加电解液的相对密度，可减小内阻，有利于提高电解液的渗透能力，使蓄电池的容量增加。但相对密度较高时，由于电解液的黏度增加使内阻增加，引起渗透能力降低从而导致容量下降。此外，电解液密度较高时，易造成极板硫化而导致容量下降。蓄电池容量与电解液密度的关系如图 2-9 所示。实践证明，电解液密度偏低，有利于提高放电电流和容量以及延长蓄电池的使用寿命，冬季在不使电解液结冰的前提下，也应尽可能采用稍低密度的电解液。

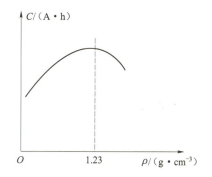

图 2-9　蓄电池容量与电解液密度的关系

（三）蓄电池的型号

按机械工业部 JB 2599—1985《铅酸蓄电池产品型号编制方法》标准规定，铅酸蓄电池的型号分为三部分，各部分之间用横线隔开，每部分的意义见表 2-1。

表 2-1　蓄电池型号说明

第一部分	第二部分		第三部分	
串联的单格电池数	蓄电池的类型	蓄电池的特征	蓄电池的额定容量	蓄电池的特殊性能
用阿拉伯数字表示，如：3：6V 蓄电池；6：12V 蓄电池	用大写的汉语拼音字母表示，如：Q—起动机铅酸蓄电池；N—内燃机车用蓄电池；M—摩托车用蓄电池	用大写的汉语拼音字母表示，如：A—干荷电铅酸蓄电池；H—湿荷电铅酸蓄电池；W—免维护铅酸蓄电池；B—薄型极板；无字母—普通蓄电池	20 h 放电率的额定容量，单位为 A·h，单位一般略去不写	用大写的汉语拼音字母表示，如：G—高起动率；D—低温性能好；S—塑料槽蓄电池

如型号 6—QA—60 代表额定电压为 12 V、额定容量为 60 A·h 的起动型干荷电铅酸蓄电池。

(四) 蓄电池的工作原理

1. 放电过程

蓄电池的工作原理

将一块正极板和一块负极板浸入硫酸电解溶液中，正、负极板与电解液相互作用，在正、负极板间就会产生约 2.1 V 的电动势。6 个单格电池串联，就有 12.6 V 的电动势。

若将蓄电池与用电设备连通，电池内部会发生电化学反应，化学方程式为：

$$PbO_2 + 2H_2SO_4 + Pb \rightarrow 2PbSO_4 + 2H_2O$$

此时极板上的 PbO_2 和 Pb 转变为硫酸铅（$PbSO_4$），沉附在正、负极板上，极板上的活性物质减少；电解液中 H_2O 增多，电解液密度下降；电池电压降低，电池内阻增大，容量减小；蓄电池内部的化学能转化为电能供给用电设备。这个过程就是蓄电池的放电。

理论上，放电过程可以进行到极板上的活性物质全部转变为 $PbSO_4$，但由于生成的 $PbSO_4$ 沉附于极板表面，阻碍电解液向活性物质内层渗透，使得内层活性物质因缺少电解液而不能参加反应，实际放完电的蓄电池的活性物质利用率只有 20%～30%。

蓄电池放电终了的特征是：

1) 单格电池电压降到放电终止电压。

2) 电解液密度降到最小许可值。

放电终止电压与放电电流的大小有关，如表 2-2 所示，放电电流越大，允许的放电时间就越短，放电终止电压也越低。

表 2-2 单格电池放电终止电压

放电电流 /A	$0.05C_{20}$	$0.1C_{20}$	$0.25C_{20}$	C_{20}	$3C_{20}$
放电时间	20 h	10 h	3 h	25 min	5 min
单格电池终止电压 /V	1.75	1.70	1.65	1.55	1.50

注：C_{20} 为蓄电池的额定容量。

蓄电池放电终了以后继续放电，称为过放电。此时电池电压急剧下降，同时生成不易还原的粗结晶 $PbSO_4$，造成极板硫化，蓄电池容量下降，使用寿命缩短。因此应避免过放电。

2. 充电过程

若将直流电源正、负极连接蓄电池的正、负极，当直流电源电压高于蓄电池电压时，在电源力的作用下，电流从蓄电池的正极流入、负极流出，蓄电池内部产生相反的电化学反应，化学方程式为：

$$2PbSO_4 + 2H_2O \rightarrow PbO_2 + 2H_2SO_4 + Pb$$

此时极板上的 $PbSO_4$ 转变为 PbO_2 和 Pb，极板上的活性物质增多；电解溶液中 H_2SO_4 不断增多，H_2O 减少，电解液密度上升；蓄电池电压升高，电池内阻减小，容量增大；蓄电池内部的电能转化为化学能。这个过程就是蓄电池的充电。

蓄电池充足电的标志是：

1）电解液中有大量气泡冒出，呈沸腾状态。

2）电解液的密度和蓄电池的端电压上升到规定值（单格电压为 2.7 V），且在 2～3 h 内保持不变。

蓄电池充电终了以后继续充电，称为过充电。此时 $PbSO_4$ 已基本全部转化为 PbO_2 和 Pb，过剩的充电电流将电解水，生成 O_2 和 H_2 从电解液中逸出，电解液呈现沸腾，电解液减少，同时加剧极板活性物质的脱落。因此，铅酸蓄电池要定期补充蒸馏水，应避免长时间过充电。由于充放电过程中电解液密度和蓄电池端电压发生变化，在使用中可以通过测量电解液密度和电池端电压判断充放电程度。

蓄电池充放电时总的电化学反应方程式为

$$PbO_2 + 2H_2SO_4 + Pb \underset{充电}{\overset{放电}{\rightleftharpoons}} 2PbSO_4 + 2H_2O$$

普通蓄电池的维护保养

（五）蓄电池的使用与维护

实践证明，只有正确使用与维护蓄电池，才能保证蓄电池经常处于完好的工作状态并延长其使用寿命。在日常使用中，应注意做好如下工作：

1）定期检查蓄电池安装是否牢固，线夹与极桩的连接是否牢固，并及时清除线夹和极桩上的氧化物。在其表面涂上凡士林或黄油可防止氧化。

2）经常检查蓄电池表面是否清洁，应及时清除灰尘、油污、电解液等脏物。畅通加液孔盖通气小孔。

3）定期检查电解液的液面高度。液面一般应高出极板 10～15 mm，液面过低时应及时补充蒸馏水。除非确知液面降低是由于电解液溅出所致，否则一般不允许加注硫酸溶液。

4）检查蓄电池的放电程度，如果放电程度冬季超过 25%，夏季超过 50% 时，就应立即对蓄电池进行补充充电。

5）定期对蓄电池进行补充充电，不考虑蓄电池放电程度，强制性进行补充充电，以保证蓄电池始终保持充足电状态；避免极板硫化。定期补充充电一般为每月一次，城市公共汽车可短些，而长途运输车辆可更长一些。

6）连接蓄电池时，细心查明极性，正对正，负对负，不要接错；且始终先连接正极，后连接负极。

7）脱开蓄电池时，始终要先拆负极（搭铁）电缆。

8）千万不要把工具放在蓄电池上。它们可能会同时触及到两个极桩，使蓄电池短路而引起事故。

（六）蓄电池充电注意事项

蓄电池充电时有许多安全注意事项，应该严格遵守。

1）严格遵守各种充电方法的充电规范。

2）将充电器与蓄电池连接时，要注意极性，正对正，负对负，以免损坏蓄电池。

3）在充电器工作时，不要连接或脱开充电器引线。

4）在充电过程中，注意各个单格电池电压和电解液密度，及时判断充电程度和技术状况。

5）在充电过程中，要注意各个单格电池的温升，以免温度过高影响蓄电池的使用性能。

6）室内充电时，打开蓄电池加液孔盖，使气体顺利逸出，以免发生事故。

7）充电室要安装通风设备，严禁在蓄电池附近产生电火花、明火和吸烟。

8）充电时，导线必须连接可靠。

三、任务实施

（一）任务实施环境

器材及工具准备：新蓄电池、长期不用的蓄电池、万用表、冰点仪、高效率放电计、玻璃棒。

（二）任务实施流程

故障分析：当轿车无法起动同时前大灯灯光暗淡，喇叭不响亮，一般是因为蓄电池亏电，接下来我们要检查蓄电池是否亏电及亏电的原因。

普通蓄电池的检测

（三）任务实施步骤

1. 蓄电池技术状态的检查

（1）蓄电池外观的检查

蓄电池外观的检查如图2-10所示。

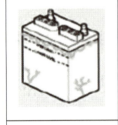   

| 裂纹检查 | 通气孔检查 | 腐蚀检查 | 安装牢固性检查 |

图2-10 蓄电池外观的检查

1）检查蓄电池外壳是否有裂纹。

2）检查加液孔盖通气孔是否畅通。

3）检查正、负极桩是否腐蚀。

4）检查正、负极桩安装是否牢固。

（2）电解液液面高度的检查

电解液液面高度的检查如图2-11所示。

1）液面高度指示线检查法。

对于透明塑料外壳的蓄电池，在外壳上刻有两条高度指示线，从外部观察液面高度，正常液面高度应介于两线之间。

2）玻璃管检查法。

对于不透明外壳的蓄电池，将玻璃管垂直插入蓄电池内，直到与保护网或隔板上边缘接触为止，用大拇指按紧玻璃管口，提起玻璃管，测量玻璃管内的液面高度，即为蓄电池电解液液面高度。标准值为10～15 mm。

注：电解液液面低于标准值时，应及时补充蒸馏水，液面过高时，应用密度计吸出部分电解液。

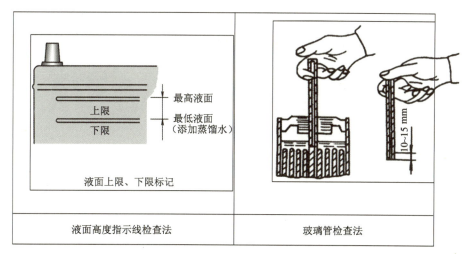

图 2-11　电解液液面高度的检查

（3）蓄电池开路电压的检测

通过测量蓄电池开路电压可判断蓄电池的放电程度。检测时将蓄电池断开，万用表置于电压挡，万用表的正、负表笔分别接蓄电池的正、负极。蓄电池开路电压与蓄电池存电程度之间的关系见表 2-3。

注意：检测时蓄电池应处于静止状态，蓄电池充、放电或加注蒸馏水后，应静置半小时或更长时间后再测量。

表 2-3　蓄电池存电程度与电压的关系

存电程度 /%	100	75	50	35	0
蓄电池电压 /V	12.6 以上	12.4	12.2	12	11.9 以下

（4）蓄电池放电电压的检测

检测蓄电池放电电压就是测量蓄电池以起动电流放电时的端电压，可以此判断蓄电池的技术状况、放电程度和起动能力。检测时可用高效率放电计检测或就车起动检测。

高效率放电计的结构如图 2-12 所示，高效率放电计是模拟起动机工作状态，检测蓄电池容量的仪表。它是由一只电压表和一负载电阻组成的，接入蓄电池时，蓄电池对负载电阻放电，放电电流可达 100 A 以上。检测时将高效率放电计的正、负放电针分别压在蓄电池的正、负极桩上，保持 15 s，如果电压在 9.6 V 以上，并保持稳定，说明性能良好；如果稳定在 10.6～11.6 V，说明存电充足；如果稳定在 9.6～10.6 V，说明存电不足，应进行补充充电；如果电压迅速下降，说明蓄电池有故障，应进行修理或更换。

就车起动检测是在起动系统正常的情况下，接通起动机进行检测。检测时先拔下分电器中央高压线并搭铁；将万用表置于电压挡，万用表的正、负表笔分别接在蓄电池正、负极桩上；接通起动机 15 s，读取电压表读数，对于 12 V 蓄电池，应在 9.6 V 以上，并保持稳定。

由于检测中蓄电池大电流放电，为防止造成损坏，要求被测蓄电池存电 75% 以上，若电解液密度低于 1.22 g/cm^3，开路电压低于 12.4 V，则应先充足电，再作测试。连续检测必须间隔 1 min。

(5) 蓄电池电解液密度的测量

蓄电池的充电状态是通过检测电解液密度来确定的。蓄电池电解液密度检测工具有吸管式密度计、冰点仪和内置密度计等。充电完全的蓄电池电解液密度应在 1.26～1.29 g/cm³ 之间，当蓄电池放电后，电解液中水的含量会增加，相对密度的读数将会下降。

1) 用吸管式密度计检测电解液密度。

① 打开蓄电池的加液盖。

② 把吸管式密度计下端的管子伸入单格电池的加液口内，如图 2-13 所示。

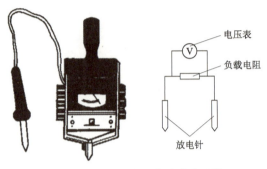

图 2-12　12 V 高效率放电计结构

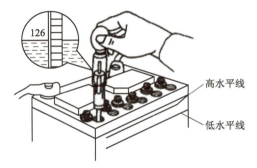

图 2-13　检测电解液密度

③ 用手将橡皮球捏一下，再慢慢放开，电解液就会被吸到玻璃管中，注意量要适度，以吸管式密度计浮子浮起而不会顶住为宜。

④ 使管内的浮子浮在玻璃管中央（不要相互接触），此时读取吸管式密度计的读数。

⑤ 根据表 2-4 判断放电程度。

表 2-4　电解液相对密度　　　　　　　　　　　　　　　　　　　　　g/cm³

气温	充足电时电解液的相对密度	放电时电解液的相对密度			
		放电 25%	放电 50%	放电 75%	全放电
冬季气温低于 -40 ℃ 地区	1.31	1.27	1.23	1.19	1.15
冬季气温高于 -40 ℃ 地区	1.29	1.25	1.21	1.17	1.13
冬季气温高于 -20 ℃ 地区	1.27	1.23	1.19	1.15	1.11
冬季气温高于 0 ℃ 地区	1.24	1.20	1.16	1.12	1.09

表中相对密度值是指温度为 25 ℃ 时的值，记为 $\rho_{25℃}$，实测密度 ρ_T 与相对密度 $\rho_{25℃}$ 之间的关系是：

$$\rho_{25℃} = \rho_T + \beta(T-25)$$

式中：T——实测电解液温度（℃）；

β——密度温度系数，$\beta=0.0007$。

2）用冰点仪对电解液密度进行测试。
① 用取液管汲取电解液滴在冰点仪棱镜表面，如图 2-14 所示。
② 盖好棱镜盖板，朝向光线明亮处，目视观察窗，即可读取密度值，如图 2-15 所示。

图 2-14 取电解液滴在冰点仪棱镜表面

图 2-15 读取密度值

③ 如图 2-16 所示，符号 ![symbol] 表示蓄电池电解液，读取蓝色与白色交界处的读数，电解液密度约为 1.195 kg/L。

④ 测量环境温度，将读取密度值换算成 +25 ℃ 时的相对密度值。

⑤ 参照密度值标准，分析被测蓄电池密度是否合适。

若各蓄电池槽中的电解液密度相互间的偏差不超过 0.050 g/cm^3，可对蓄电池进行充电，以恢复其性能。若在一个或两个相邻电池槽中的电解液密度明显下降，说明蓄电池有短路故障，应对其进行修复或更换。

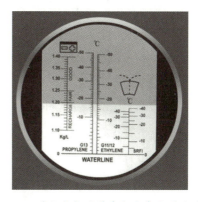

图 2-16 读取电解液蓝色与白色交界处读数

冰点仪可以检测蓄电池电解液密度、冷却液冰点和玻璃水冰点。

3）观察内置密度计指示的电量。

对于免维护蓄电池多数均设有内置式密度计（充电状态指示器，俗称电眼），其结构如图 2-17 所示。根据内置密度计的颜色判定蓄电池的存电状态：绿色表示充足电；当变黑和深绿色时，说明存电不足，应予以充电；当显示浅黄色或者无色透明时，必须更换蓄电池。

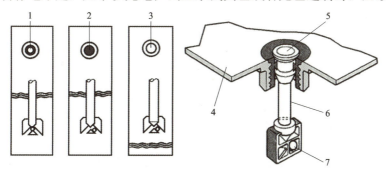

图 2-17 内置密度计的蓄电池

1—绿色（充电程度为 65% 或更高）；2—黑色（充电程度低于 65%）；3—浅黄色（蓄电池有故障）；
4—蓄电池盖；5—观察窗；6—光学的荷电状况指示器；7—绿色小球

注意：对于刚进行过强电流放电或刚加过蒸馏水后的蓄电池，不宜进行电解液密度测量，否则会因电解液混合不均而使测量结果不准。

2. 用充电器给蓄电池充电

蓄电池充电器通常分为全自动充电器和手动充电器，使用方法如下：

1）充电器接线。先将充电器的（红色）正极（+）连接电瓶正极（+），（黑线）负极（−）连接电瓶负极（−）。

蓄电池的充电

2）全自动充电器连接完成后即可打开充电开关，手动充电器连接充电后，要将充电电压调至 12 V 挡或 24 V 挡，再将充电电流调至 3～5 挡，观察充电电流在 4～6 A（24 V 电瓶电流 5～10 A）即可。

3）全自动充电器绿灯亮起表示已充满，手动充电器当电流表显示小于 0.5 A 时表示已充满。

要注意的问题：

1）切勿将充电器连接电瓶的正、负极线接反。

2）先接电瓶后接市电，检查无误后方可打开充电开关。

3）充电前要检查电瓶液，加液不要超过标准刻度线。

4）加液口不要关闭，以防充电产生的气体将电瓶液溢出。

手动充电器如图 2-18 所示，全自动充电器如图 2-19 所示。

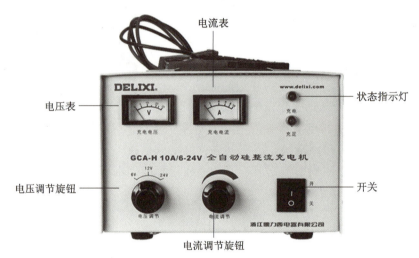

图 2-18　手动充电器

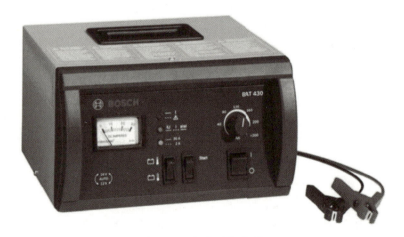

图 2-19　全自动充电器

四、拓展知识

（一）蓄电池的充电

1. 蓄电池充电的方法

蓄电池的充电可分为定流充电、定压充电和快速充电三种。

（1）定流充电

在充电过程中，充电电流保持不变的充电方法称为定流充电。由于充电过程中蓄电池电动势随充电时间的增加而升高，因此，定流充电过程需逐步提高充电电压，当单格电池电压上升至 2.4 V（电解液开始冒气泡）时，应将电流减半，直至完全充足电为止。采用定流充电时，6 V 与 12 V 的蓄电池可以串联在一起同时充电。所串联的蓄电池最好剩余容量相接近，否则充电电流的大小必须按容量最小的来选定，大小为 $\frac{1}{15}C_{20} \sim \frac{1}{10}C_{20}$，而容量大的蓄电池可能充电不足或者充电太慢。

定流充电有较大的适应性，可以任意选择和调整充电电流，因此可以对各种不同情况及状态的蓄电池充电。例如，新蓄电池的初充电、使用中的蓄电池补充充电、去硫充电等。定流充电的缺点在于需要经常调节充电电流，充电时间长。

（2）定压充电

蓄电池在充电过程中，直流电源电压保持不变的充电方法称为定压充电。定压充电时，充电电流很大，充电开始之后 4～5 h 内蓄电池就可以获得本身容量的 90%～95%，因而可以大大缩短充电时间。

采用定压充电时，应注意选择充电电压。电压选择过高会造成充电初期充电电流过大和发生过充电现象，造成极板损坏；电压选择过低则会使蓄电池充电不足。一般单格电池充电电压定为 2.5 V，即蓄电池的充电电压应为 (14.80±0.05) V（6 格电池）或 (7.40±0.05) V（3 格电池）。此外，充电初期最大充电电流不应超过 $0.3C_{20}$，否则应适当调低充电电压，待蓄电池电动势升高后再将充电电压调整到规定值。

定压充电的充电时间短，充电进行中不需要人照管，适用于蓄电池补充充电，在汽车修理行业被广泛采用。但定压充电不能调整充电电流的大小，所以适应性较小，且不能将蓄电池完全充足，故只适用于蓄电池补充充电。定压充电要求所有参与充电的蓄电池的电压完全相同。

（3）快速充电

采用快速充电，新蓄电池初充电不超过 5 h，补充充电只需要 0.5～1.5 h，大大缩短了充电时间，提高了效率。目前采用的快速充电方法有脉冲快速充电法和大电流递减充电法。

快速充电具有充电时间短、空气污染小、省电节能的优点，在蓄电池集中、充电频繁的场合或应急部门使用快速充电。但其输出容量较低，能量转换效率也较低，不能将蓄电池完全充足，且对蓄电池的寿命有不利的影响。因此，在正常情况下，应按蓄电池生产厂提供的规定电流值进行初充电或补充充电，在特殊情况下才采用快速充电。

2. 蓄电池充电的种类

（1）初充电

新蓄电池或修复后的蓄电池在使用之前的首次充电称为初充电。它的目的在于恢复蓄电池存放期间极板上部分活性物质缓慢硫化和自放电而失去的电荷。因此，初充电对蓄电池的使用性能极为重要。初充电的特点是充电电流小，充电时间长。

初充电的程序如下：

1）加注电解液。新蓄电池在出厂时没有装电解液，电解液是由使用者加注的。要按制造厂的规定，加注一定密度的电解液，液面要高出极板上沿 15 mm。加注电解液后，蓄电池应静置 3～6 h，待温度低于 35 ℃时才能进行充电。

2）初充电过程。将蓄电池接入充电器。第一阶段充电电流约为额定容量的 $\frac{1}{15}$，充电至电解液中逸出气泡、单格电压达到 2.4 V 时为止。第二阶段充电电流减半，充电至电解液沸腾，密度和端电压连续 3 h 不变时为止。整个初充电时间约 60 h。

3）注意事项。充电过程中应经常测量电解液温度，上升到 40 ℃时应将充电电流减半；上升到 45 ℃时应停止充电，待冷至 35 ℃以下再行充电。初充电接近完毕时应测量电解液密度，如果不符合规定值，应用蒸馏水或密度为 1.400 g/cm³ 的电解液调整，调整后再充电 2 h。新蓄电池充电完毕后，要以 20 h 放电率放电，再以补充充电电流充足，然后又以 20 h 放电率再次放电。如果第二次放电的蓄电池容量不小于额定容量的 90%，就可以使用了。

（2）补充充电

蓄电池在汽车上使用时，经常有充电不足的现象发生，城区公共汽车等短距离运营的车辆更为突出。这时应根据需要进行补充充电，一般每个月进行一次。

如果电解液密度下降到 1.150 g/cm³ 以下，或单格电池电压下降到 1.75 V 以下，或冬季放电超过 25%，夏季放电超过 50%，或前照灯灯光比平时暗淡，或起动无力时，则必须进行补充充电。

补充充电可以采用定流充电，也可以采用定压充电。若采用定流充电方法，其充电过程与初充电相似，但充电电流可以略大一些。第一阶段的充电电流为额定容量的 $\frac{1}{10}$，充电至单格电池电压达到 2.4 V 时电流减半，直至充足。

若采用定压充电，其充电方法如下：

1）将蓄电池与充电电源连接。

2）将电压调至规定值，观察充电电流，如果电流超过 $0.3C_{20}$，应适当降低电压，待蓄电池电动势升高后再将电压调至规定的值。

3）充电终期，充电电流在连续 2 h 内变化不大于 0.1 A，且电解液密度无明显变化，则认为充电可以结束。

（3）预防硫化过充电

蓄电池在使用中，常因充电不足而造成硫化，为预防硫化，蓄电池每隔 3 个月进行一次预防硫化过充电：先用补充充电的电流值将电池充足，然后间歇 1 h，将电流值减半继续充至沸腾，这样反复数次，直到蓄电池刚一接入直流电源充电就立即沸腾起来，这时就可以结束充电了。

（4）去硫充电

当极板硫化较严重时，可以进行去硫充电：先倒出容器内的电解液，用蒸馏水反复冲洗数次，然后加入蒸馏水，用初充电电流进行充电，并且随时测量电解液密度。如果密度上升到 1.150 g/cm³ 时，要加蒸馏水冲淡，继续充至密度不再上升。然后进行放电，反复进行到在 6 h 内密度值不再变化时为止。后按初充电的方法充电，调整电解液密度至规定值，就可以结束充电交付使用了。

（5）锻炼循环充电

在汽车上由于发电机经常对蓄电池进行充电，因而蓄电池常处于部分放电的状态，即仅有一部分活性物质参加电化学反应。为了避免活性物质长期不工作而收缩，在每工作一段时间（一般为 3 个月左右）后，应对蓄电池进行一次锻炼循环充电，即按正常的充电方法将蓄电池充足，然后以 20 h 放电率放完，再按正常充电方法充足后即可。

（二）蓄电池的常见故障

蓄电池的外部故障有壳体或盖子裂纹、封口胶干裂、极桩松动或腐蚀等；内部故障有极硫化、活性物质脱落、极板短路、自行放电、极板拱曲等。下面简单分析几种常见故障现象产生的原因以及排除方法。

（1）极板硫化

蓄电池长期处于放电状态或者充电不足状态时，会在极板上逐渐生成一层白色的粗晶粒硫酸铅，正常充电时，不能转化为 PbO_2 和 Pb，称之为硫酸铅硬化，简称硫化。这种粗晶粒硫酸铅会堵塞极板孔隙，使电解液渗入困难，容量降低且硫化层导电性差，内阻显著增大，起动性能和充电性能下降。

（2）自行放电

充足电的蓄电池放置不用，会逐渐失去电荷，这种现象称为自行放电。对于充足电的蓄电池，如果每昼夜容量下降不大于 2%，就是正常的自放电，超过 2% 就是有故障了。

自行放电的原因主要有：

1）电解液不纯，杂质与极板之间以及沉附于极板上的不同杂质之间形成电位差，通过电解液产生局部放电。

2）电池溢出的电解液堆积在盖板上，使正、负极桩形成通路。

3）极板活性物质脱落，下部沉淀物过多使极板短路。

4）蓄电池长期放置不用，硫酸下沉，下部密度比上部大，极板下部发生电位差引起自行放电等。

（3）极板短路

隔板损坏、极板拱曲变形或活性物质大量脱落都会造成极板短路。

极板短路的外部特征是充电电压低，密度上升很慢，充电中气泡很少，而且用高效率放电计测试时，单格电池电压很低或者为零。

对于短路的蓄电池必须拆开，查明原因并排除故障。

（4）活性物质脱落

活性物质脱落，主要是指正极板上 PbO_2 的脱落，这是蓄电池早期损坏的主要原因之一。

充电中，如果正极板形成致密的 PbO_2 层则不易脱落。然而试验证明，致密的 PbO_2 层是在疏松的 $PbSO_4$ 表面上形成的，所以 PbO_2 脱落的主要原因是放电而不是充电。试验证明，降低电解液密度，减小放电电流以及提高电解液温度，都有利于形成疏松的 $PbSO_4$ 层，因而有利于防止活性物质脱落。反之，若采用高密度电解液或者是低温大电流放电，都容易形成致密的 $PbSO_4$ 层，加速活性物质脱落。

负极板上活性物质脱落的主要原因是大电流过充电，产生大量的氢气和氧气，当氢气从负极板的孔隙向外冲出时，会使活性物质脱落。

另外，汽车行驶中的颠簸振动，也会加速活性物质的脱落。

（三）其他类型的蓄电池

目前，除了铅酸蓄电池以外，汽车上经常采用的蓄电池还有免维护蓄电池、碱性蓄电池等。

1. 免维护蓄电池

免维护蓄电池又称 MF 蓄电池。免维护是指在汽车合理使用期间，不需要对蓄电池进行加注蒸馏水、检测电解液液面高度、检测电解液密度等维护作业。与其他铅酸蓄电池相比，免维护蓄电池具有以下特点：

1）栅架材料采用铅钙合金或低锑合金。既提高了栅架的机械强度，又减少了蓄电池的耗水量和自放电。

2）隔板采用了袋式微孔聚氯乙烯隔板。将正极板装在隔板袋内，既可避免正极板上的活性物质脱落，又能防止极板短路。因此壳体底部不需要凸起的肋条，降低了极板组的高度，增大了极板上方的容积，使电解液储存量增多。

3）采用了新型安全通气装置和气体收集器。在蓄电池盖内部设置了一个氧化铝过滤器，可阻止水蒸气和硫酸气体通过，同时又可以使氢气和氧气顺利逸出。通气塞中装有催化剂银，可促使氢、氧离子重新结合成水回到蓄电池中。

4）蓄电池内部安装有电解液密度计（俗称电眼），如图2-17所示，可自动显示蓄电池的存电状态和电解液液面的高低。如果密度计的观察窗呈绿色，表明蓄电池存电充足，可正常使用；若显示深绿色或黑色，表明蓄电池存电不足，需补充充电；若显示浅黄色，表明蓄电池已接近报废。

免维护电池的优点：使用中不需加水、自放电少、耐过充电性能好、使用寿命长。

2. 碱性蓄电池

碱性蓄电池具有质量轻、寿命长、自放电少等优点，而且没有铅酸蓄电池因过充电和过放电而造成活性物质钝化的现象。但碱性蓄电池活性物质的导电性差、内阻大、价格较高。碱性蓄电池以氢氧化钾（KOH）的水溶液或氢氧化钠（NaOH）的水溶液为电解液，其中以 KOH 的水溶液作为电解液的应用最为广泛。

碱性蓄电池的典型代表有铁镍蓄电池、镉镍蓄电池、银锌蓄电池等。

3. 电动汽车用蓄电池

由于人们对燃油汽车排放要求的提高和石油资源短缺的冲击，世界各国正在不断研制电动汽车以替代燃油汽车。电动汽车不但可以节约石油，而且可以减少废气与噪声污染，是一种理想的交通运输工具。电动汽车上使用的蓄电池应当符合以下要求：使用寿命长，比容量高，使用持续里程长，质量小，充放电性能好。

目前正在研制的新型高能电池很多，如钠硫电池、燃料电池、锌—空气电池、锂合金电池、氢镍电池等。

任务二 汽车发电机的检修

一、情境描述

有一客户的现代轿车在起动发动机前充电指示灯亮,起动发动机后,充电指示灯常亮,行驶一段距离后,蓄电池亏电严重,发动机无法起动,要求给予检修。

根据故障现象我们要对该车发电机进行检查。要完成这个工作任务,我们需掌握发电机的结构及工作原理,以及发电机常见故障现象及检修方法。

二、知识充电站

发电机是汽车的主要电源,其功用是在发动机正常运转时(怠速以上),向所有用电设备(起动机除外)供电,同时向蓄电池充电。汽车电源供电系统电路如图2-20所示。

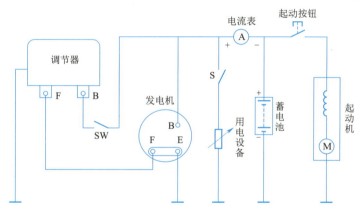

图2-20 汽车电源供电系统电路

(一)发电机的分类

汽车用发电机可分为直流发电机和交流发电机,由于交流发电机在许多方面优于直流发电机,直流发电机已被淘汰,目前所有汽车均采用交流发电机,交流发电机按照不同的分类方法分为以下几类。

1. 按总体结构分五类

1)普通交流发电机(使用时需要配装电压调节器的发电机),例如JF291,如图2-21所示。

2)整体式交流发电机(发电机和调节器制成一个整体的发电机),例如别克轿车的发动机上装配的CS型发电机(包括CS121、CS130和CS144三种不同的型号),如图2-22所示。

3)带泵交流发电机(和汽车制动系统用真空助力泵安装在一起的发电机),例如JFZB292发电机,如图2-23所示。

发电机
JF291 ◆
28 V ◆
1 260 W ◆
适用大连、无锡6110、6113 ◆

图2-21　普通交流发电机JF291

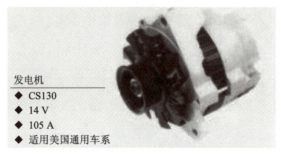

发电机
◆ CS130
◆ 14 V
◆ 105 A
◆ 适用美国通用车系

图2-22　整体式交流发电机CS130

发电机
◆ JFZB292
◆ 28 V
◆ 1 000 W
◆ 适用朝柴CY4105

图2-23　带泵交流发电机JFZB292

4）无刷交流发电机（不需要电刷的发电机），例如JFW1913，如图2-24所示。

5）永磁交流发电机（磁极为永磁铁制成的发电机）。

发电机
JFW1913 ◆
14 V ◆
750 W ◆
适用东风汽油车 ◆

图2-24　无刷交流发电机JFW1913

2. **按整流器结构分四类**

1) 六管交流发电机,例如 JF1522(东风汽车用)。

2) 八管交流发电机,例如 JFZ1542(天津夏利汽车用)。

3) 九管交流发电机,例如(日本日立、三凌、马自达汽车用)。

4) 十一管交流发电机,例如 JFZ1913Z(奥迪、桑塔纳汽车用)。

3. **按磁场绕组搭铁形式分两类**

1) 内搭铁型交流发电机。磁场绕组的一端(负极)直接搭铁(和壳体相连)。

2) 外搭铁型交流发电机。磁场绕组的一端(负极)接入调节器,通过调节器后再搭铁。

(二)发电机的结构与型号

汽车用交流发电机,多采用三相同步交流发电机,由6只二极管构成三相桥式全波整流器。交流发电机主要由定子、转子、滑环、电刷、整流二极管、前后端盖、风扇及带轮等组成。JF132型交流发电机的组件,如图2-25所示。

交流发电机的结构

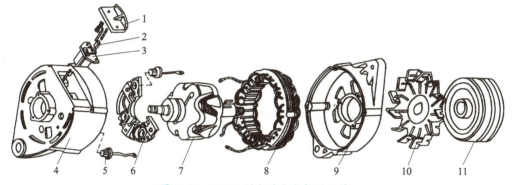

图 2-25 JF132型交流发电机的组件

1—电刷弹簧压盖;2—电刷;3—电刷架;4—后端盖;5—硅二极管;6—散热板;
7—转子总成;8—定子总成;9—前端盖;10—风扇;11—三角皮带轮

1. **转子**

转子是发电机的磁场部分,它主要由两块爪极、磁轭、磁场绕组、滑环及轴等组成,如图2-26所示。

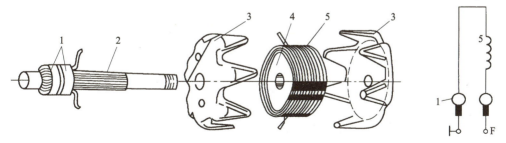

图 2-26 交流发电机转子

1—滑环;2—转子轴;3—爪极;4—磁轭;5—磁场绕组

两块爪极被压装在转轴上,且内腔装有磁轭,其上绕有磁场绕组。绕组两端的引线分别焊在与轴绝缘的两个滑环上。两个电刷装在与端盖绝缘的电刷架内,通过弹簧力使其与滑环保持接触。当发电机工作时，两电刷与直流电源连通，可为磁场绕组提供定向电流并产生轴向磁通，使两块爪极被分别磁化为N极和S极，从而形成犬牙交错的磁极对并沿圆周方向均匀分布。磁极对数为4～7对。国产发电机大多采用6对磁极。爪极凸缘的外形像鸟啼，这种形状可以使定子感应的交流电动势近似于正弦波形。转子每转一周，定子的每相电路上就能产生周波个数等于磁极对数的交流电动势。

2. 定子

定子是产生和输出交流电的部件，又叫电枢，由定子铁芯和定子绕组组成。定子铁芯由相互绝缘的内圆带槽的环状硅钢片叠成。定子槽内置有对称三相绕组，三相绕组的绕法遵循一定的原则，可以使三相绕组中产生大小相等、相位差120°（电角度）的对称电动势。

三相绕组大多数采用丫形（星形）连接，也有采用△形（三角形）连接的。交流发电机定子绕组如图2-27所示。

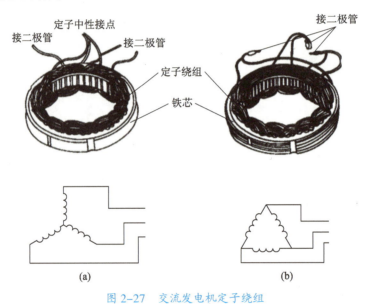

图2-27 交流发电机定子绕组

(a) 定子绕组星形连接；(b) 定子绕组三角形连接

3. 整流器

交流发电机的整流器大多由6只硅二极管组成，如图2-28所示。外壳为正极、中心引线为负极的二极管，称为负极管，管壳底上注有黑色标记；外壳为负极、中心引线为正极的二极管，称为正极管，管壳底上有红色标记。

安装二极管的散热板称为整流板（也称元件板），通常用合金制成以利散热。现代汽车用交流发电机都有两块整流板，安装3只正极管的整流板（装在外侧）称为正整流板，安装3只负极管的整流板（装在内侧）称为负整流板，两块板子绝缘地安装在一起，它与后端盖用尼龙或其他绝缘材料制成的垫片隔开且固定在后端盖上。

安装在正整流板上并与之绝缘的3个接线柱分别固装有正、负极管的引线和来自三相绕组某一相的端头。与正整流板连接在一起的螺栓引至后端盖外部，作为发电机的电源输出端，并标记为"B"（"+"）"A"或"电枢"）。

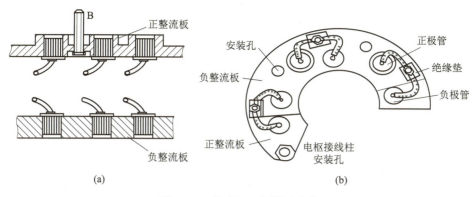

图 2-28　整流板二极管的安装

(a) 二极管安装示意图；(b) 整流板总成

4. 端盖与电刷总成

端盖包括驱动端盖、整流端盖以及安装在其上的轴承、轴承盖等零部件。端盖由铝合金制成。因为铝合金为非导磁材料，可减少漏磁，并具有轻便、散热性能良好等优点。为了提高轴承孔的机械强度，增加其耐磨性，在有的发电机端盖的轴承座内镶有钢套。

后端盖装有电刷架。两个电刷分别装在电刷架的孔内，借弹簧压力与滑环保持接触。目前国产交流发电机的电刷架有两种结构形式：一种电刷架可直接从发电机外部进行拆装，如图 2-29（a）所示；另一种则不能直接在发电机外部进行拆装，如图 2-29（b）所示，若需要更换电刷，必须将发电机拆开。

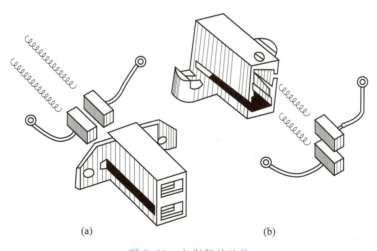

图 2-29　电刷架的结构

(a) 能从外部拆除；(b) 不能从外部拆除

提示：电刷的高度低于 7 mm 时应更换，更换时注意电刷的规格型号要求一致。

交流发电机有内、外搭铁之分，如图 2-30 所示，故电刷引线的接法也有所不同。对于内搭铁的交流发电机，磁场绕组直接通过交流发电机的外壳搭铁，故其中一根引线接至后端盖上的磁场接线柱"F"（"磁场"），另一根则直接与发电机外壳上的搭铁接线柱"-"（或"搭铁"）连接。而外搭铁交流发电机的磁场绕组必须通过电压调节器后（交流发电机的外部）再搭铁，故电刷引线必须分别与发电机后端盖"F+"（或"F1"）和"F–"（或"F2"）接线柱相连。

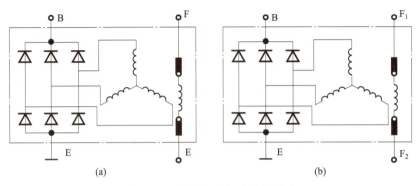

图 2-30 交流发电机的搭铁形式
（a）内搭铁交流发电机；（b）外搭铁交流发电机

发电机前端装有带轮，由发动机通过皮带带动。在带轮后面装有风扇，靠风扇的离心作用，给发电机强制通风。前后端盖用 3～4 个螺栓与定子紧固在一起。

5. 国产交流发电机的型号

根据中华人民共和国行业标准 QC/T 73—1993《汽车电器设备产品型号编制方法》的规定，汽车交流发电机的型号如下：

| 1 | 2 | 3 | 4 | 5 |

第 1 部分为产品代号：交流发电机的产品代号有 JF、JFZ、JFB、JFW 四种，分别表示交流发电机、整体式交流发电机、带泵交流发电机和无刷交流发电机。

第 2 部分为电压等级代号：用 1 位阿拉伯数字表示，1 表示 12 V，2 表示 24 V，6 表示 6 V。

第 3 部分为电流等级代号：用 1 位阿拉伯数字表示，其含义见表 2-5。

表 2-5 电流等级代号

电流等级代号	1	2	3	4	5	6	7	8	9
电流 /A	≤ 19	20～29	30～39	40～49	50～59	60～69	70～79	80～89	≥ 90

第 4 部分为设计序号：按产品的先后顺序，用阿拉伯数字表示。

第 5 部分为变型代号：交流发电机以调整臂的位置作为变型代号。从驱动端看，Y 表示右边；Z 表示左边；无表示中间。

例如：桑塔纳、奥迪 100 型轿车所使用的代号为 JFZ1913Z 型交流发电机，其含义为：电压等级为 12 V、输出电流大于 90 A、第 13 次设计、调整臂位于左边的整体式交流发电机。

（三）发电机的工作原理

1. 交流发电机的发电原理

交流发电机采用电磁感应原理进行发电，如图 2-31 所示。当给旋转的磁 发电原理动画场绕组通电时，则形成一个旋转的运动磁场，使定子绕组切割磁感线，从而在定子绕组内产生交流感应电动势。由于转子磁极呈鸟嘴形，其磁场的分布近似正弦规律，所以交流电动势也近似正弦规律。

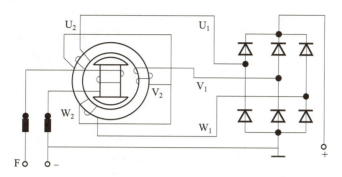

图 2-31 交流发电机发电原理示意图

车用交流发电机一般为三相交流发电机，即定子铁芯上绕有彼此间隔 120° 电角度的三相绕组，当磁场旋转时，三相绕组中产生频率相同、幅值相等、相位相差 120° 的正弦电动势 e_U、e_V、e_W，如图 2-32（a）所示，其波形如图 2-32（b）（c）所示。

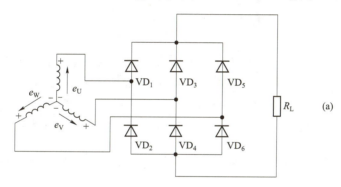

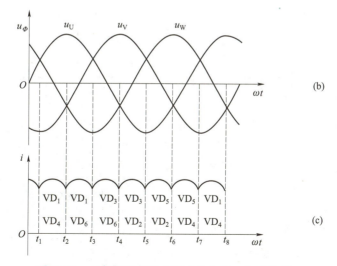

图 2-32 三相桥式整流电路中的电压、电流波形

（a）电路；（b）三相桥式整流电路中的电压波形；（c）电流波形

2. 整流原理

六管交流发电机的整流装置实际是一个由 6 只硅整流二极管组成的三相桥式整流电路，如图 2-32（a）所示。3 只二极管 VD_1、VD_3、VD_5 组成共阴极组接法，3 只二极管 VD_2、VD_4、VD_6 组成共阳极组接法。每个时刻有 2 只二极管同时导通，其中一只在共阴极组，一只在共阳极组，同时导通的两个管子总是将发电机的电压加在负载两端。

在 $0 \sim t_1$ 时间内，W 相电位最高，而 V 相电位最低，所对应的二极管 VD_5、VD_4 均处于正向导通状态。电流从绕组 W 出发，经 $VD_5 \rightarrow$ 负载 $R_L \rightarrow VD_4 \rightarrow$ 绕组 V 构成回路。由于二极管的内阻很小，所以此时发电机的输出电压可视为 V、W 绕组之间的线电压。

在 $t_1 \sim t_2$ 时间内，U 相的电位最高，而 V 相电位最低，故对应的 VD_1、VD_4 处于正向导通状态。同理，交流发电机的输出电压可视为 U、V 绕组之间的线电压。

在 $t_2 \sim t_3$ 时间内，U 相电位最高，而 W 相电位最低，故 VD_1、VD_6 处于正向导通状态。同理，交流发电机的输出电压可视为 U、W 绕组之间的线电压。

依次类推，周而复始，在负载上便可获得一个比较平稳的直流脉动电压。交流发电机输出电压的平均值为

$$U = 2.34 U_\Phi$$

式中：U——输出直流电压平均值（V）；

U_Φ——发电机相电压有效值（V）。

3. 励磁方式

汽车用交流发电机在无外接直流电源的情况下，可利用磁极的剩磁自励发电，为了使交流发电机在低速运转时的输出电压满足汽车上用电的要求，在发电机开始发电时，采用他励方式，即由蓄电池提供励磁电流，增强磁场，使电压随发电机转速很快上升。当发电机输出电压高于蓄电池电压，一般发电机的转速达到 1 000 r/min 左右时，励磁电流便由发电机自身供给，这种励磁方式称为自励。

由此可见，汽车交流发电机在输出电压建立前后分别采用他励和自励两种不同的励磁方式。

（四）电压调节器

由于交流发电机的转子是由发动机通过传动带驱动旋转的，因此发电机的转速变化范围非常大，将引起发电机的输出电压发生较大变化，无法满足汽车用电设备的工作要求。为了满足用电设备恒定电压的要求，交流发电机必须配用电压调节器，使其输出电压在发动机所有工况下基本保持恒定。

目前车上使用的电压调节器多为晶体管式电压调节器和集成电路式电压调节器。集成电路式电压调节器如图 2-33 所示。晶体管式电压调节器利用晶体管的开关特性控制发电机的电压，通常由环氧树脂组装，不可拆，具有质量小、寿命长、电波干扰小、可靠性高等优点。集成电路式电压调节器除去具有晶体管式电压调节器的优点外，还具有超小型特点，通常与电刷架制成一个整体，组成整体式发电机，减少了外部接线，因

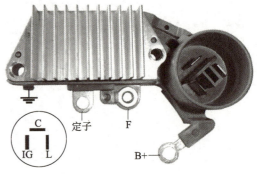

图 2-33　集成电路式电压调节器

此故障率大大降低,现广泛应用于本田、别克等多种轿车上。

由于交流发电机有内搭铁、外搭铁之分,所以电压调节器也有内搭铁、外搭铁之分。使用过程中,最好采用汽车说明书中指定的晶体管式电压调节器,如果采用其他型号代替,除标称电压等规定参数与原调节器一致外,待用调节器必须与原调节器的搭铁类型相同,否则发电机将由于励磁电路不通而不能正常工作。集成电路式电压调节器是专用的,不能替代。

1. 电压调节器的工作原理

由交流发电机的工作原理可知,交流发电机所产生的感应电流、电动势与转子转速和磁极磁通成正比。当发电机转速变化时,电压调节器可通过改变励磁电流(磁极磁通与励磁电流成正比)的大小来控制发电机的输出电压 U_B 保持不变。

(1)外搭铁电子电压调节器的工作原理

1)基本电路。

各种型号电子电压调节器的内部电路各不相同,下面介绍电子电压调节器的基本电路,实际电路要复杂得多,但工作原理可用基本电路工作原理去理解。

外搭铁电子电压调节器的基本电路如图 2-34 所示,主要由 3 只电阻(R_1、R_2、R_3)、2 只晶体管(VT_1、VT_2)、1 只稳压二极管(VZ)和 1 只二极管(VD)组成。

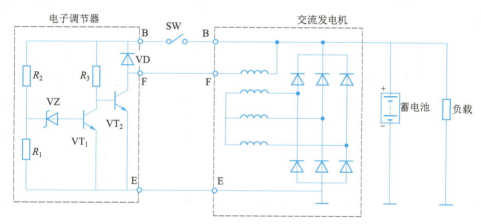

图 2-34　外搭铁电子电压调节器基本电路

电阻 R_1 和 R_2 串联组成一个分压器,接在发电机 B 与 E 之间,用于监测发电机的输出电压 U_B,分压电阻 R_1 两端的电压 U_{R1} 为:

$$U_{R1}=\frac{R_1}{R_1+R_2}U_B$$

由此可见,R_1 两端电压与发电机电压 U_B 呈正比关系,U_{R1} 可反映发电机输出电压 U_B 的变化。

电阻 R_3 既是 VT_1 的分压电阻,又是 VT_2 的偏置电阻。

稳压管 VZ 是感受元件,与 VT_1 的发射结串联后并联于分压电阻 R_1 的两端,组成电压检测电路检测发电机输出电压 U_B 的变化。

VT_1 为小功率晶体管(NPN 型),用来放大控制信号。VT_2 为大功率晶体管(NPN 型),和发电机的励磁绕组串联,取其开关性能,用来接通与切断发电机的励磁电路。

电路的设计原理是:

当发电机输出电压 U_B 升高至调节电压上限 U_{B2} 时,分压电阻 R_1 两端的电压 U_{R1} 恰好能使稳压管 VZ 反向击穿,为 VT_1 提供基极电流,使 VT_1 导通,即:

$$U_{R1}=\frac{R_1}{R_1+R_2}U_{B2}=U_{VZ}+U_{be1}$$

此式为稳压管 VZ、晶体管 VT_1 的导通条件。

当发电机电压 U_B 下降至调节电压下限 U_{B1} 时,U_{R1} 不能使稳压管 VZ 反向击穿,VT_1 因无基极电流而截止,即:

$$U_{R1}<U_{VZ}+U_{be1}$$

此式为稳压管 VZ、晶体管 VT_1 的截止条件。

VD 是续流二极管,励磁绕组由接通变为断开状态时,产生的自感电动势(F 端高电位,B 端低电位)经二极管 VD 构成放电回路,防止晶体管 VT_2 被击穿损坏。

2)工作原理。

① 接通点火开关 SW,发动机不转,发电机不发电,蓄电池电压加在分压器 R_1、R_2 上,此时因 U_{R1} 较低不能使稳压管 VZ 反向击穿,VT_1 截止,使得 VT_2 导通,发电机磁场电路接通,发电机他励,此时由蓄电池供给磁场电流,励磁电路为:蓄电池正极→发电机励磁绕组→调节器 F 接线柱→晶体管 VT_2→调节器 E 接线柱→搭铁→蓄电池负极。

电压调节器的工作原理

② 起动发动机,发电机定子内感应电动势随转速升高而增大,当其大于蓄电池电压时(发电机转速大约在 900 r/min),发电机自励发电并开始对蓄电池充电。如果此时发电机输出电压 U_B 小于调节器调节上限 U_{B2},VT_1 继续截止,VT_2 继续导通,此时的磁场电流由发电机供给,励磁电路为:发电机正极→发电机励磁绕组→调节器 F 接线柱→晶体管 VT_2→调节器 E 接线柱→搭铁→发电机负极。由于励磁电路一直导通,发电机电压随转速升高而迅速增大。

③ 当发电机电压升高到调节电压上限 U_{B2} 时,调节器开始对发电机输出电压进行控制。此时电阻 R_1 上的分压 $U_{R1}=U_{VZ}+U_{be1}$,VZ 导通,VT_1 导通,VT_2 截止,发电机磁场电路被切断,磁极磁通下降,发电机输出电压下降。

④ 当发电机电压下降到调节电压下限 U_{B1} 时,电阻 R_1 上的分压 $U_{R1}<U_{VZ}+U_{be1}$,VZ 截止,VT_1 截止,VT_2 重新导通,磁场电路重新被接通,发电机电压上升。

发电机电压上升到调节上限 U_{B2} 时,VT_2 就截止,磁场电路被切断,发电机输出电压 U_B 下降;发电机电压降到调节下限 U_{B1} 时,磁场电路被接通,发电机输出电压 U_B 上升。周而复始,发电机输出电压 U_B 被控制在一定范围内。这就是外搭铁电子电压调节器的工作原理。

实际上,对于电子电压调节器来说,由于晶体管 VT_2 的开关频率很高,U_{B2} 和 U_{B1} 两者之间的差距非常小,所以发电机的输出电压 U_B 波动非常小,再加上电容的滤波,所以发电机的输出电压很稳定。

(2)内搭铁电子电压调节器的工作原理

内搭铁电子电压调节器的基本电路如图 2-35 所示。该电路的特点是晶体管 VT_1、VT_2 采用 PNP 型,发电机的励磁绕组连接在 VT_2 的集电极和搭铁端 E 之间,电路工作原理和结构与前述外搭铁电子电压调节器类似,故不再赘述。

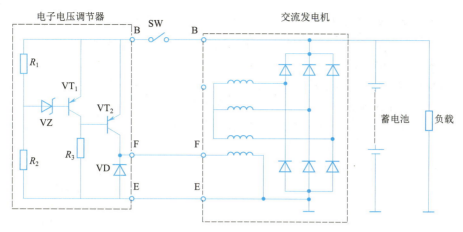

图 2-35 内搭铁电子电压调节器基本电路

2. 电压调节器的检测

为交流发电机配用调节器时，调节器的电压等级必须与交流发电机的电压等级相同，调节器的搭铁类型必须与交流发电机的搭铁类型一致，调节器的功率不得小于发电机的功率，否则系统不能正常工作。

（1）晶体管式电压调节器的检查

对晶体管式电压调节器进行检查前，应先了解调节器的电路特点及搭铁极性，再确定相应的测试方法。

1）内搭铁式晶体管电压调节器的测试

将可调直流电源与调节器按图 2-36 所示的线路接好，再逐渐提高电源电压。当电压达到 6 V 左右时，指示灯点亮。继续提高电源电压，当电压达到 13.5～14.5 V 时，指示灯应熄灭。此时电压即为调节器的调节电压，若灯不亮或发电机电压超过规定值后，灯仍不熄灭，则说明调节器有故障。

2）外搭铁式晶体管电压调节器的测试

外搭铁式交流发电机工作时，磁场绕组通过调节器搭铁，具体测试线路连接如图 2-37 所示。由于其测试方法与内搭铁式晶体管电压调节器的测试方法完全相同，具体请参见内搭铁式晶体管电压调节器的测试。

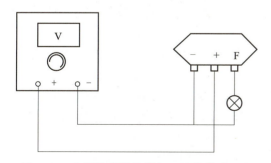

图 2-36 内搭铁式晶体管电压调节器的测试

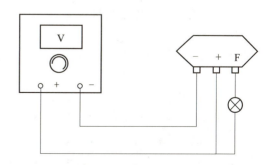

图 2-37 外搭铁式晶体管电压调节器的测试

（2）集成电路式电压调节器的检查

在检查集成电路式电压调节器之前，必须弄清楚集成电路式电压调节器引出线的根数以及接线方法，以防将电源极性接错。否则加上测试电压以后，该调节器会瞬时短路而损坏。有条件的应使用集成电路检查仪测试集成电路式电压调节器。一般情况下可以按下述方法测试集成电路式电压调节器。

1）3引线集成电路电压调节器的测试。

3引线集成电路电压调节器采用发电机电压检测法。测试电路如图2-38所示。3根引线要连接正确。图中 R 为一个 $3\sim5\,\Omega$ 的电阻，可变直流电源的调节范围为 $0\sim30\,V$。

2）4引线集成电路电压调节器的测试。

4引线集成电路电压调节器采用蓄电池电压检测法。测试电路如图2-39所示。图中元件参数与3引线集成电路电压调节器的测试电路中的元件参数相同，测试方法也相同。

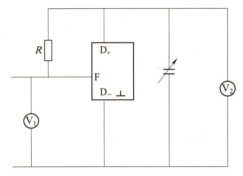

图2-38　3引线集成电路电压调节器的测试

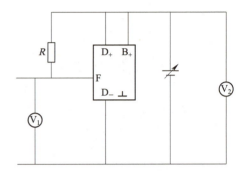

图2-39　4引线集成电路电压调节器的测试

（五）交流发电机与调节器的使用注意事项

交流发电机与调节器的结构简单，维护方便，若正确使用，不仅故障少而且寿命长；若使用不当，则会很快损坏。因此在使用和维护中应注意以下几点：

1）蓄电池的极性必须是负极搭铁，不能接反。否则，会烧坏发电机或调节器的电子元件。

2）发电机运转时，不能用试火的方法检查发电机是否发电，否则会烧坏二极管。

3）整流器和定子绕组连接时，禁止用兆欧表或 $220\,V$ 交流电源检查发电机的绝缘情况。

4）发电机与蓄电池之间的连接要牢靠，如突然断开，会产生过电压损坏发电机或调节器的电子元件。

5）一旦发现交流发电机或调节器有故障时应立即检修，及时排除故障，不应再连续运转。

6）为交流发电机配用调节器时，交流发电机的电压等级必须与调节器电压等级相同，交流发电机的搭铁类型必须与调节器搭铁类型相同，调节器的功率不得小于发电机的功率，否则系统不能正常工作。

7）线路连接必须正确，目前各种车型调节器的安装位置及接线方式各不相同，故接线时要特别注意。

8）调节器必须受点火开关控制，发电机停止转动时，应将点火开关断开，否则会使发电机的磁场电路一直处于接通状态，不但会烧坏磁场线圈，而且会引起蓄电池亏电。

（六）交流发电机与调节器的维护

交流发电机在使用中，应定期进行以下检查。

1）检查发电机驱动带。

① 检查驱动带的外观：用肉眼观看应无裂纹或磨损现象，如有则应更换。

② 检查驱动带的挠度：用 100 N 的力压在驱动带的两个传动轮之间，新带挠度为 5～10 mm，旧带为 7～14 mm。

2）检查导线的连接情况。

① 接线是否正确；

② 接线是否牢靠；

③ 发电机输出端接线螺丝必须加弹簧垫。

3）检查运转时有无噪声。

4）检查是否发电。

① 观察充电指示灯的熄灭情况：若充电指示灯一直亮着，说明发电机或调节器有故障，也可能是充电指示灯线路有故障，应及时维修。

② 用万用表直流电压挡测量电压：在发电机未转动时测量蓄电池端电压，并记录下来，起动发动机并将转速提高到怠速以上转速，测量蓄电池端电压，若能高于原记录，说明发电机能发电，若测量电压一直不上升，说明发电机或调节器有故障，应及时维修。

5）当发现发电机或调节器有故障需要从车上拆下检修时，首先关断点火开关及一切用电设备，拆下蓄电池负极电缆线，再拆卸发电机上的导线接头。

三、任务实施

（一）任务实施环境

器材及工具准备：

1）世达拆装专用工具一套；

2）万用表；

3）交流发电机；

4）汽车电气万能试验台。

（二）任务实施步骤

故障分析：充电指示灯常亮，可能是发电机本身有故障。接下来我们对发电机重要组成部件进行检测。

1. 知识准备

1）常见交流发电机各接线柱间的阻值见表 2-6。

2）转子轴的径向跳动不大于 0.1 mm。

3）电刷高度低于原尺寸 2/3 时，应调换。

4）转子绕组阻值，一般 12 V 系统为 6～8 Ω，24 V 系统为 15～20 Ω。

5）定子绕组阻值小于 1 Ω，且各相平衡。

6）二极管正向电阻为 8～10 Ω，反向电阻大于 10 000 Ω。

表 2-6 常见交流发电机各接线柱间的阻值

硅整流交流发电机型号	"F"与"E"间/Ω	"B"与"E"间/Ω		"N"与"E或B"间/Ω	
		正向	反向	正向	反向
JF11、13、15、21、132N	5～7	40～50	>10 k	10 左右	>10 k
JFW14（无刷）	3.5～3.8				
夏利 JFZ1542	2.8～3.0				
桑塔纳 JFZ1913	2.8～3.0	65～80			

2. 交流发电机的不解体检测

用万用表（$R\times 1\,\Omega$ 挡）检测发电机各接线柱间的电阻，应与规定相符，参见表 2-6。

1)"F"与"-"之间的电阻。

2)"+"与"-"之间的正、反向电阻。

3)"+"与"F"之间的正、反向电阻。

3. 交流发电机的拆解

操作项目及要点如下：

1) 清除外部的灰尘泥土。

2) 拆下电刷架紧固螺钉，取下电刷架总成。

3) 拆下连接前后端盖的拉紧螺栓，将其分解为与转子结合的前端盖和与定子连接的后端盖两大部分。

注：不能单独将后端盖分离下来，否则会扯断定子绕组与整流器的连接线。

发电机的拆装检查

4) 将转子夹紧在台虎钳上，拆下带轮紧固螺母后，可依次取下带轮、风扇、半圆键、定位套。

5) 将前端盖与转子分离，若该部装配过紧，可用拉器拉开，或用木槌轻轻敲，使之分离。

注：铝合金端盖容易变形，因此拆卸时应均匀用力。

6) 拆掉防护罩，拆掉后端盖上的三个螺钉，即可将防护罩取下。

7) 拆下定子上四个接线端（三相绕组首端及中性点）在散热板上的连接螺母，使定子与后端盖分离。

8) 拆下后端盖上紧固整流器总成的螺钉，取下整流器总成。

4. 交流发电机的检修

（1）转子的检测

1) 转子绕组短路与断路的检查。

用数字万用表的低电阻挡检测两滑环之间的电阻，如图 2-40 所示，应符合技术标准。若阻值为"∞"，则说明断路；若阻值过小，则说明短路。一般 12 V 发电机转子绕组电阻为 $3.5\sim 6\,\Omega$，24 V 的为 $15\sim 21\,\Omega$。

若为断路时应焊修或更换转子总成，若为短路时应更换转子总成。

2) 转子绕组搭铁的检查。

即检查转子绕组与铁芯（或转子轴）之间的绝缘情况。用数字万用表电阻最大挡检测两滑环与铁芯（或转子轴）之间的导通情况，如图 2-41 所示。正常应为"∞"，否则说明有搭铁故障。有搭铁故障时应更换转子总成。

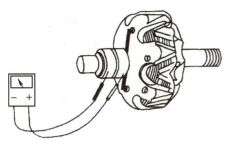
图 2-40 励磁绕组短路、断路的检测

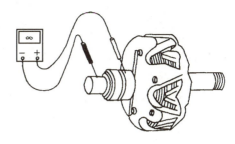
图 2-41 励磁绕组搭铁的检测

（2）定子的检测

1）定子绕组断路的检修。

用数字万用表的 $R×1\ \Omega$ 挡位检测定子绕组三个接线端，两两相测，如图 2-42 所示。正常值时阻值小于 1 Ω 且相等。若阻值为"∞"，说明断路。断路故障应用 35 W、220 V 的电烙铁焊接修复，若不能修复，则应更换定子绕组或定子总成。

2）定子绕组搭铁的检查。

即检查定子绕组与定子铁芯间的绝缘情况。用数字万用表电阻最大挡测量定子绕组接线端与铁芯间的电阻，如图 2-43 所示，应为"∞"，否则说明有搭铁故障。有搭铁故障时应更换定子绕组或定子总成。

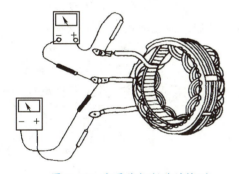
图 2-42 定子绕组断路的检测

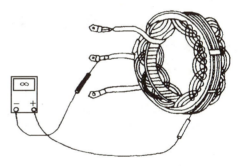
图 2-43 定子绕组搭铁的检测

（3）整流器的检测

1）检查二极管好坏。

将万用表的两测试棒接于二极管的两极测其电阻，再反接测一次，若电阻值一大（10 kΩ）一小（8～10 Ω），差异很大，说明二极管良好。若两次测量阻值均为"∞"，则为断路；若两次测得阻值均为 0，则为短路。

对焊接式整流二极管来说，只要有一只二极管损坏，则需更换该二极管所在的正或负整流板总成；若为压装结构，则只需更换故障二极管即可。

2）二极管的极性判别。

将万用表的正测试棒（红色）接二极管引出极，负测试棒（黑色）接二极管的另一极，测其电阻。若阻值为 8～10 Ω，则该二极管为正极管；若阻值大于 10 kΩ，则该二极管为负极管。

（4）电刷组件的检查
1）外观检查。
电刷表面应无油污，无破损、变形，且应在电刷架中活动自如。
2）电刷长度检查。
如图 2-44 所示，用游标卡尺或钢板尺测量电刷露出电刷架的长度，应与规定相符。

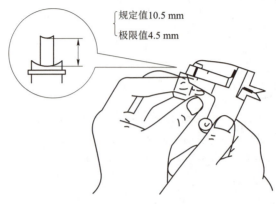

图 2-44 电刷长度检查

（5）其他零件检查
检查发电机各接线柱绝缘情况，若发现搭铁故障则应拆检；检查轴承轴向和径向间隙均应不大于 0.20 mm，滚珠、滚道无斑点，轴承无转动异响；检查前后端盖、皮带轮等应无裂损，绝缘垫应完好。

5．交流发电机的装复
将检测合格的各部件装复。装复前，先在轴承内填充润滑脂，填充量约为轴承空间的 1/3，然后按拆解相反的顺序组装交流发电机。
1）将前端盖、风扇、半圆键和皮带轮依次装到转子轴上，并用螺母紧固。
2）将整流板、定子绕组依次装入后端盖。
3）将两端盖装合在一起，并拧紧连接螺栓。
4）拧紧后端盖轴承紧固螺母，装好轴承盖。
5）装电刷组件。
6）装复后，转动发动机皮带轮，转子转动应平顺，无摩擦及碰击声。
最后，将发电机固定在万能试验台上，进行空载试验与满载试验。按万能试验台说明书操作。

注意事项：
1）用台虎钳夹持转子爪形磁极时，必须注意不使磁爪受损变形。
2）进行发电机试验时，必须将发电机可靠地固定，以免酿成事故。同时，要控制发电机最高转速，防止因电压过高而烧坏整流元件。

四、拓展知识

（一）发电机的工作特性

交流发电机的工作特点是转速变化范围大，对于一般汽油发动机来说，其转速变化约为1:8，柴油机约为1:5，因此分析汽车用交流发电机的特性必须以转速的变化为基础。交流发电机的特性有输出特性、空载特性和外特性，其中以输出特性最为重要。

1. 输出特性

输出特性是指在发电机端电压 U 不变（对 12 V 系列的交流发电机规定为 14 V，对 24 V 系列的交流发电机规定为 28 V）时，其输出电流与转速之间的关系，即 $U=$ 常数时，$I=f(n)$ 的函数关系。图 2-45 所示为交流发电机的输出特性曲线。

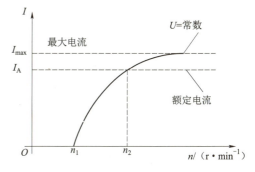

图 2-45 交流发电机的输出特性曲线

由特性曲线 $I=f(n)$ 可以看出：

（1）空载转速 n_1

发电机转速小于一定值 n_1 时，对外输出电流为零。当发电机达到额定电压并能对外输出电流时的最小转速为 n_1，称 n_1 为空载转速。空载转速常用来作为测试发电机性能的参数之一。

（2）最大电流 I_{max}

发电机输出电流能力随转速的升高而增大，但曲线越来越平坦，当转速达到一定值时，无论转速增加多少电流都不再增加，即一定结构的发电机输出最大电流 I_{max} 有一定限制。由此可见，交流发电机自身具有限制输出电流防止过载的能力，又称为自我保护能力。

（3）额定转速 n_2、额定电流 I_A

发电机出厂时，通过试验，规定了空载转速与额定转速，并列入产品说明书。在使用过程中，可通过检测这两个数据来判断发电机性能的好坏。

发电机达到额定电流 I_A 时的转速定为额定转速，图 2-45 中用 n_2 表示，额定电流一般定为最大输出电流的 2/3。

空载转速与额定转速是测试交流发电机性能的重要依据，表 2-7 为国产交流发电机的主要性能指标。

表 2-7 几种交流发电机的主要性能指标

交流发电机型号	额定电压 /V	额定电流 /A	空载转速 / (r·min⁻¹)	额定转速 / (r·min⁻¹)	使用车型
JFZ1913	14	90	1 050	6 000	桑塔纳
JFZ1512	14	55	1 050	6 000	广州标致
JFZ1918	28	27	1 150	5 000	切诺基 CA1090
JF1314ZD	14	25	1 000	3 500	

2. 空载特性

空载特性是指无负荷时发电机端电压与转速的变化规律。根据试验结果，可以绘出一条 $U=f(n)$ 的空载特性曲线，如图 2-46 所示。

从曲线可以看出，随着转速的升高，端电压上升较快，由他励转入自励发电时，即能向蓄电池进行补充充电，这进一步证实了交流发电机低速充电性能好的优点。空载特性是判定交流发电机充电性能是否良好的重要依据。

3. 外特性

外特性是指转速保持一定时发电机的端电压与输出电流的关系。在经不同恒定转速的试验后，可以绘出一组相似的 $U=f(I)$ 外特性曲线，如图 2-47 所示。

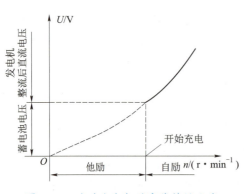

图 2-46　交流发电机的空载特性曲线

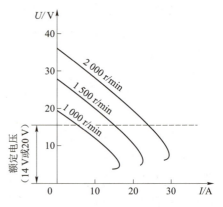

图 2-47　交流发电机的外特性曲线

发电机的转速越高，端电压也越高，输出电流也越大。转速对端电压的影响较大。但当保持在某一转速时，端电压均随输出电流的增大而相应下降，原因是：

1）随着发电机输出电流增加，使得发电机内压降增大，引起端电压下降。

2）当端电压下降较多时，由于磁场电流减小，引起磁场减弱，因而使发电机的电动势减小，导致端电压进一步下降。

3）当发电机的输出电流增大较多时，随着电枢反应增强，导致定子绕组中的感应电动势下降，引起端电压的进一步下降。

此外，发电机输出电流随负载增加到一定值时，若再继续增加负载，输出电流不再增加，反而同端电压一同下降。

交流发电机端电压受转速和负载变化的影响较大，因此必须配用电压调节器才能保持恒定的电压值。当发电机处于正常工作状态时的高速运转时，如果突然失去负荷，则其端电压会急剧升高，这时发电机中的硅二极管以及调节器中的电子元件将有被击穿的危险，因此应该避免外电路断路的现象。

（二）其他类型的发电机

交流发电机的整流器除了有六管之外，还有九管、八管、十一管等。

1. 九管交流发电机（日车应用较多）

九管交流发电机的特点是除了常用的 6 只二极管外，又增加了 3 只功率较小的二极管，专门用来供给磁场电流，又称为磁场二极管，采用磁场二极管后，可以省去继电器，利用充电指示灯即可指示发电机工作情况的好坏。九管交流发电机充电系统电路图如图 2-48 所示。

发电机工作时，定子三相绕组产生的三相交流电动势，经 $VD_1 \sim VD_6$ 6 只二极管组成的三相桥式整流电路整流后，输出直流电压 U_B 向蓄电池充电和向用电设备供电。发电机的磁场电流由 3 只磁场二极管 VD_7、VD_8、VD_9 和 3 只共阳极组二极管 VD_2、VD_4、VD_6 组成的三相桥式整流电路整流后的直流电压供给。发电机工作时，充电指示灯由蓄电池端电压与磁场二极管输出端 L 的电压 U_L 差值所控制。充电指示灯不仅可以在停车后发亮以提醒驾驶员及时关断电源开关，还可以指示发电机的工作情况，同时还省去了结构复杂的继电器。

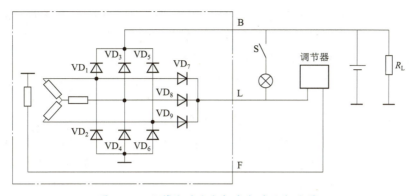

图 2-48　九管交流发电机充电系统电路图

2. 八管交流发电机

有的交流发电机除具有组成三相桥式整流电路的 6 只二极管外、还具有 2 只中性点二极管，其接线柱的记号为"N"。中性点对发电机外壳（即搭铁）之间的电压 U_N 是通过 3 个负极管三相半波整流得到的直流电压，所以 $U_N=\frac{1}{2}U$。中性点电压一般用来控制各种继电器如磁场继电器、充电指示灯继电器等。

有的交流发电机还利用中性点的输出提高发电机的输出功率，中性点二极管的电流路径如图 2-49 所示。

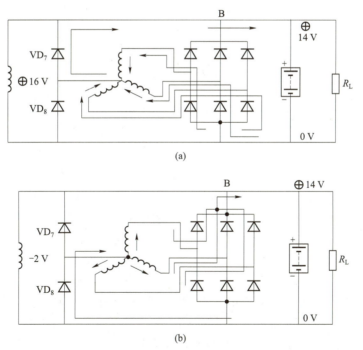

图 2-49　中性点二极管的电流路径
（a）中性点瞬时值高于输出电压；（b）中性点瞬时值低于输出电压

发电机高速运转时，当中性点电压的瞬时值高于输出电压（平均电压 14 V）时，从中性点输出的电流如图 2-49（a）所示，其输出电路为：定子绕组→中性点二极管 VD_7→负载

（包括蓄电池）→负极管→定子绕组。当中性点电压瞬时值低于输出电压时，流过中性点二极管 VD_8 的电流如图2-49（b）所示，其输出电路为：定子绕组→正极管→"B"接线柱→负载（包括蓄电池）→中性点二极管 VD_8→定子绕组。

试验证明，加装中性点二极管后，在发电机转速超过 2 000 r/min 时，其输出功率可提高 11%～15%。

3. 十一管交流发电机（例如桑塔纳车用发电机）

十一管交流发电机的整流器总成由 6 只整流二极管、3 只磁场二极管和 2 只中性点二极管组成，如图 2-50 所示。桑塔纳、奥迪 100、丰田皇冠轿车等均装有此类交流整流发电机。十一管交流发电机兼有八管与九管交流发电机的特点和作用。

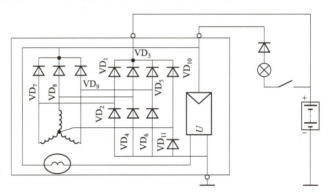

图 2-50　十一管交流发电机的线路

项目总结

1）汽车蓄电池有铅酸蓄电池和镍碱蓄电池两大类。铅酸蓄电池分为普通蓄电池、免维护蓄电池、干荷蓄电池及胶体蓄电池；镍碱蓄电池有铁镍蓄电池及镉镍蓄电池。

2）蓄电池结构一般由极板、隔板、电解液、外壳、联条等组成。汽车蓄电池由几个单格蓄电池串联而成，每个单格蓄电池电压为 2.1 V。

3）影响蓄电池容量的因素有放电电流、电解液的温度和电解液的密度。

4）蓄电池技术状况的检查主要包括电解液液面高度、电解液密度、开路电压、放电能力的检查等。

5）交流发电机由转子、定子、电刷、整流器及风扇等组成。

6）转子的作用是产生旋转磁场；定子的作用是产生交流电动势；整流器为三相桥式整流电路，其作用是将交流电变成直流电。

7）发电机输出电压的调节是通过改变励磁电流的大小来实现的。

8）发电机常见的故障包括不发电、发电机发电电压不足、发电机发电电压过高等故障。

项目三
汽车起动系统检修

 项目概述

起动系统的作用就是供给发动机曲轴足够的起动转矩，以便使发动机曲轴达到必需的起动转速，使发动机进入自行运转状态。当发动机进入自由运转状态后，便结束任务立即停止工作。

发动机常用的起动方式有人力起动、辅助汽油机起动和电力起动机起动。现代汽车上均采用电力起动机起动，电力起动机简称为起动机，均安装在汽车发动机飞轮壳前端的座孔上，用螺栓紧固。电力起动系统简称起动系，由蓄电池、起动机和起动控制电路等组成，如图3-1所示，起动控制电路包括起动按钮或开关、起动继电器等。

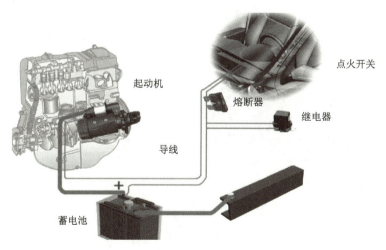

图3-1 起动系统电路图

汽车起动系统常见故障有：起动机异响、起动机无法运转、起动机运转无力等。在本项目中我们主要针对起动机异响和起动机无法运转这两个故障现象开展检修作业。

知识目标	能力目标
1）掌握起动机的功用、结构与工作原理； 2）掌握起动机拆装与检测方法； 3）掌握汽车起动系统的组成和电路分析方法； 4）掌握汽车起动系统常见故障现象、故障原因、故障检修方法及注意事项。	1）能够拆解与组装起动机总成； 2）会对起动机的主要部件进行检测； 3）能识读/分析汽车起动系统电路图； 4）会用万用表检测起动系统常见故障，并将其排除。

任务一　起动机异响故障检修

一、情境描述

有一客户的现代轿车在点火开关打到"Start"后，听到打机枪似的"哒、哒、哒……"声，而不能起动发动机，要求给予检修。

要完成这个工作任务，首先我们需要掌握起动机的结构和起动机的拆装检测等相关知识。

二、知识充电站

（一）起动机的结构及各部分的作用

起动机的作用是将蓄电池的电能转化为机械能，驱动发动机飞轮旋转实现发动机的起动。起动机总成一般由直流电动机、传动机构、控制装置等三大部分组成。其结构如图3-2所示。

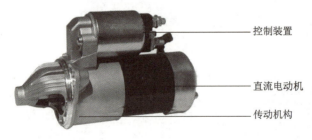

图3-2　起动机的组成

1. 直流电动机

直流电动机将蓄电池的电能转换为机械能，产生转矩，起动发动机。

2. 传动机构（单向离合器）

在发动机起动时，使起动机驱动齿轮啮入飞轮齿环，将起动机的转矩传给发动机曲轴；而在发动机起动后，使驱动齿轮与飞轮齿环脱离（打滑或退出）时防止"飞散"，起保护作用。

3. 控制装置（电磁开关）

接通与切断电动机与蓄电池之间的电路，一般还具有接入与隔除点火线圈附加电阻的作用。

（二）直流电动机的构造及工作原理

1. 直流电动机的构造

直流电动机主要由电枢、定子（也称为磁极）、机壳、端盖、电刷与电刷架等部件组成。

（1）电枢（转子）

电枢是电动机的转子，用来产生电磁转矩。它由铁芯、绕组、换向器和电枢轴等组成，如图 3-3 所示。

电动机的基本结构

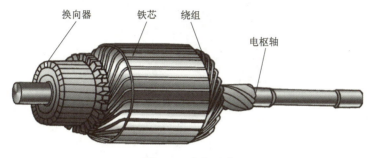

图 3-3 电枢结构

1）铁芯。

铁芯由许多相互绝缘的硅钢片叠成，其圆周表面有槽，用来安装电枢绕组。

2）电枢绕组。

起动机要产生较大的转矩，而供电电压又很低，因此电枢绕组的电流都很大，电枢绕组都是用较粗的矩形裸铜线绕制而成，为了防止裸导线短路，在铁芯与铜线之间、铜线与铜线之间用绝缘性能较好的复合绝缘纸隔开。

电枢绕组各线圈的端头都焊在换向器铜片的凸缘上，通过电刷将蓄电池的电流引入。

3）换向器。

换向器由铜片和云母片相间叠压而成。铜片与铜片、铜片与电枢轴间均绝缘，铜片接电枢绕组，用夹固加焊方式连接。换向器通过电刷来连接磁场绕组与电枢绕组。

换向器由一定数量的燕尾形铜片压装而成。铜片和铜片之间，铜片与压环、轴套之间均用云母（或硬塑料）绝缘。铜片的一端有焊接电枢绕组端头的凸缘。为了避免电刷磨损的粉末落入铜片间形成短路，起动机的铜片间云母不割低。

换向器的作用：将电源提供的直流电转化成电枢绕组所需要的交流电，以保证电枢绕组所产生的转矩方向不变。

4）电枢轴。

电枢轴一般用优质钢材制成。除了固装铁芯和换向器外，还伸出一定长度的花键及阶梯光轴，用以套装传动机构和在端盖上作支撑用。

（2）定子（磁极）

1）组成。

铁芯：低碳钢制成。

绕组：由矩形铜条绕制。一端接外壳上的接线柱，另一端接两只非搭铁的电刷。

磁极数目：一般为4或6个，同性相对安装。

定子的结构如图3-4所示。

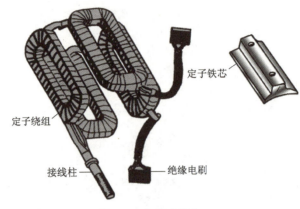

图3-4　定子的结构

2）作用：产生磁场。

定子绕组（励磁绕组）与电枢绕组的连接方式有并励式、串励式和复励式三种。常见的汽车用起动机均用串励式，如图3-5所示。

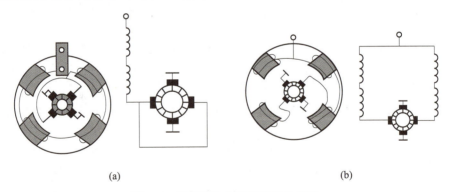

图3-5　励磁绕组与电枢绕组的接法

(a) 四个励磁绕组串联；(b) 励磁绕组两两串联后再并联

磁极的作用是建立磁场。它由磁极铁芯和励磁绕组组成，为了增大起动转矩，磁极数一般为4个，功率大于7.35 kW的起动机有用6个磁极的。

（3）电刷及电刷架

1）电刷如图3-6所示，由铜粉（80%～90%）和石墨粉（20%～10%）压制而成。

2）电刷架一般为4个，为金属框式，两个正电刷与端盖绝缘，两个负电刷直接搭铁。电刷架上装有弹力较大的盘形弹簧，如图3-7所示。

图 3-6 电刷

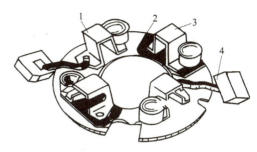

图 3-7 电刷与电刷架
1—接地电刷架；2—绝缘垫；
3—绝缘电刷架；4—接地电刷

(4) 轴承与机壳

1) 轴承采用青铜石墨轴承或铁基含油轴承，可承受冲击性载荷。减速式起动机电枢转速高，故用滚柱轴承或滚珠轴承。

2) 机壳为基础件，并起导磁作用。一端有 4 个检查窗口，中部有一接线柱，其在机壳内与励磁绕组的一端相接。

(5) 端盖

分前后两个端盖。前端盖用钢板压制，内装电刷架。后端盖用灰铸铁铸成，内装电机传动机构，设有拨叉座及驱动齿轮行程调整螺钉。每个端盖的中间均装有青铜石墨轴承或铁基含油轴承；后端盖与机壳之间装有中间轴承板，对轴起中间支承作用。整机由两个长螺栓通过前后端盖夹紧机壳固定。

2. 直流电动机的工作原理

直流电动机是将直流电能转换为机械能，并产生转矩的设备。它是根据通电导体在磁场中受力产生转动的原理设计的。

直流电动机

工作情况：当蓄电池电流经过电刷引入电枢后，在线圈中有电流流过，方向如图 3-8 所示。根据左手定则，可以确定电磁力的方向，可见线圈在电磁力的作用下沿逆时针方向旋转。当线圈旋转过半圈后，两个换向片更换了接触的电刷，流过线圈的电流也发生了改变，但是电磁力矩的方向没有改变，这样就保证了电动机始终向一个方向旋转。

电动机的电磁转矩 M 取决于磁通 Φ 与电枢电流 I_s 的乘积，即 $M = C_m \Phi I_s$。其中 C_m 为电动机结构常数。

(三) 传动机构及其工作原理

1. 作用

传动机构单向传递电动机的力矩，起动发动机。在起动后自动打滑，防止电动机被发动机带动，超速旋转而破坏。传动机构包括离合器和拨叉两个部分。

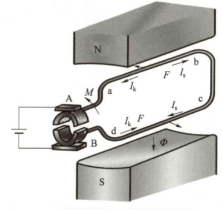

图 3-8 直流电动机的工作原理

2. 种类

滚柱式单向离合器：适用于中小型汽车；
摩擦片式单向离合器：适用于中型汽车；
弹簧式单向离合器：适用于大型汽车。

3. 滚柱式单向离合器

结构：由驱动齿轮、十字块、滚柱和弹簧等组成。离合器总成套装在电枢轴的花键上，可以轴向移动，如图3-9所示。

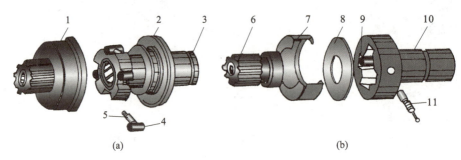

图3-9 滚柱式单向离合器的结构

（a）十字块式；（b）十字槽式

1—驱动齿轮及套筒；2，7—防护盖；3—十字块套筒；4，9—滚柱；5，11—弹簧；
6—驱动齿轮；8—垫圈；10—十字槽

工作原理：起动时，拨叉将离合器推出，驱动齿轮与飞轮啮合，电动机通电后，带动十字块旋转。此时十字块处于主动状态，使滚柱滚入窄端，将十字块与外壳卡紧。起动后，飞轮齿圈带动驱动齿轮与外壳高速旋转，当转速超过十字块时，就迫使滚柱滚入宽端，各自自由滚动，起保护作用。如图3-10所示。

起动时　　　　　　　　起动后

图3-10 滚柱式单向离合器的工作原理

（四）控制装置及其工作过程

控制装置又称为电磁开关。

1. 作用

起动时，控制驱动齿轮与飞轮的啮合，接通电动机的主电路。起动后，切断电动机的主电路，使驱动齿轮与飞轮自动断开。

2. 组成

电磁开关由吸引线圈、保持线圈、活动铁芯等组成，如图3-11所示。

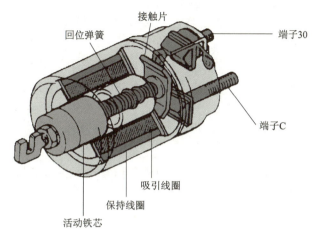

图 3-11 电磁开关的结构

3. 工作过程

电磁开关的工作过程如图 3-12 所示。可扫描二维码观看电磁开关的工作过程视频。

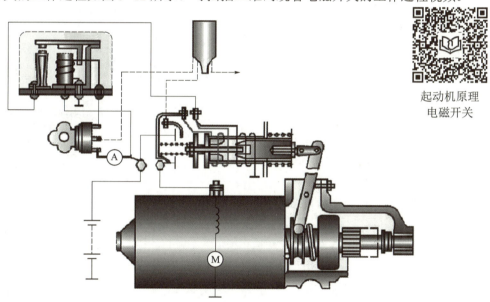

起动机原理
电磁开关

图 3-12 电磁开关的工作过程

置点火开关于起动位置,起动机继电器通电,继电器触点闭合,接通电磁开关电路;电磁开关通电,两线圈电流方向相同,共同产生吸力,使驱动齿轮啮合,主开关接通。

电磁开关通电后,吸引线圈和保持线圈通电,两者流过的电流方向相同,共同产生电磁吸力,在电磁吸力的作用下,活动铁芯克服回位弹簧的弹力右行,通过杠杆机构,使小齿轮开始啮入飞轮齿圈;活动铁芯继续左移时,通过推杆使接触盘右移,接通电动机主电路。在接触盘尚未接通之前,由于吸引线圈的电流流经励磁绕组和电枢绕组,会产生一个较小的电磁转矩，使小齿轮缓慢旋转与飞轮啮合。在小齿轮完全与飞轮啮合后，接触盘接通电动机的主电路，蓄电池的大电流流进电动机，产生正常的电磁转矩，使发动机起动。

起动机主电路通电后，吸引线圈被短路，但保持线圈继续通电，产生电磁吸力，维持齿轮的啮合位置不变，起动发动机。

松开点火开关后，起动机继电器断电，继电器触点断开，继电器与电磁开关之间的电路被切断。由于磁场的磁滞性，主接触盘继续通电，电磁开关两线圈通过接触盘继续通电。此时，两线圈所产生的磁场方向相反，互相抵消。铁芯在回位弹簧的作用下迅速回位，驱动齿轮退出啮合，接触盘回位，切断主电路，起动机停止工作。

（五）起动机的型号

根据中华人民共和国行业标准 QC/T 73—1993《汽车电器设备产品型号编制方法》规定，起动机的型号由以下五部分组成：

| 1 | 2 | 3 | 4 | 5 |

1——起动机的产品代号：QD 表示起动机；QDJ 表示减速起动机；QDY 表示永磁型起动机（包括永磁减速型起动机）。

2——电压等级代号：1 表示 12 V；2 表示 24 V。

3——功率等级代号：含义见表 3–1。

4——设计序号。

5——变型代号。

例如：QD124 表示额定电压为 12 V，功率为 1～2 kW，第四次设计的起动机。

表 3–1 起动机的功率等级代号

功率等级代号	1	2	3	4	5	6	7	8	9
功率 /kW	<1	1～2	2～3	3～4	4～5	5～6	6～7	7～8	>8

（六）起动机的拆装与检测

器材及工具准备：

1）世达拆装专用工具一套；

2）游标卡尺，千分表，内、外卡尺；

3）00 号砂纸，绝缘纸；

4）电枢绕组短路测试器，万用表；

5）起动机。

1. 分解起动机

观看分解起动机二维码视频。

2. 零部件检测

（1）转子总成的检修

1）电枢轴的检查。用游标卡尺检测轴颈外径与衬套内径，配合间隙应为 0.035～0.077 mm。最大不超过 0.15 mm，间隙过大时应更换衬套并重新铰配。电枢轴弯曲可用百分表检测，其径向圆跳动幅度应不大于 0.15 mm，否则应予以校正，如图 3-13 所示。

起动机拆装与工作原理

2）换向器的检查。检查换向器表面有无烧蚀和失圆。轻微烧蚀用 00 号砂纸打磨，严重时应车削，换向器与电枢轴的同轴度不大于 0.03 mm，否则在车床上修整。换向器直径不应小于标准值 1.10 mm，换向片应高出云母片 0.40～0.80 mm，如图 3-14 和图 3-15 所示。

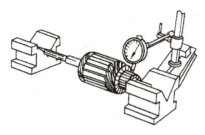

图 3-13　电枢轴的检查

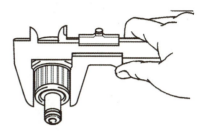

图 3-14　换向器直径的检查

3）电枢的检查。电枢线圈搭铁的检查：用万用表检查时，其表针分别搭在换向器和铁芯（或电枢轴）上，阻值应为无穷大，若阻值为零，则为搭铁，如图 3-16 所示。

图 3-15　换向片的检查

图 3-16　电枢线圈搭铁的检查

电枢线圈短路的检查：把电枢放在万能试验台检验器上，接通电源，将锯片放在检验器上并转动电枢。若锯片不振动表明电枢线圈无短路，否则为电枢线圈短路，应予以修理或更换，如图 3-17 所示。

电枢线圈断路的检查：检视电枢线圈的导线是否甩出或脱焊。用万用表两表针分别依次与相邻换向器接触，其读数应一致，否则说明电枢线圈断路，如图 3-18 所示。

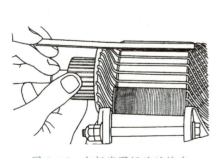

图 3-17　电枢线圈短路的检查

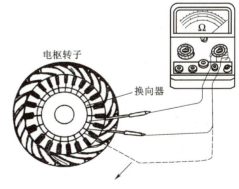

图 3-18　电枢线圈断路的检查

（2）定子绕组的检验

1）磁场线圈搭铁的检验。用万用表的两表针分别接磁场接线柱和外壳，若阻值为无穷大，则正常；若阻值为零，则为搭铁故障，如图 3-19 所示。

2）用12 V蓄电池检查定子绕组短路、断路情况。蓄电池正极接起动机接线柱，负极接正电刷，将起子放在每个磁极上迅速检查磁极对起子的吸力，应相同。磁极吸力弱时表示匝间短路，各磁极均无吸力时表示断路。将万用表置于导通挡，测接线柱与正电刷的导通情况，如不导通，也表示断路，如图3-20所示。

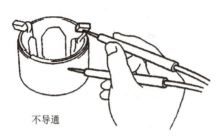
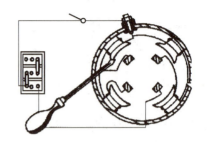

图3-19 磁场线圈搭铁的检查　　　　图3-20 磁场线圈短路、断路的检查

（3）电刷总成的检修

1）电刷高度的检查。电刷磨损后的高度不应小于电刷原高度的一半，一般不小于10 mm，电刷在架内活动自如，无卡滞，电刷与换向器的接触面不低于80%。

2）电刷架的检查。用万用表的导通挡位测两绝缘电刷架与电刷架座盖，阻值应为无穷大，否则说明绝缘体损坏；用相同方法测两搭铁电刷架与电刷架座盖，阻值应为零，否则说明电刷架松动，搭铁不良。

3）电刷弹簧的检查。用弹簧秤检查弹簧的弹力，应为11.76～14.7 N，若过弱则应更换，如图3-21所示。

（4）单向离合器的检查

按顺时针转动驱动齿轮，应自由转动；逆时针转动时应该被锁住，如图3-22所示。

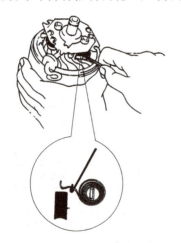
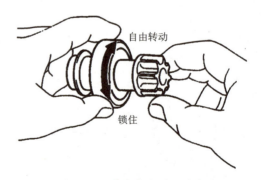

图3-21 电刷弹簧的检查　　　　图3-22 单向离合器的检查

（5）电磁开关的检查（用万用表的低电阻挡位测量）

1）将两表针分别接于磁场接线柱和电磁开关外壳，其电阻值应符合规定。若电阻为零，则为短路；若电阻无穷大，则为断路，如图3-23所示。

2）将两表针分别接于磁场接线柱和起动机接线柱，其电阻值应符合规定；若电阻为零，则为短路；若电阻无穷大，则为断路，如图3-24所示。

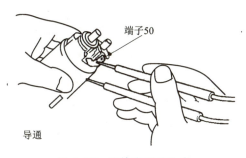

图 3-23 保持线圈的检查　　　　图 3-24 吸引线圈的检查

3）用手将接触盘铁芯压住，让电磁开关上的电源接线柱与起动机接线柱连通，测量两接线柱间的电阻应为零，否则为接触不良。

3. 装复起动机

按分解的反顺序装复起动机各零件。装复后应转动灵活，电枢轴的轴向间隙不大于 0.05～1.00 mm。

三、任务实施

（一）任务实施环境

器材及工具准备：

1）世达拆装专用工具一套；
2）万用表；
3）起动系统实训台；
4）蓄电池。

（二）任务实施流程

1. 故障分析

起动机驱动小齿轮周期性地撞击飞轮齿环，发出"哒、哒……"声的原因主要包括：

1）电磁开关的保持线圈或吸引线圈断路、短路或接触不良。
2）蓄电池亏电。

2. 故障诊断流程

起动机周期性地发出"哒、哒……"声的故障诊断流程，如图 3-25 所示。

（三）任务实施步骤

1. 首先检查蓄电池是否亏电

按喇叭，开大灯，观察喇叭音响和灯光明亮程度是否正常。

检查结果：喇叭音响正常，灯光明亮程度正常，说明蓄电池存电良好。

2. 检测起动机电磁开关（用万用表的低电阻挡位测量）

（1）检测接触盘

将电磁开关从起动机上分解下来。用手将接触盘铁芯压住，让电磁开关上的端子 30 与端子 C 连通，测量两接线柱间的电阻，若为零，说明接触良好。

（2）检测吸引线圈

将万用表两表针分别接于端子 50 和端子 C，若阻值在规定范围内，说明吸引线圈良好。

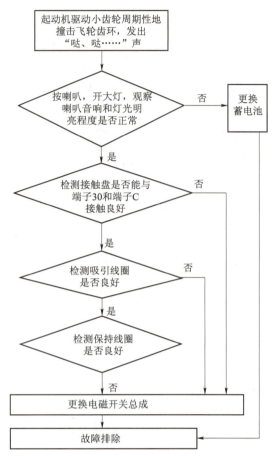

图 3-25　起动机周期性地发出"哒、哒……"声的故障诊断流程

（3）检测保持线圈

将万用表两表针分别接于端子 50 和电磁开关外壳，若电阻为无穷大，说明线圈断路。
检查结果：若保持线圈电阻为无穷大，说明线圈断路，应更换电磁开关总成。

四、拓展知识

前面我们介绍了直接啮合强制起动式起动机（普通式起动机），接下来了解一下减速式起动机和永磁式起动机。

减速起动机的结构

（一）减速起动机

在起动机的电枢轴与驱动齿轮之间装有齿轮减速器的起动机，称为减速起动机。串励式直流电动机的功率与其转矩和转速成正比，可见，当提高电动机转速的同时降低其转矩时，可以保持起动机功率不变，故当采用高速、低转矩的串励式直流电动机作为起动机，在功率相同的情况下，可以使起动机的体积和质量大大减小。但是，起动机的转矩过低，不能满足起动发动机的要求。为此，在起动机中采用高速、低转矩的直流电动机时，在电动机的电枢轴与驱动齿轮之间安装齿轮减速器，可以在降低电动机转速的同时提高其转矩。减速起动机的齿轮减速器有外啮合式、内啮合式、行星齿轮式等三种不同形式，如图 3-26 所示。

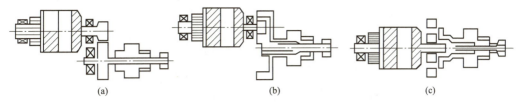

图 3-26 减速起动机的三种形式
(a) 外啮合式；(b) 内啮合式；(c) 行星齿轮式

1. 外啮合式减速起动机

其减速机构在电枢轴和起动机驱动齿轮之间利用惰轮作中间传动，且电磁开关铁芯与驱动齿轮同轴心，直接推动驱动齿轮进入啮合，无须拨叉。因此，该类起动机的外形与普通的起动机有较大的差别，通常分为有惰轮外啮合式减速起动机和无惰轮外啮合式减速起动机（见图 3-27）。外啮合式减速机构的传动中心距较大，因此受起动机构的限制，其减速比不能太大，一般不大于 5，多用在小功率的起动机上。

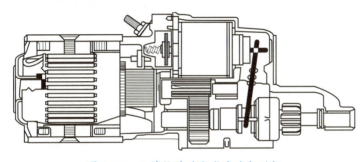

图 3-27 无惰轮外啮合式减速起动机

2. 内啮合式减速起动机

如图 3-28 所示，内啮合式减速起动机的减速机构传动中心距小，可有较大的减速比，故适用于较大功率的起动机。但内啮合式减速机构噪声较大，驱动齿轮仍需拨叉拨动进入啮合，因此，该类起动机的外形与普通起动机相似。

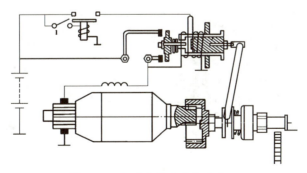

图 3-28 内啮合式减速起动机

3. 行星齿轮式减速起动机

行星齿轮式减速起动机如图 3-29 所示，其减速机构结构紧凑、传动比大、效率高。由于输出轴与电枢轴同轴线、同旋向，电枢轴无径向载荷，振动轻，整机尺寸减小。另外，行星齿轮式减速起动机还具有如下优点：

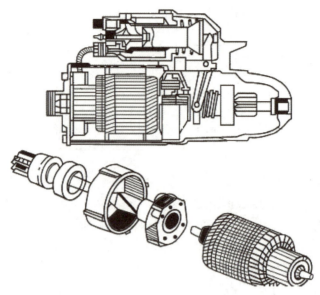

图 3-29　行星齿轮式减速起动机

1）负载平均分配在三个行星齿轮上，可以采用塑料内齿圈和粉末冶金的行星齿轮，使质量减轻、噪声降低。

2）尽管增加了行星齿轮减速机构，但是起动机的轴向其他结构与普通起动机相同，故配件可以通用。

因此，行星齿轮式减速起动机应用越来越广泛，丰田系列轿车和部分奥迪轿车也都采用了行星齿轮式减速起动机。

（二）永磁起动机

以永磁材料作为磁极的起动机，称为永磁起动机，如图 3-30 所示。它取消了传统起动机中的励磁绕组和磁极铁芯，使起动机的结构简化，体积和质量大大减小，可靠性提高，并节省了金属材料。

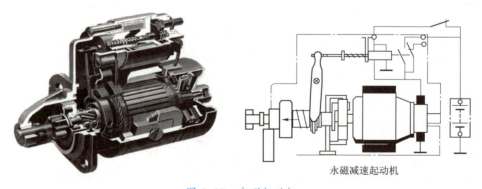

图 3-30　永磁起动机

（三）永磁减速起动机

采用高速低转矩的永磁电动机，并在驱动齿轮与电枢轴之间安装齿轮减速器的起动机，称为永磁减速起动机。永磁减速起动机的体积和质量可以进一步减小，目前已得到广泛应用。

任务二　起动机无法运转故障检修

一、情境描述

有一客户的现代轿车在点火开关打到"Start"后，起动机没有反应，发动机无法起动，要求给予检修。

要完成这个工作任务，首先我们需要掌握起动机控制电路的相关理论知识和起动系统常见故障检测等操作技能。

二、知识充电站

（一）典型起动系统电路

目前，大多数起动系统电路安装了起动机继电器。起动系统电路主要由蓄电池、起动机、点火开关、熔断器、起动机继电器及导线等组成，其中起动机继电器的作用是以小电流控制大电流，减小通过点火开关的电流，防止点火开关烧损。接线时，继电器的 85 号接线柱接点火开关的起动挡，86 号接线柱直接搭铁，30 号接线柱接电源，87 号接线柱接起动机电磁开关上的控制端子 50，如图 3-31 所示。

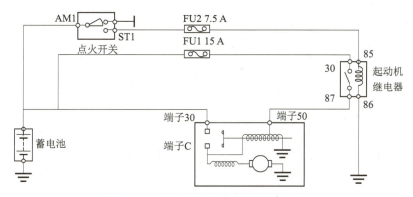

图 3-31　带起动机继电器的控制电路

发动机起动时，将点火开关起动挡接通，继电器的线圈通电，使触点闭合，电源的电流便经继电器的触点通往起动机电磁开关的控制端子 50。电磁开关接通后，便控制起动机进入工作状态。从电路中可以看出，起动期间流经点火开关起动挡和继电器线圈的电流较小，大电流经过继电器开关流入起动机，保护了点火开关。起动过程的工作原理如前所述，此处不再重复。

起动电路分析

装有自动变速器的轿车，在自动变速器上装有空挡起动开关，空挡起动开关串联于起动机继电器线圈搭铁端，只有自动变速器变速杆处于停车（P）挡或空（N）挡时才接通，其他挡位时均处于断开状态，有利于保护起动机和蓄电池。

（二）现代悦动轿车起动系统电路

图 3-32 所示为现代悦动轿车起动系统电路图。起动电路的工作情况是：

起动系统的原理

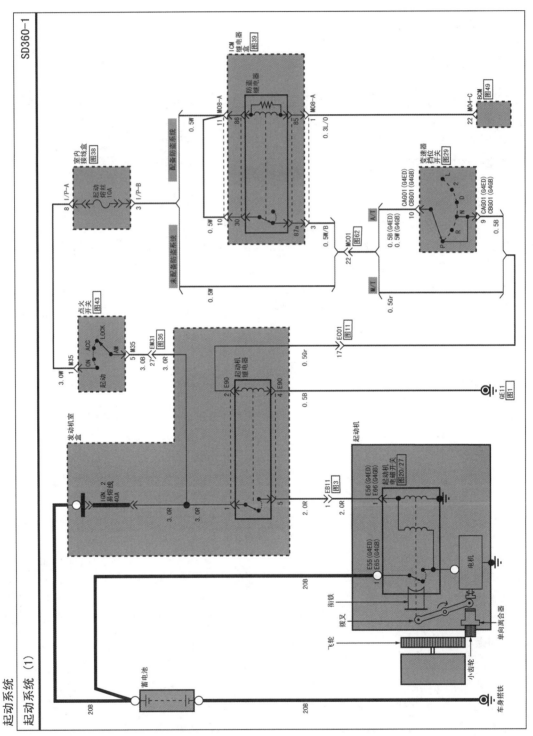

图 3-32 现代悦动轿车起动系统电路图

自动变速器变速杆处于停车（P）挡或空（N）挡时，将点火开关拨至起动挡位，电磁开关的吸引线圈和保持线圈电路接通，其电路是：蓄电池正极→熔丝→点火开关→起动熔断器→变速器（P）挡或空（N）挡→起动机继电器线圈→搭铁→蓄电池负极；蓄电池正极→熔丝→起动机继电器触点→控制端子50→吸引线圈→励磁线圈→电枢→搭铁→蓄电池负极。吸引线圈和保持线圈通过电流后，使铁芯产生吸力，吸动衔铁前移，接通电动机主电路使电枢通电旋转，产生的电磁转矩经传动机构、驱动齿轮给曲轴飞轮，起动发动机。发动机起动后，点火开关退出起动挡位，吸引线圈、保持线圈电路切断，吸力消失，衔铁在弹簧的作用下复位，起动机停止工作。

三、任务实施

（一）任务实施环境

器材及工具准备：
1）世达拆装专用工具一套；
2）万用表；
3）起动系统实训台；
4）蓄电池。

（二）任务实施流程

1. 故障分析

造成起动机不运转的原因主要包括：
1）蓄电池亏电或蓄电池正、负极端子接触不良。
2）起动机控制电路故障。
3）起动机电磁开关故障。
4）起动机的电动机故障。

从电路图看，起动机的控制电路图相对比较复杂，但再复杂的控制电路最终也只是在起动时给起动机控制端送电，所以在故障诊断时，应将整个电路分为三大部分（蓄电池部分、控制电路部分和起动机部分）来进行故障定位。

2. 故障诊断流程

起动机不转故障诊断流程，如图3-33所示。

起动机线路的检测

（三）任务实施步骤

1. 蓄电池的检查

按喇叭或开大灯，如果喇叭声音小或嘶哑、灯光比平时暗淡，说明电源有问题，应先检查蓄电池极桩与线夹及起动电路导线接头处是否松动，触摸导线连接处是否发热。若某连接处松动或发热则说明该处接触不良。如果线路连接没有问题，则应对蓄电池进行检查。

2. 起动机控制电路的检查

如果判断电源没有问题，则对起动机控制电路进行检查。拆下起动机控制端导线（起动机端子50），在导线端与发动机机体间接一个12 V/21 W的试灯（在检查一个线端是否有12 V电压时，不能仅使用万用表和LED试灯，因为它们仅能检查是否存在电压而无法判断电的实虚，易造成误判），然后将点火开关置于"起动"挡。

如果试灯不亮，由此可以判断起动机控制电路部分有故障，则按以下步骤检查：

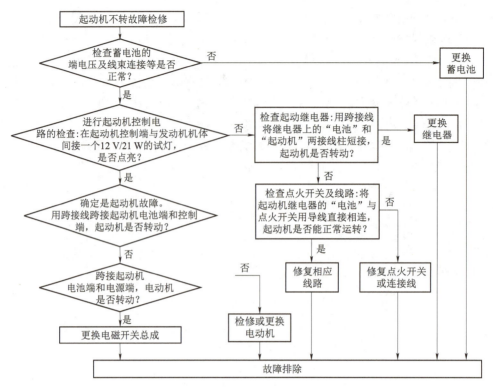

图 3-33 起动机不转故障诊断流程图

（1）检查起动机继电器

用跨接线将起动机继电器上的"电池"（端子 30）和"起动机"（端子 87）两接线柱短接，若起动机转动，则说明起动机继电器内部有故障；否则进行下一步检查。

（2）检查点火开关及线路

将起动机继电器的"电池"与点火开关用导线直接相连，若起动机能正常运转，则说明故障在起动机继电器至点火开关的线路中，可对其进行检修。

如果试灯点亮，由此可以判断起动机控制电路部分正常，是起动机故障。

3. 起动机的检查

1）用跨接线跨接起动机电池端（起动机端子 30）和控制端（起动机端子 50）。

跨接结果：起动机不运转，由此可以判定造成起动机不运转的原因是起动机本身故障，但需要判断是电磁开关故障还是电动机故障。

2）跨接起动机电池端（起动机端子 30）和电源端（起动机端子 C）。

若电动机正常运转，由此可以判定为起动机电磁开关故障，需更换电磁开关。

若电动机仍不转动，由此可以判定为起动机电动机故障，需进一步检修起动机的直流电动机部分。

注：起动机的电磁开关上有三个接线端，即控制端 50（与起动机控制电路相连接）、电池端 30（与蓄电池相连接）和电源端 C（与起动机电动机相连接）；用跨接线跨接电池端 30 和控制端 50 实际就是用跨接线替代整个控制电路，通过跨接后起动机工作与否来判断是控制电路故障还是起动机本身故障；而用跨接线跨接电池端 30 和电源端 C 则是用跨接线替代电磁开关，通过跨接后电动机是否运转来判断是电磁开关故障还是电动机故障。

四、拓展知识

前面重点分析了起动机不转的故障检修过程，汽车起动系统常见的故障还有起动机起动无力和起动机空转等。下面就这两种故障的原因和诊断方法做介绍。

（一）起动机起动无力

1. 故障现象与故障原因

起动时，起动机转速明显偏低甚至停转，可能的故障如下。

（1）电源故障

电源故障有蓄电池亏电或极板硫化短路、起动电源导线连接处接触不良等。

（2）起动机故障

起动机故障有换向器与电刷接触不良、电磁开关接触盘和触点接触不良、电动机励磁绕组或电枢绕组有局部短路等。

2. 故障诊断方法

如出现起动机运转无力，首先检查起动机电源，如果起动电源没有问题，则应拆检起动机，首先检查电磁开关接触盘、换向器与电刷的接触情况，其次检查励磁绕组和电枢绕组。

（二）起动机空转

1. 故障现象与故障原因

接通起动开关后，只有起动机快速旋转而发动机曲轴不转。这种症状表明起动机电路畅通，故障在起动机的传动装置和飞轮齿圈等处。

2. 故障诊断方法

（1）若在起动机空转的同时伴有齿轮的撞击声，则表明飞轮或起动机小齿轮牙齿磨损严重或已损坏，致使不能正确地啮合。

（2）起动机传动装置故障有单向离合器弹簧损坏、单向离合器滚子磨损严重、单向离合器套管的花键槽锈蚀。这些故障会阻碍小齿轮的正常移动，造成不能与飞轮齿圈准确啮合。

（3）有的起动机装置采用一级行星齿轮减速装置，其结构紧凑，传动比大，效率高，但使用中常会出现载荷过大而烧毁卡死。有的采用摩擦片式离合器，若紧压弹簧损坏，花键锈蚀卡滞和摩擦离合器打滑，也会造成起动机空转。

项目总结

1）起动系统主要包括蓄电池、起动机、起动机继电器、点火开关、熔断器等。

2）起动机一般由直流电动机、控制装置、传动机构组成。

3）直流电动机是将电能转变为机械能的设备，它是根据通电导体在磁场中将受到电磁力作用而产生运动的原理进行工作的，由电枢总成、磁极、电刷与电刷架及其他附件组成。励磁绕组和电枢绕组的连接方式有串励、并励和复励三种方式。

4）普通起动机的转动机构主要组成部分是单向离合器。其作用是将电动机的动力传递给发动机飞轮以起动发动机，而发动机起动后则断开发动机对起动机的逆向驱动。常见的单向离合器有滚柱式、摩擦片式及扭簧式。

5)起动机的控制装置一般是电磁开关,有的还采用了一些中间继电器,作用是控制起动机驱动齿轮与发动机飞轮的啮合与分离以及电动机电路的通断。为了防止误操作而使起动机损坏,在有些汽车的起动系统中采用了起动保护电路。

6)起动机的拆装检测方法。

7)起动机无法运转故障检修步骤。

项目四

汽车照明与信号系统检修

 项目概述

现代汽车为了保证行驶安全，装备了多种照明与信号设备。照明与信号设备不但要符合交通法规的要求，还要满足运行安全的要求。汽车照明与信号系统一般包括照明系统与信号系统。照明系统包括前照灯、雾灯、行李厢灯、内部照明系统等；信号系统包括转向信号灯、危险报警信号灯、制动灯、倒车灯、示廓灯、电喇叭等。汽车照明灯和信号灯的种类如图4-1所示。

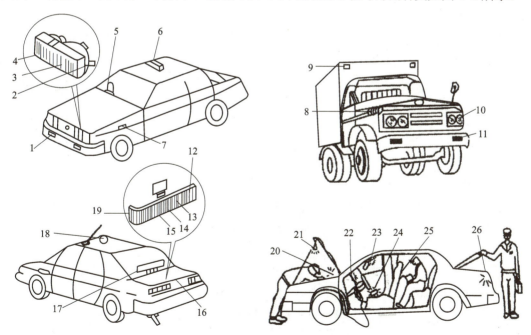

图4-1 汽车照明灯和信号灯的种类

1—前转向灯；2—前示位灯；3，10—前照灯；4，11—前雾灯；5—出租车空车灯；6—出租车标志灯；7—转向示宽灯；8—转向示位组合灯；9—示廓灯；12—倒车灯；13—后雾灯；14—后示位灯；15—制动灯；16—牌照灯；17—高位制动灯；18—警示灯；19—后转向灯；20—发动机罩下灯；21—工作灯；22—仪表照明灯及报警指示灯；23—顶灯；24—门灯；25—阅读灯；26—行李厢灯

汽车照明信号系统常见故障的检测与维修有：前照灯不亮故障的检测与维修、转向灯不亮故障的检测与维修、制动灯不亮故障的检测与维修、汽车电喇叭不响故障的检测与维修等。在本项目中主要针对前照灯不亮故障、转向灯不亮故障和汽车电喇叭不响故障这三个故障现象开展检修作业。

知识目标	能力目标
1）掌握汽车照明与信号系统的功用、结构与工作原理； 2）掌握汽车前照灯常见故障现象、故障原因、故障检修方法及注意事项； 3）掌握汽车转向灯常见故障现象、故障原因、故障检修方法及注意事项； 4）掌握汽车电喇叭常见故障现象、故障原因、故障检修方法及注意事项。	1）能拆画和分析照明与信号系统电路图； 2）能查找出前照灯、转向灯和电喇叭的故障原因； 3）能正确使用工具与仪器，进行前照灯、转向灯和电喇叭的故障检修。

任务一　前照灯不亮故障的检测与维修

一、情境描述

王先生今天早上在维修站向客户经理反映他的悦动轿车前照灯远光不亮而近光正常。

我们作为维修技工，需要根据维修手册，使用相关仪器，参考相关资料排除故障，恢复照明系统功能。要完成这个工作任务，首先我们需要掌握前照灯电路分析和检测等相关知识。

二、知识充电站

（一）照明灯

汽车灯的类型和功用

1. 前照灯

前照灯俗称"大灯"或"头灯"，安装在汽车头部两侧，主要用于夜间或光线昏暗路面上汽车行驶时的照明，有两灯制和四灯制之分。其功率一般为 40～60 W。

2. 雾灯

雾灯有前雾灯和后雾灯两种，前雾灯装于汽车前部且比前照灯稍低的位置，用于雾天、下雪、暴雨或尘埃弥漫等情况下，来改善车前道路的照明情况。车尾的后雾灯，主要用于同样情况下，向后方车辆或行人提供本车的位置信息。雾灯的光色为光波较长的黄色、橙色或红色。

3. 仪表照明灯

仪表照明灯安装在汽车仪表盘上，用来照明仪表指针及刻度板，以便于驾驶员能迅速获取行车信息并进行正确操作。仪表照明灯一般与示位灯、牌照灯同时点亮。有些汽车仪表照明灯发光强度可调节。

4. 顶灯

顶灯用作车室内照明，还可兼起监视车门是否可靠关闭的作用。在监视车门状态下，只要还有车门未可靠关紧，顶灯就发亮。通常客车车内灯都位于驾驶室中部，使车内灯光分布均匀。

5. 牌照灯

牌照灯安装在汽车尾部牌照上方，用于夜间照亮汽车牌照。

6. 阅读灯

阅读灯装于乘员席前部或顶部，聚光时乘员看书不会给驾驶员产生眩目现象，照明范围较小，有的还有光轴方向调节机构。

7. 行李厢灯

行李厢灯装于汽车行李厢内，当开启行李厢盖时，灯自动发亮，照亮行李厢内空间。

8. 工作灯

工作灯是车辆维修时可以移动使用的一种随车低压照明工具，电源来自汽车发电机或蓄电池。常带有挂钩或夹钳，插头有点烟器式和两柱插头式两种。

室内灯

行李厢灯

（二）前照灯的类型与结构

1. 对前照灯的要求

世界各国交通管理部门一般都以法律形式规定了汽车前照灯的照明标准，以确保夜间行车的安全，基本要求如下：

1）前照灯应保证车前有明亮而均匀的照明，使驾驶员能看清车前 100 m 以内路面上的任何障碍物。随着高速公路的建成，汽车行驶速度的提高，要求汽车前照灯的照明距离也相应增长，现代有些汽车的前照灯照明距离已达到 200～250 m。

2）应具有防止眩目的装置，确保夜间两车迎面相遇时，不使对方驾驶员因产生眩目而造成事故。

为了满足第一个要求，根据光路的可逆性原理，在前照灯的设计和制造上，装置了反射镜、配光镜和灯泡组成的光学系统。

为了满足第二个要求，对前照灯的使用做了必要的规章制约，同时还对灯泡结构做了合理的设计。

2. 前照灯的类型

前照灯的类型有很多种，下面主要介绍三种目前经常使用的前照灯的类型。

（1）半封闭式前照灯

半封闭式前照灯的结构如图 4-2 所示，其配光镜由反射镜边缘上的齿簧固定在反射镜上，两者之间垫有橡胶密封圈，灯泡只能从反射镜后端装入。当需要更换损坏的配光镜时，撬开反射镜边缘的牙齿，安上新的配光镜后，再将牙齿复原。由于半封闭式前照灯维修方便，因此得到广泛使用。

（2）全封闭式前照灯

全封闭式前照灯（又叫真空灯）如图 4-3 所示，其反射镜和配光镜用玻璃制成一体，形成灯泡，里面充以惰性气体。灯丝焊在反射镜底座上，反射镜的反射面经真空镀铝。全封闭式前照灯反射效率高，照明效果好，使用寿命长，得到了很快的普及。但当灯丝烧断后，需要更换整个总成，成本高，因此限制了它的使用范围。

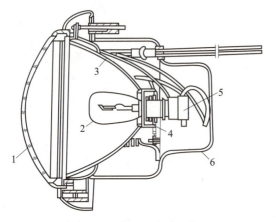
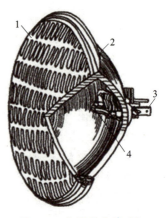

图 4-2　半封闭式前照灯

1—配光镜；2—灯泡；3—反射镜；4—插座；5—接线盒；6—灯壳

图 4-3　全封闭式前照灯

1—配光镜；2—反射镜；3—插片；4—灯丝

（3）高亮度弧光灯

高亮度弧光灯的结构如图 4-4 所示，这种灯的灯泡里没有灯丝，管内充有氙及微量金属（或金属卤化物）。它有两个电极，在电极上加上 5 000～12 000 V 电压后，气体开始电离而导电。

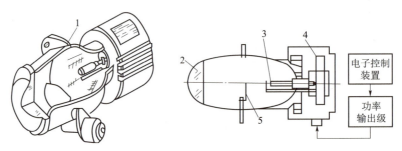

图 4-4　高亮度弧光灯

1—弧光灯总成；2—透镜；3—弧光灯；4—引燃及稳弧部件；5—透光灯

高亮度弧光灯由弧光灯组件、电子控制器和升压器三大部分组成。其灯泡的光色和日光灯相似，亮度是目前卤钨灯泡的 2.5 倍，寿命是卤钨灯泡的 5 倍，灯泡的功率为 35 W，可节能 40%。

3. 前照灯的结构

前照灯一般由灯泡（光源）、反射镜、配光镜等三部分组成，如图 4-5 所示。

（1）灯泡

灯泡是前照灯的光源部分，一般有两种类型，即充气灯泡和卤钨灯泡，如图 4-6 所示。

1）充气灯泡。充气灯泡如图 4-6（a）所示，是把玻璃泡内的空气抽出后，再充满惰性混合气体的灯泡。一般充入的惰性气体为 96% 的氩气和 4% 的氮气。充入灯泡的惰性气体可以在灯丝受热时膨胀，增大压力，减少钨的蒸发，提高灯丝的温度和发光效率，节省电能，延长灯泡的使用寿命。

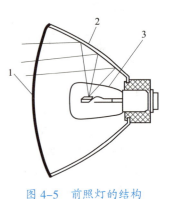

图 4-5　前照灯的结构

1—配光镜；2—反射镜；3—灯泡

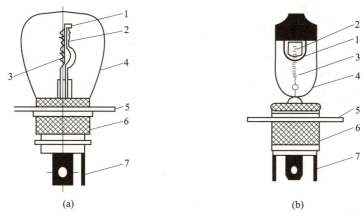

图 4-6 前照灯灯泡
（a）充气灯泡；（b）卤钨灯泡
1—配光屏；2—近光灯丝；3—远光灯丝；4—泡壳；5—定焦盘；6—灯头；7—插片

2）卤钨灯泡。卤钨灯泡如图 4-6（b）所示，是利用卤钨再生循环反应的原理制成的灯泡。其原理是：从灯丝蒸发出来的气态钨与卤族反应生成卤化钨，卤化钨再受热分解，使钨重新回到灯丝上。如此反复地循环下去，从而防止了钨的蒸发和灯泡的发黑现象。

卤钨灯泡尺寸小，灯泡内充入惰性气体的压力较高，工作温度高，故钨的蒸发也得到更为有力地抑制。卤钨灯泡发光效率高，亮度是充气灯泡的 1.5 倍，使用寿命是充气灯泡的 2～3 倍。

（2）反射镜

反射镜的作用是尽可能多地收集灯泡发出的光线，并将其聚合而导向远方。反射镜一般用 0.6～0.8 mm 的薄钢板冲压而成，反射镜的表面形状呈旋转抛物面，如图 4-7（a）所示。灯泡的光线经反射镜反射后射向远方，如图 4-7（b）所示，使光度增强几百倍，甚至上千倍，从而使车前 150 m 甚至更远的路面清晰可见。

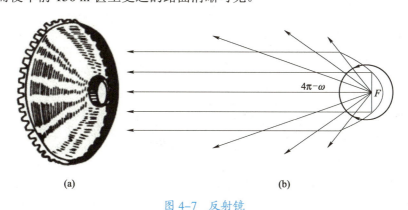

图 4-7 反射镜
（a）反射镜外形；（b）反射镜反射的光线

（3）配光镜

配光镜也称散光玻璃，如图 4-8 所示，用透光玻璃压制而成，是很多块特殊的棱镜和透镜的组合。其作用是将反射镜反射出的平行光束进行折射，以扩大光线的照射范围，使车前路面的照明更均匀。配光镜还能有效减小对面车辆驾驶人的眩目效应。

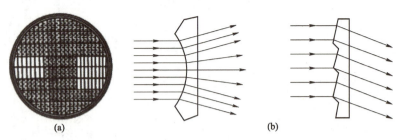

图 4-8 配光镜的结构与作用

（a）配光镜；（b）配光镜的作用

（三）前照灯的控制电路

如图 4-9 所示为北京现代伊兰特悦动轿车前照灯电路图。

前照灯近光、远光的工作原理：当组合开关近光或者远光开关闭合时，大灯继电器控制电路为：ON 电源→大灯熔丝→近光、远光继电器线圈→灯光组合开关→搭铁；

前照灯继电器工作电路为：继电器线圈通电，继电器开关闭合。

近光线路为：常时电源→近光继电器开关→左右近光熔丝→左右近光灯→搭铁；

远光线路为：常时电源→大灯远光熔丝→远光继电器开关→左右远光灯→搭铁。

汽车前照灯远光电路分析

三、任务实施

（一）任务实施环境

器材及工具准备：

1）万用表；

2）照明系统实训台；

3）蓄电池。

（二）任务实施流程

故障分析：前照灯远光不亮而近光正常的原因主要包括：① 远光灯熔断器故障；② 远光灯继电器故障；③ 远光灯灯泡故障。

（三）任务实施步骤

1. 检测前照灯熔断器

用万用表的低电阻挡位测量熔断器的电阻值。

检查结果：熔断器的电阻值无穷大，说明熔断器烧断。

2. 检测前照灯继电器

（1）用万用表低电阻挡检查继电器线圈，测量继电器 85 号端子与 86 号端子间电阻值在 90 Ω 左右，而继电器开关 87 号端子与 30 号端子间电阻应为∞。如不符合上述规律，说明继电器有问题。

（2）如果上述检查无问题，可在 85 号端子与 86 号端子间加 12 V 供电，用万用表检查 87 号端子与 30 号端子应导通。如不符合上述规律，或通电后继电器发热，均说明其已损坏。

检查结果：前照灯继电器正常。

3. 检测前照灯灯泡

用万用表低电阻挡测量前照灯灯泡的电阻值，阻值在范围值内。

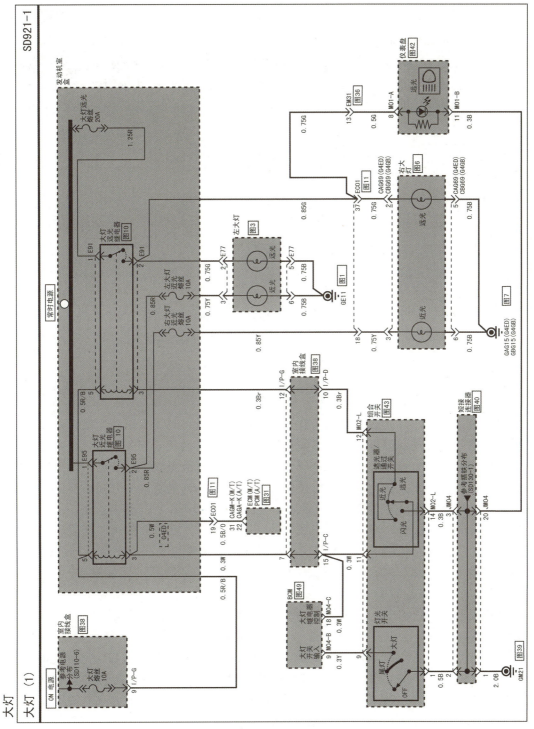

图4-9 北京现代伊兰特说动桥车前照灯电路图

检查结果：前照灯灯泡正常。

四、拓展知识

前照灯自动变光电路

在夜间行驶时，为了防止迎面来车驾驶员眩目，驾驶员必须频繁使用变光开关，这样会分散驾驶员的注意力，影响行车安全。前照灯自动变光装置可以根据迎面来车的灯光强度调节前照灯的远光或近光。图4-10为前照灯自动变光电路原理图，其工作原理如下：

自动灯光系统电子电路

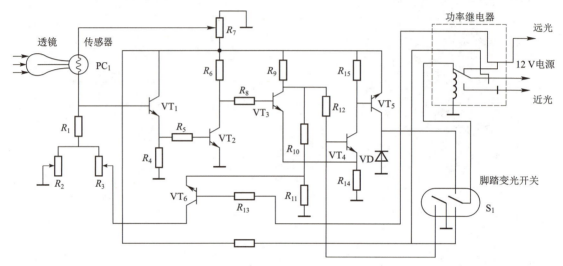

图4-10　前照灯自动变光电路原理图

当迎面来车的前照灯光线照射到传感器时，通过透镜将光线聚焦到光敏元件上，通过放大器输出信号触发功率继电器，功率继电器将前照灯自动从远光变为近光。当迎面来车驶过后，传感器不再有灯光照射，于是放大器不再向功率继电器输送信号，功率继电器触点又恢复到远光照明。光敏电阻PC_1用来传感光照情况，其电阻值与光强成反比。在受到光线照射前，其电阻值较高，但受光照后，其电阻值迅速下降，PC_1和R_1、R_2、R_3、R_7以及VT_6组成VT_1的偏压电路。当远光接通时，VT_6导通，PC_1受到光照作用，电阻减小到一定值时，VT_1基极上偏压刚好能产生光束转换，即从远光变为近光；近光接通后，VT_6截止，这时偏压电路中只有R_7、PC_1、R_1和R_2，因而灵敏度增加，当迎面来车驶过后，PC_1电阻增大，VT_1截止，前照灯立即由近光变为远光。

射极输出器VT_1的输出，由VT_2放大并反相，VT_2的输出加在施密特触发器VT_3和VT_4上，VT_4的集电极控制继电器激励级VT_5。当VT_2集电极电压超过施密特触发器的阈值时，VT_3导通，VT_4截止，VT_5加偏压截止，继电器的触点接通远光灯。当PC_1受到迎面来车的光线照射时，其电阻下降，放大器VT_1和VT_2的输出低于施密特触发器的阈值，VT_3截止，VT_4、VT_5导通，继电器线圈有电流通过，从而接通近光灯丝，直到迎面来车驶过后继电器又接通远光灯丝。

当脚踏变光开关S_1踏下时，继电器断电，VT_4基极搭铁，前照灯始终使用远光灯丝。

任务二　转向灯不亮故障的检测与维修

一、情境描述

有一客户开来一辆威驰轿车，他的转向灯前后均不亮，要求给予检修。

我们作为维修技工，需要根据维修手册，使用诊断工具，参考相关资料排除故障，恢复转向灯的功能。要完成这个工作任务，首先我们需要掌握转向灯电路分析和检测等相关知识。

二、知识充电站

（一）信号灯

1. 转向灯（转向信号灯）

主转向灯一般安装在汽车头、尾部的左右两侧，侧转向灯安装在汽车车侧中间。在汽车转弯时，转向信号灯发出明暗交替的闪光信号，以示汽车向左或向右转向行驶。转向信号灯一般有4只或6只，光色为橙色。

2. 危险报警灯

危险报警灯与转向信号灯共用。当车辆出现故障停止在路面上或者在高速公路上需要临时停车时，按下危险报警灯开关，转向信号灯同时闪烁，示意其他车辆和行人注意避让。

危险报警
灯电路

3. 制动灯

制动灯俗称"刹车灯"，安装在汽车尾部两端。在踩下制动踏板时，发出较强红光，以示本车制动或者减速。其功率为 20～25 W。

高位制动灯也称为第三制动灯，一般安装在车辆后窗的中心线上，以便后方车辆能及早发现前方车辆而实施制动，防止发生汽车追尾事故。

4. 倒车灯

倒车灯安装在汽车尾部，当变速器挂倒挡时自动发亮，照明车后侧，同时警示后方车辆行人注意安全。其功率一般为 20～25 W，光色为白色。

5. 示位灯

示位灯又称示宽灯、位置灯，安装在汽车前面、后面和侧面，夜间行驶打开前照灯时，示位灯、仪表照明灯和牌照灯同时发亮，以标志车辆的形位等。其功率一般为 5～20 W。前位灯俗称小灯，光色为白色或黄色，后位灯俗称尾灯，光色为红色；侧位灯光色为琥珀色。

6. 示廓灯

示廓灯俗称"角标灯"，空载车高 3 m 以上的车辆均应安装示廓灯，标示车辆轮廓。示廓灯功率一般为 5 W。

7. 驻车灯

驻车灯装于车头和车尾两侧，要求从车前和车尾 150 m 远处能确认灯光信号，且要求车前处光色为白色，车尾处为红色。夜间驻车时，将驻车灯接通以标志车辆形位。

8. 警示灯

一般装于车顶部，用来标示车辆特殊类型。

目前，多将前照灯、雾灯、示宽灯等组合起来，称为组合前灯；将尾灯、后转向信号灯、刹车灯、倒车灯等组合起来称为组合后灯。

（二）转向信号系统

转向信号装置由转向信号灯、闪光器和转向开关等组成。

1. 闪光器

常见闪光器有电热式、电容式及电子式三类。其中电热式闪光器结构简单，成本低，但闪光频率不够稳定，使用寿命短，已被淘汰；而电容式闪光器闪光频率稳定，电子式闪光器具有性能稳定、可靠等优点，故被广泛应用。

（1）电容式闪光器

电容式闪光器外形和结构原理图如图4-11所示，其触点为常闭触点。

转向灯闪光器的结构

电容式闪光器的电路

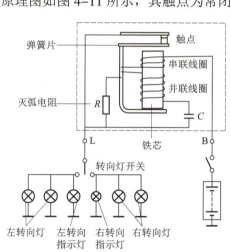

图4-11 电容式闪光器外形和结构原理

工作原理：汽车转向时，接通转向开关，电流经蓄电池"＋"极→电源开关→接线柱B→串联线圈→常闭触点→接线柱L→转向灯开关→转向灯及转向指示灯（左或右）→搭铁→蓄电池"－"极，构成回路。

流经串联线圈的电流产生的吸力大于弹簧片的作用力，将触点迅速打开，由于流过转向灯灯丝电流时间很短，故灯泡处于暗的状态（未来得及亮）。触点打开后，蓄电池开始向电容器C充电，回路为：蓄电池"＋"极→电源开关→接线柱B→串联线圈→并联线圈→电容C→转向灯开关→转向灯及转向指示灯（左或右）→搭铁→蓄电池"－"极。由于线圈电阻较大，充电电流较小，仍不足以使转向灯亮。同时，两线圈产生的电磁吸力方向相同，使触点维持打开，随着电容器C两端电压升高，充电电流逐渐减小，电磁吸力也减小，在弹簧片作用下，触点闭合。随后，电源通过串联线圈、触点、转向开关向转向灯供电，电容器经并联线圈、触点放电。由于此时两线圈磁力方向相反，产生的合成磁力不足以使触点打开，此时转向灯亮。随着C两端电压下降，流经并联线圈的电流减少，产生的磁力减弱，串联线圈产生的电磁吸力又将触点打开，转向灯变暗。如此反复，使转向灯以一定的频率闪烁。

（2）电子式闪光器

电子式闪光器分为晶体管式和集成电路式两类，图4-12所示为带继电器触点式晶体管闪光器外形和结构原理图，其触点为常闭触点。

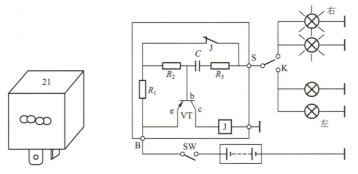

电子式闪光器电器

图 4-12 带继电器触点式晶体管闪光器外形和结构原理图

工作原理：当车辆转弯时，接通电源开关 SW 和转向灯开关 K，电流经蓄电池"+"极→电源开关 SW→接线柱 B→R_1→继电器 J 的触点→接线柱 S→转向灯开关 K→转向灯及转向指示灯（左或右）→搭铁→蓄电池"-"极，转向灯亮。由于 R_1 上的分压给三极管 VT 提供了偏置电压而使其导通，集电极电流流经继电器 J 的线圈，其上产生的吸力使触点断开，转向灯变暗。三极管 VT 导通后其基极电流向电容器充电，其回路为：蓄电池"+"极→电源开关 SW→接线柱 B→发射极→基极→电容器 C→R_3→转向灯开关 K→转向灯及转向指示灯（左或右）→搭铁→蓄电池"-"极。电容器 C 充电过程中，随着电容器两端电压上升，基极电流变小，使集电极电流也相应变小。当流经继电器 J 的线圈的电流不足造成吸力减小而释放常闭触点时，继电器 J 的触点又重新闭合，使转向灯点亮，同时电容器通过 R_2、触点、R_3 放电，由于此时 R_2 向 VT 提供了反向偏压，加速了 VT 的截止。随着电容器放电电流的减小，R_1 上的压降又为 VT 提供了正向的偏置电压。这样循环往复，使转向信号灯闪烁发光。

2. 转向信号灯控制电路

图 4-13 所示为转向信号灯的控制电路，电路特点可归纳如下。

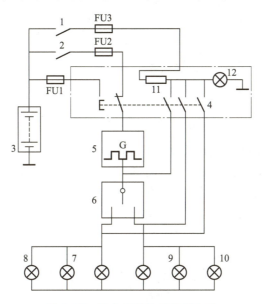

图 4-13 转向信号灯的控制电路

1—照明灯开关；2—点火开关；3—蓄电池；4—危险报警灯开关；5—转向闪光器；6—转向信号灯开关；
7—左转向信号灯；8—左转向指示灯；9—右转向信号灯；10—右转向指示灯；11—降压电阻；12—危险报警指示灯

1）转向信号灯 7、8（或 9、10）与转向信号灯开关 6 及转向闪光器 5 经危险报警灯开关 4 的常闭触点与点火开关 2 串联，即转向信号灯是在点火开关处于工作挡时使用。

2）危险报警灯主要是提供警示作用，可以在汽车发动机不工作的时候使用危险报警灯。为此，电路中设有危险报警灯开关。此开关是一个多触点联动开关，它在点火开关处于不工作状态时，将蓄电池电源线与转向闪光器及灯泡相连，并将转向闪光器的输出端与左右转向信号灯相连。在转向闪光器工作时，左右转向信号灯及指示灯同时闪光发出危险信号。

三、任务实施

（一）任务实施环境

器材及工具准备：

1）万用表；
2）信号系统实训台；
3）蓄电池。

（二）任务实施流程

故障分析：转向信号灯前后均不亮的原因主要包括：① 蓄电池亏电；② 转向信号灯熔断器故障；③ 转向信号灯开关故障。

（三）任务实施步骤

1. 首先检查蓄电池是否亏电

用万用表测量蓄电池电压是否正常。

检查结果：蓄电池存电良好。

2. 检测转向灯熔断器

用万用表的低电阻挡位测量熔断器的电阻值。

检查结果：熔断器的电阻值小于 1 Ω，说明熔断器正常。

3. 检测转向灯开关

用万用表电阻法检测转向信号灯开关。

检查结果：开关不正常。

转向信号灯电路

四、拓展知识

识读转向信号灯及危险报警灯电路

转向信号灯与危险报警灯电路主要由转向信号闪光灯继电器控制，如图 4-14 所示。供电电流流向：蓄电池电源→100 A ALT 熔丝→50 A AM1 熔丝→点火开关 IG1→10 A 仪表熔丝→闪光灯继电器 1 脚，此为 IG 电源；蓄电池电源→100 A ALT 熔丝→10 A 危险报警灯熔丝→闪光灯继电器 4 脚，此为常火电源供电。

闪光灯继电器的 7 脚为接地脚，经 1 A 搭铁。闪光灯继电器的 8 脚外接危险信号报警灯，当按下危险信号报警灯开关，闪光灯继电器的 8 脚搭铁，闪光灯继电器收到危险报警信号。闪光灯继电器的 5 脚、6 脚外接转向开关。

当转向开关置"左"挡时，转向开关的 5 脚与 6 脚接通，转向信号闪光灯继电器的 5 脚→转向开关的 6 脚→1 A 搭铁，此时，闪光灯继电器内部左转向触点闭合，电压经闪光

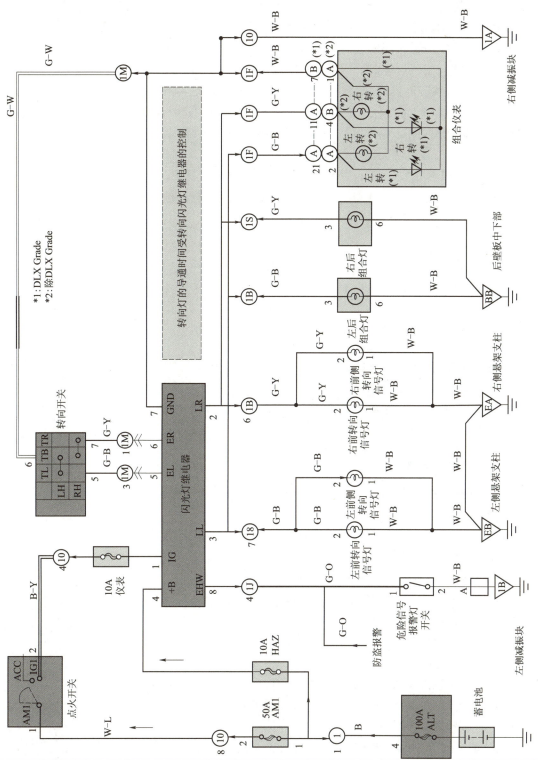

图 4-14 转向信号灯及危险报警灯电路

灯继电器的 3 脚输出分四路：第一路到左前转向信号灯→ EB 或 EA 搭铁，此时左前转向信号灯亮起；第二路到左前侧转向信号灯→ EB 或 EA 搭铁，此时左侧转向信号灯亮起；第三路经左后组合灯→ BB 搭铁，左后组合灯中的转向信号灯亮起；第四路经组合仪表的 A2 脚（或 A21 脚）→组合仪表内部的左转向指示灯→组合仪表的 A1 脚（或 B7 脚）→ 1A 搭铁，组合仪表上的左转向指示灯亮起。

当转向开关置"右"挡时，转向开关的 7 脚与 6 脚接通，转向信号闪光灯继电器的 6 脚→转向开关的 7 脚→ 1A 搭铁，此时，闪光灯继电器内部右转向触点闭合，电压经闪光灯继电器的 2 脚输出分四路：第一路到右前转向信号灯→ EB 或 EA 搭铁，此时右前转向信号灯亮起；第二路到右前侧转向信号灯→ EB 或 EA 搭铁，此时右侧转向信号灯亮起；第三路经到右后组合灯→ BB 搭铁，右后组合灯中的转向灯亮起；第四路经组合仪表的 B4 脚（或 A11 脚）→组合仪表内部的右转向指示灯→组合仪表的 A1 脚（或 B7 脚）→ 1A 搭铁，组合仪表上的右转向指示灯亮起。

任务三　汽车电喇叭不响故障的检测与维修

一、情境描述

王先生今天早上在维修站向客户经理反映他的悦动轿车电喇叭不响。我们作为维修技工，需要根据维修手册，使用相关仪器，参考相关资料排除故障，恢复电喇叭的功能。要完成这个工作任务，首先我们需要掌握汽车电喇叭电路分析和检测等相关知识。

二、知识充电站

汽车上都装有喇叭，用来警告行人和其他车辆，以引起注意，保证行车安全。

（一）喇叭的类型

汽车喇叭类型较多，按分类方法不同可以分成很多种类。常用的分类方法及类型有如下几种。

1) 按发音动力不同可分为气喇叭和电喇叭。

气喇叭是利用气流使金属膜片振动产生声响，外形一般为筒形，多用在具有空气制动装置的重型载重汽车上。

电喇叭是利用电磁力使金属膜片振动产生声响，其声音悦耳，广泛应用于各种类型的汽车上。

电喇叭按有无触点又可分为普通电喇叭和电子电喇叭。普通电喇叭是靠触点的闭合和断开，控制电磁线圈激励膜片振动而产生声响的；电子电喇叭中无触点，则利用晶体管电路激励膜片振动产生声响。

2) 按外形不同可分为螺旋形、筒形和盆形电喇叭。

在中小型汽车上，由于安装位置的限制，多采用螺旋形和盆形电喇叭。盆形电喇叭具有体积小、质量轻、指向好、噪声小等优点。

气喇叭

电喇叭

3）按音频高低不同可分为高音喇叭和低音喇叭。

（二）普通电喇叭

1. 螺旋形电喇叭

螺旋形电喇叭的结构如图4-15所示，其中膜片3和共鸣板2、中心杆15与衔铁10、调整螺母13、锁紧螺母14联成一体。

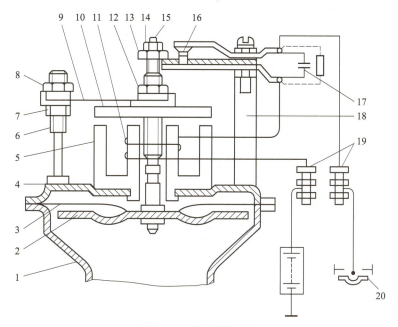

图 4-15 螺旋形电喇叭

1—扬声器；2—共鸣板；3—膜片；4—底板；5—山字形铁芯；6—螺柱；7—音调调整螺母；
8，12，14—锁紧螺母；9—弹簧片；10—衔铁；11—线圈；13—音量调整螺母；15—中心杆；
16—触点；17—电容器；18—触点支架；19—接线柱；20—喇叭按钮

其工作过程是：当按下按钮时，电流由蓄电池正极→线圈11→触点16→按钮20→搭铁→蓄电池负极。当电流通过线圈11时，产生电磁吸力，吸下衔铁10，中心杆上的调整螺母13压下活动触点臂，使触点16分开而切断电路。此时线圈11电流中断，电磁吸力消失，在弹簧片9和膜片3的弹力作用下，衔铁又返回原位，触点闭合，电路重又接通。

此后，上述过程反复进行，膜片不断振动，从而发出一定音调的音波，由扬声器1加强后传出。共鸣板与膜片刚性连接，在振动时发出陪音，使声音更加悦耳。为了减小触点火花，保护触点，在触点16间并联了一个电容器（或消弧电阻）。

2. 盆形电喇叭

图 4-16 所示为盆形电喇叭的结构。其工作原理是：当按下喇叭按钮时，电流由蓄电池"+"极→线圈→触点→喇叭按钮→搭铁→蓄电池"-"极，构成回路。线圈通电后产生吸力，将衔铁吸下，使膜片向下拱曲，直至触点打开；触点打开后，线圈电路被切断，电磁力消失，衔铁和膜片回位，直至触点闭合。在如此反复过程中，膜片不断振动并与共鸣板一起作用产生共鸣发声。

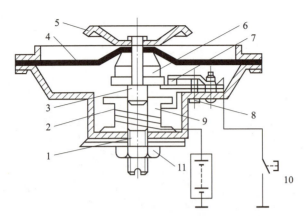

汽车喇叭的工作原理

图 4-16 盆形电喇叭

1—下铁芯；2—线圈；3—上铁芯；4—膜片；5—共鸣板；6—衔铁；7—触点；
8—调整螺钉；9—铁芯；10—喇叭按钮；11—锁紧螺母

3. 电子电喇叭

由于普通电喇叭常出现触点烧蚀、氧化现象，使喇叭工作可靠性下降，因此现在汽车多采用电子电喇叭，即无触点电喇叭。它利用晶体管控制电路来激励膜片振动产生声响，如图 4-17 所示为电子电喇叭的结构。

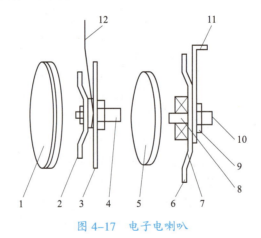

图 4-17 电子电喇叭

1—罩盖；2—共鸣板；3—绝缘膜片；4—上衔铁；5—纸张垫圈；6—喇叭体；
7—线圈；8—下衔铁；9—锁紧螺母；10—调节螺钉；11—托架；12—导线

（三）喇叭的调整

喇叭调整包括音调调整和音量调整。喇叭音调的高低取决于膜片振动的频率，振动越快，音调越高。不同类型的喇叭调整方法不同，通常喇叭调整原理如图 4-18 所示。

1. 音调的调整

音调的高低取决于膜片振动的频率，改变铁芯间隙可以改变膜片的振动频率，从而改变音调（有的在制造时已经调好，工作中不用调整）。当减小间隙时，则音调提高；当增大间隙时，则音调降低。音调调整可通过图中音调调整螺钉 2 完成。

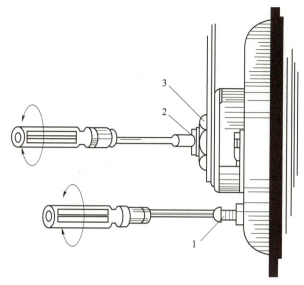

图 4-18 喇叭的调整

1—音量调整螺钉；2—音调调整螺钉；3—紧固螺母

2. 音量的调整

音量的大小与通过线圈的电流大小有关，当线圈通过电流大时，则喇叭音量就大；当线圈通过电流小时，则喇叭音量就小。线圈通过的电流大小，可以通过改变喇叭触点的接触压力来调整。音量调节可通过图中音量调整螺钉 1 完成。

（四）喇叭的控制电路

如图 4-19 所示为北京现代伊兰特悦动轿车电喇叭电路图。

电喇叭继电器控制电路：常时电源→喇叭熔丝→喇叭继电器线圈→喇叭开关→搭铁；

电喇叭继电器工作电路：继电器线圈通电，继电器开关闭合。

电喇叭线路：常时电源→喇叭熔丝→喇叭继电器开关→两个电喇叭→搭铁。

三、任务实施

（一）任务实施环境

器材及工具准备：

1）万用表；

2）喇叭系统实训台；

3）蓄电池。

（二）任务实施流程

故障分析：电喇叭不响的原因主要包括：① 蓄电池亏电；② 喇叭熔丝烧断；③ 喇叭继电器出现故障；④ 喇叭自身出现故障。

（三）任务实施步骤

1. 检查蓄电池是否亏电

用万用表测量蓄电池电压是否正常。

检查结果：蓄电池存电良好。

汽车电喇叭
故障检修

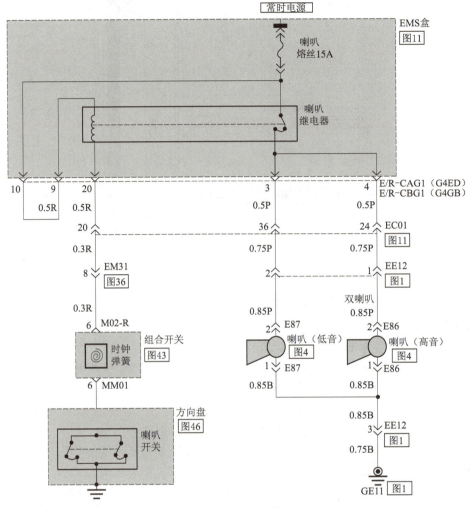

图 4-19　北京现代伊兰特悦动轿车电喇叭电路图

2. 检测喇叭熔断器

用万用表的低电阻挡位测量熔断器的电阻值。

检查结果：熔断器的电阻值小于 1Ω，说明熔断器正常。

3. 检测喇叭继电器

1）用万用表低电阻挡检查继电器线圈，测量继电器 85 号端子与 86 号端子间电阻值在 90Ω 左右，而继电器开关 87 号端子与 30 号端子间电阻应为 "∞"。如不符合上述规律，说明继电器有问题。

2）如果上述检查无问题，可在 85 号端子与 86 号端子间加 12 V 供电，用万用表检查 87 号端子与 30 号端子应导通。如不符合上述规律，或通电后继电器发热，均说明其已损坏。

检查结果：喇叭继电器出现故障。

4. 检测喇叭自身故障

用万用表电阻挡测量电喇叭的电阻值。

检查结果：电喇叭的电阻在规定值内，说明电喇叭正常。

四、拓展知识

倒车信号装置

倒车信号装置包括倒车灯和倒车报警器。

1. 倒车灯及报警器电路

汽车倒车时，为了警示车后的行人和其他车辆注意避让，在汽车的后部装有倒车灯和倒车蜂鸣器（或倒车语音报警器），它们均由装在变速器上的倒挡开关控制。倒车开关的结构如图4-20所示。当变速杆挂入倒挡时，在拨叉轴的作用下，倒挡开关接通倒车报警器和倒车灯电路，从而发出声光倒车信号。

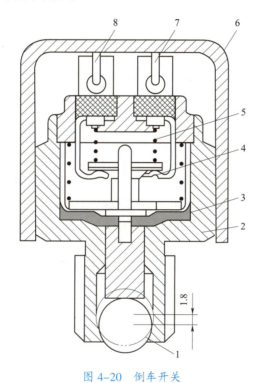

图4-20 倒车开关

1—钢球；2—壳体；3—膜片；4—触点；5—弹簧；6—保护罩；7,8—导线

2. 倒车报警器

倒车报警器有倒车蜂鸣器和倒车语音报警器两种。

（1）倒车蜂鸣器

倒车蜂鸣器是一种间歇发声的音响装置，图4-21为解放CA1092型汽车装用的倒车蜂鸣器电路。其发音部分是一只功率较小的电喇叭，控制电路是一个由无稳态电路（即"多谐振荡器"）和反相器组成的开关电路。

三极管VT_1、VT_2组成一个无稳态电路，由于VT_1和VT_2之间采用电容器耦合，所以VT_1与VT_2只有两个暂时的稳定状态，或VT_1导通、VT_2截止，或VT_1截止、VT_2导通，这两个状态周期地自动翻转。

VT_3在电路中起开关作用，它与VT_2直接耦合，VT_2的发射极电流就是VT_3的基极电流。当VT_2导通时，VT_3基极有足够大的基极电流导通，向VD_4供电。VD_4通电使膜片振

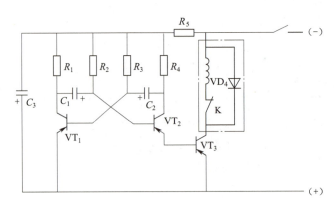

图 4-21　解放 CA1092 型汽车装用的倒车蜂鸣器电路

动,产生声音。当 VT_2 截止时,VT_3 因无基极电流也截止,VD_4 断电,响声停止,如此周而复始,VT_3 按照无稳态电路的翻转频率不断地导通、截止,从而使得倒车蜂鸣器发出"嘀—嘀—嘀"的间歇鸣叫声。

（2）倒车语音报警器

随着集成电路技术的发展,现在已经能将语音信号压缩存储于集成电路中,制成倒车语音报警器。在汽车倒车时,能重复发出"请注意,倒车!"等声音,以此提醒车后行人避开车辆而确保安全倒车。倒车语音报警器的典型电路如图 4-22 所示。IC_1 是储存有语音信号的集成电路,集成块 IC_2 是功率放大集成电路,稳压管 VD 用于稳定语音集成块 IC_1 的工作电压。为防止电源电压接反,在电源的输入端使用了由 4 只二极管组成的桥式整流电路,这样无论它怎样接入 12 V 电源,均可保证电子电路可正常工作。

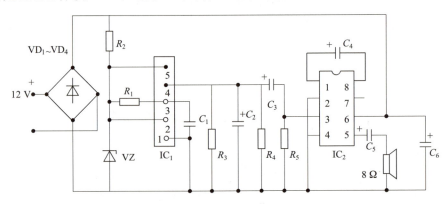

图 4-22　倒车语音报警器电路

当汽车挂入倒挡时,倒车开关接通了倒挡报警电路,电源便由桥式整流电路输入语音倒车报警器,语音集成电路 IC_1 的输出端便输出一定幅度的语音电压信号。此语音电压信号经 C_2、C_3、R_3、R_4、R_5 组成的阻容电路消除杂音,改善音质,并耦合到集成电路 IC_2 的输入端,经 IC_2 功率放大后,通过喇叭输出,即可发出清晰的"请注意,倒车!"等声音。

3. 倒车雷达装置

倒车雷达装置在倒车时起到辅助报警功能,使倒车更加安全。当驾驶员挂入倒挡后,倒车雷达侦测器进入自我检测。当自我检测通过后,就开始检测汽车后部障碍物,如风神

Ⅱ号轿车的倒车雷达装置，在汽车后部 50 cm 处检测到物体表面积为 25 cm^2 以上的障碍物，就会发出报警声，以提醒驾驶员注意。

倒车雷达装置由倒车雷达侦测器、控制器、蜂鸣器等组成。倒车雷达侦测器安装在车辆后部保险杠上，如图 4-23 所示。它向汽车后部发射超声波，并接收反射回来的超声波。控制器接收从侦测器传来的信号，经计算判断障碍物离车尾的距离。如达到报警位置，就传送信号给蜂鸣器。

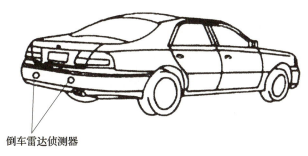

图 4-23　倒车雷达安装位置

倒车雷达在倒车时，利用超声波原理，由装置在车尾保险杠上的探头发送超声波撞击障碍物后反射此声波，计算出车体与障碍物间的实际距离，然后提示给司机，使停车或倒车更容易、更安全。倒车雷达装置工作原理如图 4-24 所示。

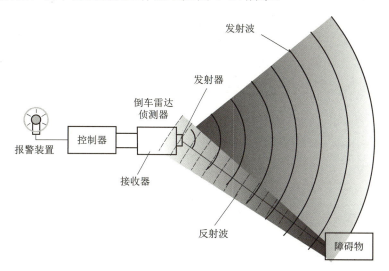

图 4-24　倒车雷达装置工作原理

项目总结

1）前照灯一般由灯泡（光源）、反射镜、配光镜等部分组成。
2）前照灯的检测方法。
3）转向信号装置由转向信号灯、闪光器和转向开关等组成。

4）转向灯的检测方法。

5）喇叭的分类。按发音动力不同可分为气喇叭和电喇叭；按外形不同可分为螺旋形喇叭、筒形喇叭和盆形喇叭；按音频高低不同可分为高音喇叭和低音喇叭。

6）电喇叭的检测方法。

项目五
汽车仪表与报警系统检修

 项目概述

为了了解汽车主要部分的工作情况，及时发现和排除出现的故障，汽车上装有各种测量仪表，如机油压力表、冷却液温度表、燃油表、车速里程表及转速表、电流表、电压表等。这些仪表除应具有结构简单、工作可靠、耐振、抗冲击性好等优点外，仪表的示数还必须准确，在电源电压波动时所引起的变化应尽可能小，且不随周围温度的变化而改变。

汽车仪表按其结构形式可分为独立式和组合式两种。独立式仪表是将各独立的仪表固定在同一块金属面板上，而组合式仪表具有结构紧凑、美观大方的特点，故为现代汽车广泛采用。组合式仪表将车速里程表、冷却液温度表、燃油表、机油压力表、发动机转速表等不同的仪表表芯、指示灯和报警灯等安装在同一外壳内组合而成，具有结构紧凑、体积小、便于安装和组合接线等特点，容易实现仪表的多功能要求。

现代汽车为了保证行车安全和提高车辆的可靠性，安装了许多报警装置。如在制动系统气压过低、真空助力制动系统真空度不足、机油压力过低、冷却水温度过高、制动液液面高度不足、发电机不充电、油箱燃油储存量过少，以及汽车电子控制系统如发动机控制系统、ABS系统、安全气囊等系统发生故障时，汽车的报警装置将及时点亮安装在组合仪表上的相应指示灯，发出报警信号，提醒驾驶员注意或停车检修。报警装置一般由传感器和安装在组合仪表面板上的红色、黄色和蓝色的警告指示灯组成。

知识目标	能力目标
1）掌握汽车各种仪表的结构与工作原理； 2）掌握汽车各种报警装置的工作原理； 3）了解汽车电子仪表的工作原理； 4）掌握汽车仪表与报警系统电路分析方法； 5）掌握仪表与报警系统的故障诊断方法。	1）能够了解执行汽车仪表与报警系统检修的操作规程，树立良好的安全文明操作意识； 2）能够根据维修手册和其他资源分析汽车仪表的常见故障原因； 3）能够描述仪表传感器的检查项目和技术要求； 4）能够主动获取信息，展示学习成果，对工作过程进行总结与反思，与他人进行有效沟通，团结协作。

任务一　仪表指示异常的故障检修

一、情境描述

有一客户的悦动轿车，接通点火开关后，冷却液温度表、机油压力表、燃油表指针均不指示，要求给予检修排除故障。

要完成这个工作任务，首先我们需要掌握汽车仪表的结构及工作原理等相关知识。

二、知识充电站

仪表用来指示汽车运行以及发动机运转状况，以便驾驶员随时了解各系统的工作情况，保证汽车安全而可靠地行驶。不同汽车仪表板的仪表不尽相同，但是一般汽车的常规仪表有机油压力表、冷却液温度表、燃油表、车速里程表、转速表、充电表等。报警灯的作用是当汽车或发动机的某一系统处于不良或特殊状态时突然发亮，以提醒驾驶员注意，以便采取适当措施，保证行车安全。

仪表按工作原理划分，有机械式仪表、电气式仪表、模拟电路电子式仪表、数字式仪表。机械式仪表就是基于机械作用力而工作的仪表；电气式仪表，就是基于电测原理，通过各类传感器将被测的非电量变换成电信号（模拟量）加以测量的仪表；模拟电路电子式仪表，其工作原理与电气式仪表基本相同，只不过是用电子器件（分立元件和集成电路）取代原来的电气器件，现在均采用各种专用集成电路；数字式仪表，就是由ECU采集传感器的信号，将模拟量转换为数字量，经分析处理后控制显示装置的仪表。

按安装方式分类，仪表可分为组合式仪表和分装式仪表。组合式仪表，就是将各仪表组合安装在一起；分装式仪表，就是将各仪表单独安装。组合式汽车仪表是现代汽车仪表普遍采用的布置形式。组合式仪表有两种结构，一种是将全部仪表及指示灯组装在一个表壳内，共用一个玻璃面罩，有些还带有电源稳压器和报警蜂鸣器。这种形式的组合式仪表多用于轻微型车及轿车上。如图5-1所示为桑塔纳2000型轿车用组合式仪表。另一种是将几个较小的表，如冷却液温度表、燃油表、机油压力表等组装在一起，而将较大的表，如车速表等单独安装，这种形式多用于中型以上车辆。

（一）常见的传统仪表

1. 机油压力表

机油压力表用来指示发动机机油压力的大小，以便了解发动机润滑系统工作是否正常。它由机油压力指示表和机油压力传感器两部分组成，如图5-2所示。机油压力指示表安装在组合仪表内，机油压力传感器安装在润滑主油道上。目前进口汽车基本上都已取消了机油压力指示表而用机油压力报警灯代替，国产大多数汽车还同时装有机油压力指示表和机油压力报警灯。

常用的机油压力表有双金属片式、电磁式和动磁式三种，其中以双金属片式机油压力表应用最为广泛，双金属片式机油压力表又称为电热式机油压力表。

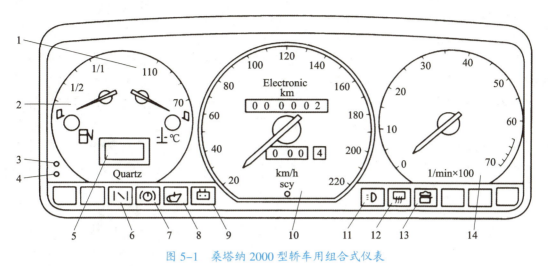

图 5-1　桑塔纳 2000 型轿车用组合式仪表

1—冷却液温度表；2—燃油表；3—电子钟分钟调整旋钮；4—电子钟时钟调整旋钮；5—电子液晶钟；
6—阻风门拉起指示灯；7—手制动拉起和制动液面报警灯；8—机油压力报警灯；9—充电指示灯；
10—电子车速里程表；11—近光指示灯；12—后窗除霜加热指示灯；
13—冷却液液面报警灯；14—电子发动机转速表

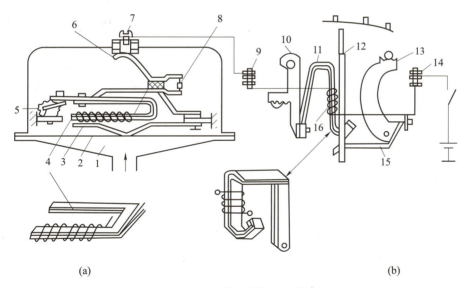

图 5-2　双金属片式机油压力表

(a) 油压传感器；(b) 油压指示表

1—油腔；2—膜片；3—弹簧片；4，11—双金属片；5—调节齿轮；6—接触片；7，9，14—接线柱；
8—校正电阻；10，13—调节齿扇；12—指针；15—弹簧片；16—加热线圈

机油压力表的油压传感器如图 5-2（a）所示。它装在发动机主油道上，膜片中心顶着弯曲的弹簧片 3，一端焊有触点，另一端通过壳体搭铁。双金属片 4 上绕有加热电阻丝，它一端与双金属片的触点相连，另一端则通过接触片 6、接线柱 7 与机油压力指示表相连。校正电阻 8 与加热电阻丝并联。机油压力指示表中的双金属片 11，一端固定在调节齿扇 10 上，另一端与指针 12 相连，其上绕有加热线圈 16。

双金属片是由两种热膨胀系数不同的金属做成（如锌和钢）的。加热线圈受热后由于膨胀系数不同，双金属片产生弯曲变形。机油压力表正是利用这一原理工作的。当电源开关接通时，由于电流通过双金属片 4 或 11 上的加热线圈，使双金属片受热变形。

若油压甚低，传感器膜片几乎不变形，这时作用在触点上的压力甚小，所以加热线圈中虽只有小电流通过，但只要温度略有上升，双金属片 4 稍有弯曲就会使触点分开，切断电路。过后双金属片冷却伸直，触点又闭合，电流重新导通，但很快触点又分开，如此反复循环。因为在油压甚低时，只要有较小的电流通过加热线圈，温度略有升高，触点就会分开。故触点打开的时间长，闭合时间短，变化频率也低，通过加热线圈平均电流值很小。所以机油压力表内双金属片变形不大，指针只略微向右摆偏，指示低油压。

当油压升高时，膜片向上拱曲，触点之间的压力增大，使双金属片向上弯曲。加热线圈通过较长时间的电流，双金属片才有较大的变形使触点分开，而且分开后稍一冷却就会很快闭合。故触点打开的时间短，闭合的时间长，变化频率增大，电流增大。所以机油压力表内双金属片变形大，指针右偏多，指示高油压。

为使油压的指示值不受外界温度的影响，双金属片 4 制成"Π"字形，其上绕有加热线圈的一边称为工作臂，另一边称为补偿臂。当外界温度变化时，工作臂的附加变形被补偿臂的相应变形所补偿，所指示值保持不变。在安装传感器时，必须使传感器壳上的箭头向上，不应偏出±30°位置，使工作臂产生的热气上升时，不致对补偿臂产生影响，造成误差。

2. 冷却液温度表

冷却液温度表用来指示发动机冷却水工作温度。它由装在气缸盖上的温度传感器和装在仪表板上的冷却液温度表组成，冷却液温度表主要形式有双金属片式和电磁式。捷达、桑塔纳等原欧洲车都用双金属片式，美、日汽车多用电磁式。

电磁式冷却液温度表工作原理如图 5-3 所示，其等效电路如图 5-4 所示。

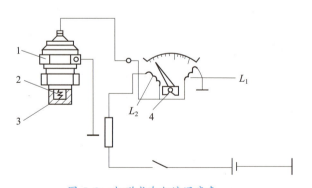

图 5-3 电磁式冷却液温度表

1—热敏电阻；2—弹簧；3—传感器壳体；4—衔铁

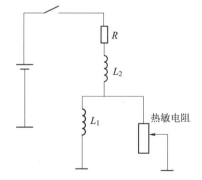

图 5-4 电磁式冷却液温度表等效电路图

温度传感器内装有负温度系数的热敏电阻，其阻值随温度的升高而减小。指示表内有两个线圈，L_2 与传感器串联，L_1 与传感器并联。两个线圈中间装有指针可转动的衔铁。串联电阻 R 用来限制流经线圈 L_2 的电流。当水温低时，热敏电阻阻值大，流经 L_1 线圈与 L_2 线圈的电流相差不多，但 L_1 匝数多，产生磁场强，吸引衔铁使指针偏向 0 ℃。当水温增高时，热敏电阻阻值减小，分流作用增强，流经 L_1 的电流减小，磁力减弱，衔铁被 L_2 吸引，指针向右偏转指向较高温度。

冷却液温度传感器

3. 燃油表

燃油表的作用是用来指示燃油箱内储存燃油量的多少，它由传感器和指示表组成。传感器均为可变电阻式，但指示表有电磁式和双金属片式两种。

（1）电磁式燃油表

电磁式燃油表的结构与工作原理如图 5-5 所示。传感器由可变电阻、滑片和浮子组成。当燃油箱油位高低变化时，浮子带动滑片移动，从而改变电阻大小，相当于热敏电阻感受温度变化的作用。L_2 与可变电阻并联，L_1 与可变电阻串联，因此其工作原理与电磁式冷却液温度表相似。

（2）双金属片式燃油表

双金属片式燃油表的传感器与电磁式的相同，指示表用双金属片。

图 5-6 是带稳压器的双金属片式燃油表。通过油面高低的变化可改变可变电阻值的大小，从而改变与之串联的加热线圈电流，使双金属片变形推动指针，指示相应的燃油液面高度。

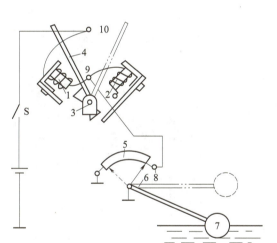

图 5-5　电磁式燃油表

1—左线圈（L_1）；2—右线圈（L_2）；3—转子；4—指针；
5—可变电阻；6—滑片；7—浮子；8，9，10—接线柱

图 5-6　双金属片式燃油表

1—稳压电源；2—加热线圈；3—双金属片；
4—指针；5—可变电阻；6—滑片；7—浮子

由于流经加热线圈 2 的电流，除与可变电阻值有关外，还与供电电压有关。汽车的电源即蓄电池与发电机并联，两者的电位差一般为 2 V 左右，且发电机的端电压虽然经调节器调整，但受负载电流的影响也较大。因此，电源电压变化必然影响双金属片式仪表的测量精度。故用双金属片做指示仪表时，需加装稳压器。

4. 车速里程表

车速里程表是用来指示汽车行驶速度和累计行驶里程数的仪表。如图 5-7 所示为常用的磁感应式车速里程表的结构原理图。

它的主动轴由变速器传动蜗杆经软轴驱动。车速里程表是由与主动轴紧固在一起的

永久磁铁1、带有轴与指针6的铝罩2、罩壳3和紧固在车速里程表外壳上的刻度盘5等组成。不工作时，铝罩2在游丝4的作用下，使指针位于刻度盘的零位。当汽车行驶时，主动轴带着永久磁铁1旋转，永久磁铁的磁力线在铝罩2上引起涡流，这涡流产生一个磁场。旋转的永久磁铁磁场与铝罩磁场相互作用产生转矩，克服游丝的弹力，使铝罩2朝永久磁铁1转动的方向旋转，与游丝相平衡。于是铝罩带动指针转过一个与主动轴转速大小成比例的角度，即比例于汽车行驶速度的角度，指针便在刻度盘上指示相应的车速。

车速越高，永久磁铁1旋转越快，铝罩2上的涡流也就越大，因而转矩越大，使铝罩带着指针偏转的角度越大，因此指针在刻度盘上指示的车速也就越高。车速里程表的传动路线如图5-8所示。

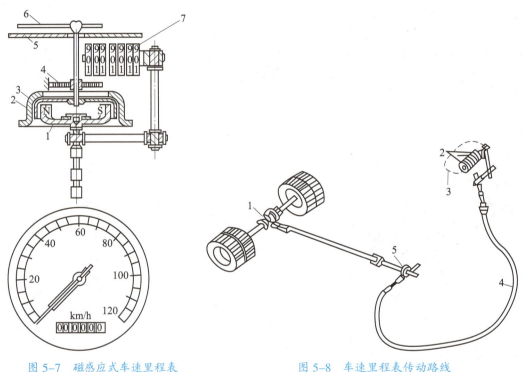

图 5-7　磁感应式车速里程表

1—永久磁铁；2—铝罩；3—罩壳；4—游丝；
5—刻度盘；6—指针；7—十进制里程表

图 5-8　车速里程表传动路线

1—差速器传动路线；2—里程表数字轮表；3—刻度盘；
4—传动轮轴；5—变速器第二轴传动蜗轮蜗杆

里程记录部分由三对蜗轮蜗杆、中间齿轮、单程里程计数轮、总里程计数轮及复零机构等组成。捷达轿车的蜗轮蜗杆与软轴的传动比为1∶45。

汽车行驶时，软轴带动主动轴，并由主动轴经三对蜗轮蜗杆驱动里程表最右边的第一数字轮。第一数字轮上所刻的数字为1/10 km。每两个相邻的数字轮之间，又通过本身的内齿和进位数字轮传动齿轮，形成1/10的传动比。即当第一数字轮转动一周，数字由9翻转到0时，便使相邻的左面第二数字轮转动1/10周，成十进位递增。这样汽车行驶时，就可累计出其行驶里程数。

5. 发动机转速表

大多数汽车安装了发动机转速表，以便检查和调整发动机，并监视发动

机械式车速里程表的工作原理

机的工作状况，更好地掌握换挡时机。转速表信号源主要有两种。一种信号取自点火系统初级电路的脉冲电压；另一种信号则取自安装在飞轮壳上的转速传感器。转速表的电路类型很多，现主要介绍电容充放电式转速表，如图5-9所示。

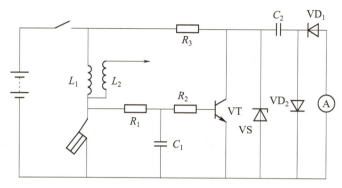

图5-9 电容充放电式转速表

其工作原理如下：

当触点闭合时，晶体管VT无偏压而处于截止状态，电容C_2被充电。其充电电路为：蓄电池正极 → R_3 → C_2 → VD_2 → 蓄电池负极，构成回路。

当触点分开时，晶体管的基极得正电位而导通，此时C_2便通过导通的三极管VT、电流表A和VD_1构成放电回路，从而驱动电流表。

当发动机工作时，分电器触点不断开闭，其开闭次数与发动机转速成正比。所以当触点不断开闭时，对电容C_2不断进行充放电，其放电电流平均值与发动机转速成正比，于是将电流表刻度值经过标定刻成发动机转速即可。稳压管VS起稳压作用，使C_2再次充电电压不变，以提高测量精度。

（二）电子仪表

汽车电子仪表比通常的机械式模拟仪表更精确，模拟仪表显示的是传感器检测值的平均值，而电子仪表刷新速度较快，显示的是即时值。汽车电子仪表采用的数字显示仪表通常都能提供英制单位或米制单位值的显示，并能一表多用，驾驶员可通过按钮选择仪表显示的内容。大多数汽车电子仪表都有自诊断功能，每当打开点火开关时，电子仪表板便进行一次自检，也有的仪表板采用诊断仪或通过按钮进行自检。自检时，通常整个仪表板发亮，同时各显示器都发亮。自检完成时，所有仪表均显示出当前的检测值。如有故障，便以报警灯或给出故障码提醒驾驶员。

1. 常用的电子仪表

（1）转速表

转速表显示发动机曲轴转速。如图5-10所示为数字式发动机转速表电路，这种转速表由U_1和U_{2-a}等组成的输入信号调节器、一个脉冲计数器U_3、两个显示驱动器U_4和U_5带动两个电子显示装置$DISP_1$和$DISP_2$、一个主时钟U_6和一个电源稳压器U_7等组成。其输入信号取自发动机点火系分电器中的断电器触点断开时产生的脉冲信号，以此作为电路触发脉冲信号。电路中所有+5 V电源均由稳压器U_7提供，U_7的电源则由汽车12 V电源提供。转速表可显示两位有效数字的发动机转速。

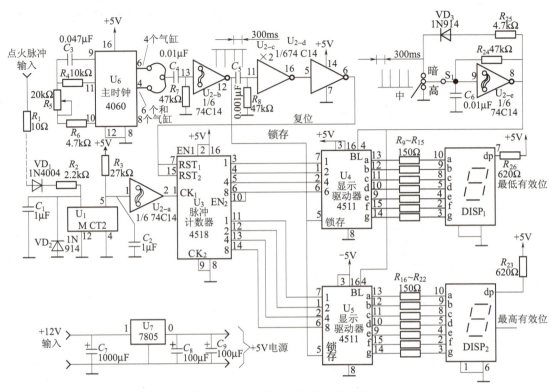

图 5-10 数字式发动机转速表电路

目前在汽车电子仪表中,由微机控制的发动机转速表的系统构成,如图 5-11 所示,它以柱状图形来表示发动机转速的大小,同样通过发动机点火系分电器中的断电器触点断开时产生的脉冲信号作为电路触发脉冲信号来测量(脉冲信号的频率正比于发动机的转速),这种前沿脉冲信号通过中断口输入微机。

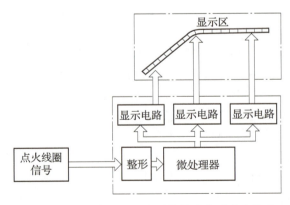

图 5-11 由微机控制的发动机转速表的系统构成

(2)电子式车速里程表

现代汽车广泛采用电子式车速里程表来指示汽车行驶速度和累计行驶里程数。奥迪、红旗轿车等都采用电子式车速里程表。它主要由车速传感器、电子电路、车速表和里程表四部分组成。

1)车速传感器。车速传感器由变速器驱动,能够产生正比于汽车行驶速度的电信号。如图 5-12 所示,它由一个舌簧开关和一个含有 4 对磁极的转子组成。转子每转一周,舌簧开关中的触点闭合 8 次,产生 8 个脉冲信号,汽车每行驶 1 km,车速传感器将输出 4 127 个脉冲。

2)电子电路。电子电路是将车速传感器送来的具有一定频率的电信号,经整形、触发,输出一个与车速成正比的电流信号。如图 5-13 所示,该电子电路主要包括稳压电路、单稳态触发电路、恒流源驱动电路、64 分频电路和功率放大电路。

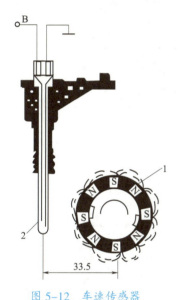

图 5-12 车速传感器
1—转子;2—舌簧开关

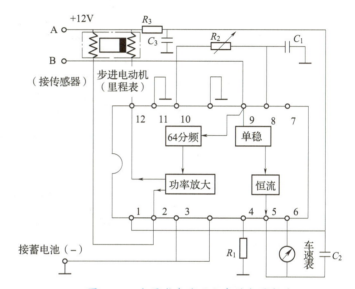

图 5-13 电子式车速里程表的电子电路

3)车速表。车速表实际上是一个磁电式电流表,当汽车以不同车速行驶时,从电子电路接线端 6 输出的与车速成正比的电流信号便驱动车速表指针偏转,即可指示相应的车速。车速表刻度盘上 50～130 km/h 的区域用红色标志,表示紧急车速区域。

4)里程表。里程表由一个步进电动机及六位数字的十进位齿轮计数器组成。步进电动机是一种利用电磁铁的作用原理将脉冲信号转换为线位移或角位移的电动机。车速传感器输出的频率信号,经 64 分频后,再经功率放大器放大到具有足够的功率,驱动步进电动机,带动六位数字的十进位齿轮计数器工作,从而积累行驶的里程。

(3) 电压显示器

电压显示器在于指示汽车电源的电压,即指示蓄电池充、放电电量的大小以及充、放电的情况。传统的采用电流表或充电指示灯的方法不能比较准确地指示出电源电压。在实际使用中,往往因发电机电压失调,而发生蓄电池过充电和用电器过电压造成损坏。

2. 汽车电子组合仪表

上述分装式汽车仪表具有各自独立的电路,具有良好的磁屏蔽和热隔离,相互间影响较小,具有较好的可维修性。缺点是不便采用先进的结构工艺,所有仪表加在一起体积过大，安装不方便。有些汽车采用组合仪表，其结构紧凑，便于安装和接线，缺点是各仪表间磁效应和热效应相互影响，易引起附加误差，为此要采取一定的磁屏蔽和热隔离措施，还要进行相应的补偿。

（1）ED-02型电子组合仪表

图5-14所示为ED-02型电子组合仪表。

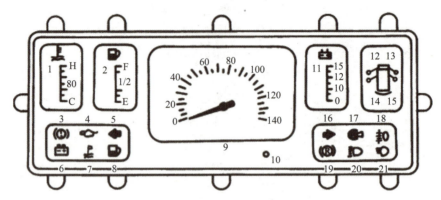

图5-14　ED-02型电子组合仪表

1）主要功能：

① 车速测量范围为0～140 km/h，仍采用模拟显示。

② 冷却液温度表采用具有正温度系数的RJ-1型热敏电阻为传感器，显示器采用发光二极管杆图显示，其中最小刻度C为40 ℃，最大刻度H为100 ℃。从40 ℃起，冷却液温度每增加10 ℃，点亮一个发光二极管。

③ 电压表采用发光二极管杆图显示，最小刻度电压为10 V，最大刻度电压为16 V。从10 V起，蓄电池电压每增加1 V，点亮一个发光二极管。该表能较好地指示蓄电池的电压情况，包括汽车起动时的蓄电池电压降、蓄电池充电和放电情况等。

④ 燃油表也采用发光二极管杆图显示，刻度为E—1/2—F。当油箱内的燃油约为油箱的一半时1/2指示灯点亮。加满油时，F指示灯点亮。

⑤ 当有汽车车门未关好时，相应的车门状态指示灯发光报警。

⑥ 当燃油低于下限时，报警灯点亮。

⑦ 当冷却液温度到达上限时，报警灯点亮。

⑧ 当润滑油压力过低时，报警灯点亮。

⑨ 当制动系统出现问题时，报警灯点亮。

⑩ 设置有左右转向、灯光远近、倒车、雾灯、手制动、充电等状态信号指示灯。指示灯均为蓝色，报警灯均为红色。

2）电路。

图5-15所示为ED-02型电子组合仪表电路。额定电压为12 V，负极搭铁，采用插接器连接。

（2）汽车智能组合仪表

图5-16所示为单片机控制的汽车智能组合仪表基本组成框图，它由汽车工况采集、单片机控制及信号处理、显示器等系统组成。

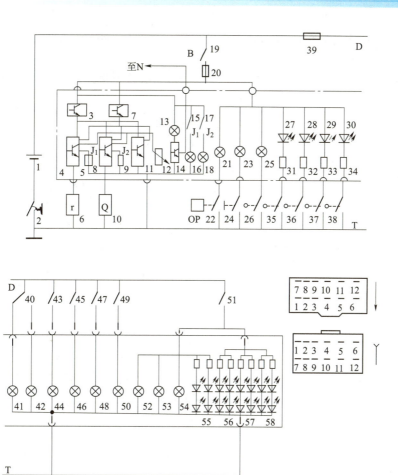

图 5-15 ED-02 型电子组合仪表电路

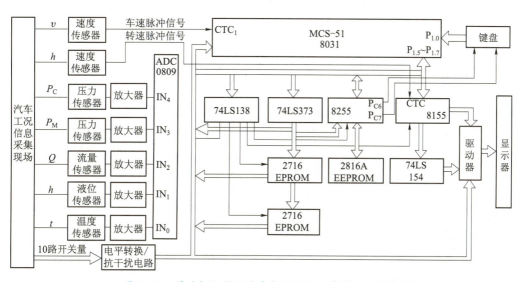

图 5-16 单片机控制的汽车智能组合仪表基本组成框图

1)信息采集。汽车工况信息通常分为模拟量、频率量和开关量三类。

① 模拟量。汽车工况信息中的发动机冷却液温度、油箱燃油量、润滑油压力等,经过

各自的传感器转换成模拟电压量,经放大处理后,再由模/数转换器转换成单片机能够处理的二进制数字量,输入单片机进行处理。

② 频率量。汽车工况信息中的发动机转速和汽车速度等,经过各自的传感器转换成脉冲信号,再经单片机相应接口输入单片机进行处理。

③ 开关量。汽车工况信息中的由开关控制的汽车左转、右转、制动、倒车,各种灯光控制、各车门开关情况等,经电平转换和抗干扰处理后,根据需要,一部分输入单片机进行处理,另一部分直接输送至显示器进行显示。

2)信息处理。汽车工况信息经采集系统采集并转换后,按各自的显示要求输入单片机进行处理。如汽车速度信号除了要由车速显示器显示外,还要根据里程显示的要求处理后输出里程量的显示。车速信息在单片机系统中按一定算法处理后送 2816A 存储器累计并存储。汽车其他工况信息,都可以用相应的配置和软件来处理。

3)信息显示。信息显示可采用汽车电子仪表的显示装置介绍的方式显示,如指针指示、数字显示、声光和图形辅助显示等。

除了显示装置以外,汽车仪表系统还设有功能选择键盘,微机与汽车电气系统的接头和显示装置连接。当点火开关接通时,输入信号有蓄电池电压、燃油箱传感器、温度传感器、行驶里程传感器、喷油脉冲以及键盘的信号,微机即按相应汽车动态方式进行计算与处理,除了发出时间脉冲以外,尚可用程序按钮选择显示出瞬时燃油消耗、平均燃油消耗、平均车速、距离、行程时间/秒表和外界温度等各种信息。

三、任务实施

(一)任务实施环境

器材及工具准备:悦动汽车 1 辆,汽车仪表试验台 1 台,工具车 2 台,诊断仪 2 台,数字万用表 4 块,悦动维修手册 2 份,网络资源。

(二)任务实施流程

(1)故障现象

发动机工作时,冷却液温度表、机油压力表、燃油表指针均不指示。

(2)故障原因

1)仪表自身故障;

2)稳压器故障;

3)线路故障;

4)仪表传感器故障。

(3)故障分析

在所有汽车仪表电路中,大部分都配有电源稳压器,而且不论是电磁式仪表还是电热式仪表,又都配有传感器。这样,在仪表故障中,若两个或两个以上仪表同时不工作时,应先检查仪表熔丝和电源稳压器是否有故障;若单个仪表不工作时,应首先确定故障是在传感器还是在仪表。

(三)任务实施步骤

1. 单个仪表不工作

首先检查传感器的接线是否完好,如正常,可将传感器的接线断开,用万用表检测传感器的接线是否有电。如没有电，应检查传感器到仪表及蓄电池的电路；如有电，以燃油表为例，检查方法如图5-17所示。

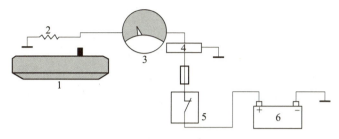

图5-17 仪表的故障检查

1—燃油箱；2—10 Ω 电阻；3—燃油表；4—电源稳压器；5—点火开关；6—蓄电池

1）用10 Ω的电阻代替传感器，一端接到传感器的线束上，另一端直接搭铁，将点火开关打到ON挡，观察仪表。如果指针摆动，说明传感器有故障（不要将传感器的接线直接搭铁，否则易烧坏仪表），需要更换传感器。

2）仪表工作是否准确的情况，可参照维修手册。如以奥迪轿车燃油表为例，用变阻器代替传感器对其进行检查。当阻值为40 Ω时，指针指示为1；当阻值为78 Ω时，指针指示为1/2；当阻值为283 Ω时，指针指示为0。如果检查结果与上述相符，说明传感器有故障，应更换；否则，仪表有故障，应更换。

燃油表不工作故障

2. 两个或两个以上仪表同时不工作

首先检查熔丝，若熔丝正常，再检查电源稳压器。测量电源稳压器的输出端B及输入端A的电压是否符合技术标准。以奥迪轿车为例，测量输出端与搭铁端之间的电压，电压表读数应该在9.75～10.25 V，否则更换电源稳压器；测量输入端与搭铁端之间的电压，电压表的读数应为电源电压，否则检修电路。

电源稳压器电路如图5-18所示。

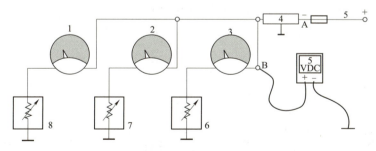

图5-18 电源稳压器电路

1，2，3—仪表；4—电源稳压器；5—蓄电池"+"极；6，7，8—传感器

四、拓展知识

（一）电子显示装置

汽车电子仪表的显示装置是用来向驾驶员指示汽车上各个主要系统工作情况的。现代汽车对显示的要求越来越高，不仅要求显示直观、清晰、稳定、响应速度快、显示精度高，

而且要求体积小、质量轻、便于装配和维护。随着汽车电子仪表的开发和使用,汽车仪表的显示技术也进入了电子化时代。这些装置功能更完善、性能更优越。目前汽车电子仪表中的显示装置的显示方式主要有指针指示、数字显示、声光和图形辅助显示等。

1. 汽车常用电子显示器件

显示元器件在汽车电子仪表中是重要的元器件之一,只有通过它们正确、清晰的显示,驾驶员才能获得汽车状态的重要信息。目前在汽车上使用的显示元器件有许多不同的类型,并且各有特点。最常用的电子显示器件可分为发光型和非发光型两大类。发光型显示器自身发光,容易获得鲜艳的流行色显示,非发光型显示器靠反射环境光显示。发光型显示器件主要有:真空荧光管(VFD)、发光二极管(LED)、阴极射线管(CRT)、等离子显示器件(PDP)和电致发光显示器件(ELD)等几种,非发光型显示器件有液晶显示器件(LCD)和电致变色显示器件(ECD)等。这些都可以作为汽车电子显示器件使用,既可做成数字式的,也可做成图形或指针式的。

作为汽车电子仪表显示器件,一般情况下采用真空荧光管和液晶显示器件为好,它们的性能和显示效果都比较好。当然,作为信息终端显示来说,用阴极射线管更好,但其体积太大。所以作为汽车电子仪表用显示器件,用得最多的还是真空荧光管和液晶显示器件。

(1)真空荧光管(VFD)

真空荧光管实际上是一种低压真空管,它是最常用的数字显示器,如图5-19所示,其由钨丝、栅极和涂有磷光物质的屏幕构成,它们被封闭在抽真空后充以氩气或氖气的玻璃壳内。负极是一组细钨丝制成的灯丝,钨丝表面涂有一层特殊材料,受热时释放出电子。多个涂有荧光材料的数字板片为正极,夹在负极与正极之间用于控制电子流的为栅极。其正极接电源正极,每块数字板片接有导线,导线铺设在玻璃板上,导线上覆盖绝缘层,数字板片在绝缘层上面。

其发光原理与晶体三极管载流子运动原理相似,如图5-20所示。当其上施加正向电压时,即灯丝与电源负极相接,屏幕与电源正极相接时,电流通过灯丝并将灯丝加热至600℃左右,从而导致灯丝释放出电子,数字板片会吸引负极灯丝放出的电子。当电子撞击数字板片上的荧光材料时,使数字板发光,通过正面玻璃板的滤色镜显示出数字。

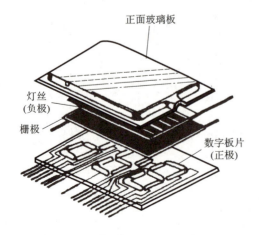

图5-19 真空荧光管的组成

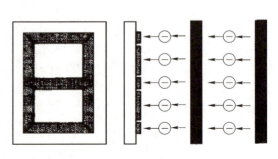

图5-20 晶体三极管载流子运动原理

与其他显示设备相比，真空荧光管具有较高的可靠性和抵抗恶劣环境的能力，且只需要较低的操作电压，真空荧光管色彩鲜艳、可见度高、立体感强。真空荧光管的缺点：由于是真空管，为保持一定强度，必须采用一定厚度的玻璃外壳，故体积和质量较大。

(2) 发光二极管（LED）

发光二极管是一种把电能转换成光能的固态发光器件，实际上也是一种晶体管，它是应用最广泛的低压显示器件。发光二极管可通过透明的塑料壳发出红、绿、黄、橙等不同颜色的光，以便需要时使用。发光二极管可单独使用，也可用于组成数字、字母或光条图。发光二极管响应速度较快、工作稳定、可靠性高、体积小、质量轻、耐振动、寿命长，因此汽车电子仪表中常用发光二极管作为汽车仪表板上的指示灯。

(3) 液晶显示器件（LCD）

在两层做有镶嵌电极或交叉电极的玻璃板之间夹一层液晶材料，当板上各点加有不同电场时，各相应点上的液晶材料即随外加电场的大小而改变晶体特殊分子结构，从而改变这些特殊分子光学特性。利用这一原理制成的显示器件叫液晶显示器件。现在广泛采用的液晶显示器类型是 TN（Twisted Nematic）型和 GH（Gust Host）型。它们的组成如图 5-21 所示。

液晶显示器件为非发光型显示器件，只有在光亮的环境中才能观察液晶显示器的内容，由于在较暗的环境中难以观察液晶显示器的内容，因此在汽车上所用的液晶显示器通常采用白炽灯作为背景照明光源。

(4) 阴极射线管（CRT）

阴极射线管也称显像管或电子束管，它是一种特殊的真空管。阴极射线管具有全彩色显示、图像显示的灵活性大、分辨率和对比度高等特点，且具有 -50～100 ℃ 的工作温度范围，有微秒级以下的响应速度，所以它是目前显示图像质量最高的一种显示器件。但是阴极射线管作为汽车电子仪表显示器件，体积太大。尽管扁平型的阴极射线管已经实用化，但仍嫌太长、太重，不便安装。另外，阴极射线管还要采用 10 kV 以上的高压，不仅安全性差，而且对其他电子电器有很大的无线电干扰。然而，阴极射线管确实是一种值得研究开发的汽车电子仪表显示系统。

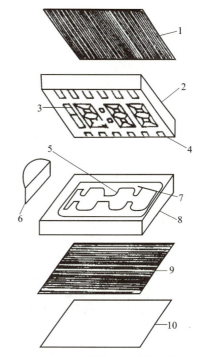

图 5-21 液晶显示器的结构

1—前偏光板；2—前玻璃板；3—笔画电极；
4—接线端；5—后板；6—端部密封件；
7—密封面；8—后玻璃板；9—后偏光板；10—反射镜

2. 电子仪表的显示方法

发光二极管、液晶显示器件与真空荧光显示器等均可以以下数种显示方法提供给驾驶员。

(1) 字符段显示法

字符段显示法通常是真空荧光管、发光二极管或液晶显示器采用的方法。它是一种利用七段、十四段或十六段小线段进行数字或字符显示的方法。用七段小线段可以组成数字 0～9，用十四（或十六）段小线段可以组成数字 0～9 与字母 A～Z，每段可以单独点亮或成组点亮，以便组成任何一个数字、字符或一组数字、字符。每段都有一个独立的控制荧屏，由作用于荧屏的电压来控制每段的照明。为显示特定的数位，电子电路选择出代表该数位的各段，并进行照明。当用发光二极管进行显示时，也是用电子电路来控制每段发光二极管，其方法与真空荧光显示器相同。图 5-22 所示为七字符段和十四字符段。

图 5-22　七字符段和十四字符段

(2) 点阵显示法

点阵是一组成行和成列排列的元件，有 7 行 5 列、9 行 7 列等。点阵元素可为独立发光的二极管或液晶显示，或是真空荧光管显示的独立荧屏。电子电路供电照明各点阵元素，数字 0～9 和字母 A～Z 可由各种元素组合而成。

（二）综合信息系统

20 世纪 80 年代以来，随着电子技术的进步，新型传感器和电子显示器件不断涌现，汽车仪表电子化的发展尤为迅速，可以把各种仪表、报警装置以及舒适性控制器组合到一起，形成综合信息系统，这种信息系统可以是简单的组合，如单纯计算燃油经济性、存油能行驶的距离和剩余油量的计算器，也可以是对各种信息进行分析计算、加工处理，具有更多功能的一体式信息系统。

图 5-23 所示为综合信息系统能够监控的车上信息。

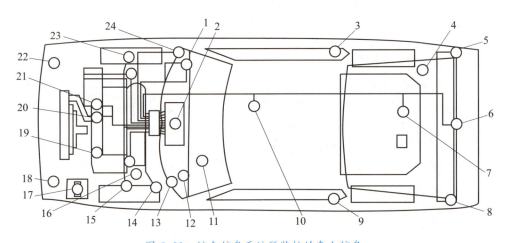

图 5-23　综合信息系统所监控的车上信息

1—电子声音报警器；2—监控器；3, 9—关门信号；4—后洗涤器液量；5, 8—尾灯/制动灯；6—后门关门信号；7—燃油量；10—安全带信号；11—车钥匙信号；12—喷洗涤液量；13—驻车制动；14—制动液；15, 23—制动踏板信号；16—机油温度；17—发动机冷却液量；18, 22—前照灯；19—变速箱压力；20—冷却液温度；21—机油量；24—蓄电池报警

任务二　报警灯常亮故障检修

一、情境描述

有一客户的悦动轿车，接通点火开关后，冷却液温度报警灯常亮，要求给予检修排除故障。要完成这个工作任务，首先我们需要掌握汽车报警系统的相关知识。

二、知识充电站

现代汽车为了保证行车安全、提高车辆的可靠性，在汽车仪表板上安装了许多报警装置。如机油压力报警灯、冷却液温度报警灯、燃油不足报警灯、制动液不足报警灯等。

报警灯由报警开关控制，当被监测的系统或总成工作不正常时，对应的报警开关闭合，使该系统的报警灯亮，以提醒驾驶员注意，采取相应的措施，确保行车安全。

1. 制动系统低气压报警灯

气压制动的汽车上，当制动系统气压过低时，制动系统低气压报警灯即发亮，引起汽车驾驶员注意。低气压报警传感器装在制动系储气筒或制动阀压缩空气输入管路中，红色报警灯装在仪表板上。

图 5-24 为制动系统低气压报警传感器工作电路图。

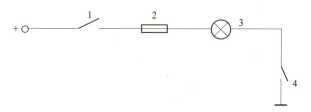

图 5-24　低气压报警传感器电路图
1—电源开关；2—熔断器；3—指示灯；4—低压开关

图 5-25 为低气压报警传感器的结构。

电源接通后，当制动系储气筒内的气压下降到 340～370 kPa 时，由于作用在报警传感器膜片 4 上的压力减小，于是膜片 4 在复位弹簧 3 的作用下向下移动而使触点闭合，电路接通，低气压报警灯发亮。当储气筒中的气压升高到 400 kPa 以上时，由于传感器中的膜片 4 所受的推力增大，使复位弹簧 3 压缩，触点打开，于是电路断开。

2. 真空度报警灯

为了减轻驾驶员的劳动强度，保证行车安全，一些货车上安装了真空增压器，使作用于车轮的制动力增大数倍。真空度报警系统主要有仪表板上一个红色真空度报警灯与装在真空筒内的真空度报警传感器。

图 5-26 为日野 400 型载重汽车的真空度报警传感器的结构示意图。当真空筒内的真空度下降到 53.2 kPa 时，在压力弹簧 6 的作用下，膜片 5 向上拱曲，使触点 4 与接线柱 1 接触，接通报警灯电路，红色真空度报警灯发亮。

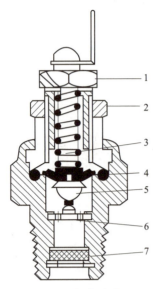
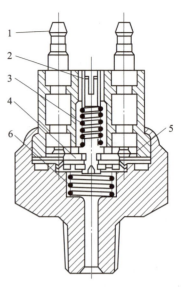

图 5-25　低气压报警传感器

1—调整螺钉；2—锁紧螺钉；3—复位弹簧；
4—膜片；5—动触点；6—静触点；7—滤清器

图 5-26　真空度报警传感器

1—接线柱；2—调整螺钉；3—调整弹簧；
4—触点；5—膜片；6—压力弹簧

3. 机油压力报警灯

在现代多数汽车上，除机油压力表之外，还配有一个红色报警灯，用来表示机油压力安全值的情况。当润滑系统机油压力降低或升高到允许限度时，报警灯即亮，以便引起汽车驾驶员注意。

图 5-27 所示为薄膜式机油压力过低报警灯结构。当机油压力正常时，机油压力推动薄膜向上拱曲，推杆将触点打开，报警灯不亮；当机油压力过低时，薄膜在弹簧压力作用下下移，从而触点闭合，红色报警灯亮，以示警告。

捷达车的机油压力报警系统比以上更完善，它由低压开关、高压开关、控制模块及机油压力报警灯组成。低压开关为常闭型，额定压力为 0.03 MPa。当油压低于此值时开关闭合，反之则打开。高压开关为常开型，其额定压力值为 0.18 MPa，当油压高于此值时，开关闭合，反之打开。

控制模块利用油压开关信号，以及转速信号进行控制。当发生故障时，油压报警灯亮，同时蜂鸣器发出报警声。当发动机怠速时，若油压小于 0.03 MPa，报警灯亮；当发动机转速超过 2 050 r/min 时，如果油压小于 0.18 MPa，报警灯亮 3 s 后，蜂鸣器报警；转速下降到 2 050 r/min 以下时，蜂鸣器也保持报警，直到油压达到 0.18 MPa 以上或关掉点火开关为止。

4. 水温报警灯

水温报警灯用来当冷却水温度不正常时，发出灯光信号，以示警告。其传感器与冷却液温度传感器相似，由双金属片作为温度敏感元件，水温报警灯的电

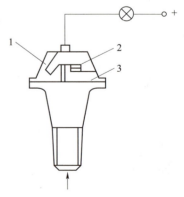

图 5-27　薄膜式机油压力过低报警灯

1—推杆；2—触点；3—薄膜

路如图 5-28 所示。在传感器密封套管 1 内装有条形双金属片 2，双金属片 2 自由端焊有动触点，而静触点 4 直接搭铁。当温度升高到 95～98 ℃时，双金属片 2 向静触点方向弯曲，使两触点接触，红色报警灯便接通发亮。

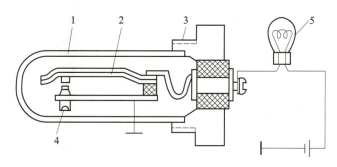

图 5-28 水温报警灯

1—传感器密封套管；2—双金属片；3—螺纹接头；4—静触点；5—报警灯

5. 燃油油面报警灯

燃油油面报警灯的作用是当燃油箱内燃油减少到某一规定值时，报警灯亮以警告驾驶员注意。如图 5-29 所示，它由热敏电阻式燃油油量报警传感器和报警灯组成。当燃油箱内燃油量多时，负温度系数的热敏电阻元件 3 浸没在燃油中，散热快，其温度较低，电阻值大，所以电路中电流很小，报警灯处于熄灭状态。当燃油减少到规定值以下时热敏电阻元件 3 露出油面上，散热慢，温度升高，电阻值减少，电流增大，则报警灯发亮。

6. 制动液液面报警灯

制动液液面报警灯的作用是在制动液液面降到规定值时，液面报警灯亮，以警告驾驶员进行维护。如图 5-30 所示为制动液液面传感器，它被装在制动液储液罐中。外壳 1 内装有舌簧管继电器，接线柱与液面报警灯相连，浮子 4 上固定着永久磁铁。制动液面下降到规定值时，通过浮子带动永久磁铁 3 使舌簧管触点闭合，接通报警灯，发出警告，当制动液面上升时，浮子上升，吸力减弱，舌簧管触点靠自身弹力张开，报警灯熄灭。

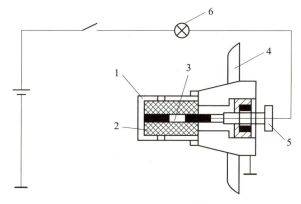

图 5-29 燃油油面报警灯

1—外壳；2—金属网；3—热敏电阻；
4—邮箱外壳；5—接线柱；6—报警灯

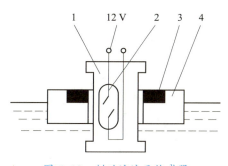

图 5-30 制动液液面传感器

1—外壳；2—舌簧管；
3—永久磁铁；4—浮子

7. 蓄电池液面报警灯

蓄电池液面报警灯用来当蓄电池液面下降时向驾驶员警告，以便维护。

蓄电池液面报警系统利用电极式液面高度传感器测量液面高度，如图 5-31 所示，该传感器由装在蓄电池盖板上作为电极的铅棒构成。蓄电池液量低于规定量时报警灯点亮，从而向驾驶者发出蓄电池液量不足的报警信号。

当把传感器的电极置于蓄电池电槽中时，在该电槽中具有与蓄电池阴极板相同的作用，也将发生电动势。如使其电极长度与用液规定液面位置下限处吻合时，则实际液面高于该位置，产生电动势，低于该位置时不产生电动势。这种电极式液面高度传感器在蓄电池液量正常时可产生电压信号，异常时不产生电压信号。

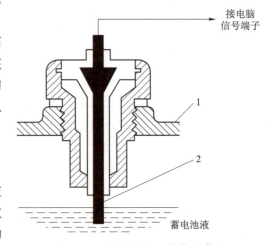

图 5-31 电极式液面高度传感器

1—蓄电池上盖板；2—电极（铅棒）

蓄电池液量正常时，电路如图 5-32 所示。传感器浸入蓄电池液中产生电动势，晶体管 VT_1 处于导通状态。蓄电池电流按图中箭头方向从正极经过点火开关、晶体管 VT_1 流向蓄电池负极。由于 A 点电位接近于零，晶体管 VT_2 处于截止状态，报警灯不亮。

蓄电池液量不足时，由于此时传感器未浸入蓄电池液中，不能产生电动势，晶体管 VT_1 处于截止状态。同时，又由于 A 点电位升高，电流按箭头方向流过晶体管 VT_2 基极，从而使 VT_2 处于导通状态，报警灯亮，警告驾驶者蓄电池液量不足。

8. 制动灯断线报警灯

为了提高行车安全，在汽车上安装制动灯断线报警灯。其电路原理如图 5-33 所示，由电磁线圈 4、6，舌簧开关 5，报警灯 3 等组成。

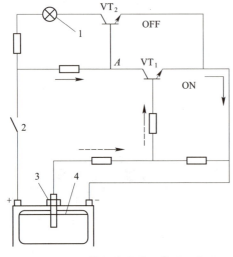

图 5-32 蓄电池液量正常时的电路

1—报警灯；2—开关；3—传感器；4—液面

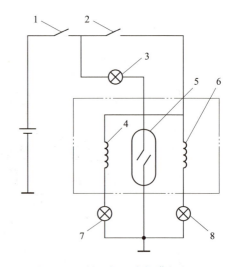

图 5-33 制动灯断线报警灯电路

1—点火开关；2—制动灯开关；3—报警灯；4，6—电磁线圈；5—舌簧开关；7，8—制动信号灯

在正常情况下制动时,踩下制动踏板,制动灯开关接通,电流分别经电磁线圈 4 和 6,左右制动信号灯亮。此时,两线圈所产生的磁场互相抵消,舌簧开关 5 在自身弹力作用下断开触点,报警灯不亮。若左(或右)制动信号灯灯线断路(或灯丝烧断)时制动,则电磁线圈 4(或 6)无电流通过,而通电的线圈所产生的磁场吸力吸动舌簧开关 5 的触点闭合,与舌簧开关 5 串联的报警灯 3 亮。

9. 空气滤清器堵塞报警灯

进气管的进气畅通与否,直接影响充气效率。

空气滤清器堵塞报警灯用来在进气管堵塞时,点亮报警灯,以示警告。空气滤清器堵塞报警灯主要用在货车上。如图 5-34 所示为东风汽车的空气滤清器堵塞报警传感器内部结构,由外壳 6、膜片 7、触点 4、5、弹簧座 10、导电插片 2 等组成。外壳的前部装有感受压力差的膜片 7,并靠底板 8 压固,底板上开有三个小孔与大气相通,外壳的后部设有通气管,通过通气管与空气滤清器的下部相通,从而使其壳内成为一个气盒。

仪表指示报警灯

空气滤清器堵塞时,气盒内产生真空,当其真空度达到 51 kPa 时,在大气压力的作用下,膜片推动弹簧座移动,使触点闭合,点亮报警灯。

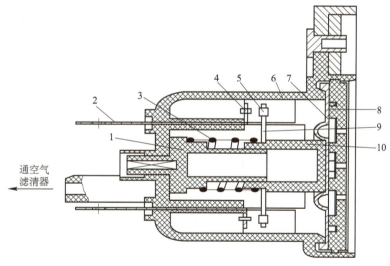

图 5-34 空气滤清器堵塞报警传感器

1—螺栓;2—导电插片;3—弹簧;4,5—触点;6—外壳;7—膜片;8—底板;9—导电片;10—弹簧座

三、任务实施

(一)任务实施环境

器材及工具准备:

悦动汽车 1 辆,汽车仪表试验台 1 台,工具车 2 台,诊断仪 2 台,数字万用表 4 块,悦动维修手册 2 份,网络资源。

(二)任务实施流程

(1)故障现象

汽车在行驶过程中,发动机无论处于冷态还是热态,冷却液温度报警灯常亮。

(2) 故障原因

① 冷却液温度报警开关故障；
② 线路有搭铁处；
③ 储液罐中冷却液液面过低（带冷却液液位检测）；
④ 冷却液液位开关故障。

（三）任务实施步骤

首先检查发动机冷却液温度是否真的过高，储液罐液面是否过低。如果这些都正常而仍然报警时，可拔下储液罐液位开关插头，如果报警灯熄灭说明故障在液位开关；若仍然亮，则接好液位开关插头，拔下冷却液温度报警灯开关插头，如果报警灯熄灭，说明故障在冷却液温度报警开关；若仍然亮，则说明线路有搭铁处。

四、拓展知识

（一）常用报警灯的图形符号及作用

报警灯通常安装在仪表上，灯泡功率一般为 1～4 W，在灯泡前设有滤光片，使报警灯发出红光或黄光，滤光片上通常有标准图形符号。

ABS 报警灯

现代汽车多数采用发光二极管作为报警灯光源，其优点是结构简单、使用寿命长、耗电少、易于识别等。

表 5-1 所示为汽车仪表盘上常用的报警灯图形符号。

表 5-1 汽车仪表盘上常用的报警灯图形符号

序号	名称	图形	颜色	作用
1	蓄电池液面过低报警灯		红	蓄电池的液面比规定量低时灯亮
2	机油压力报警灯		红	发动机机油压力在 0.03 MPa 以下时灯亮
3	充电指示灯		红	硅整流发电机不发电时灯亮
4	预热指示灯		黄	点火开关闭合时灯亮，预热结束时灯灭
5	燃油滤清器积水报警灯		红	燃油滤清器内积水时灯亮
6	远光指示灯		蓝	使用前照灯远光时灯亮
7	散热器液量不足报警灯		黄	散热器的液量比规定的少时灯亮

续表

序号	名称	图形	颜色	作用
8	转向指示灯	 ⇦ ⇨	绿	开转向灯时灯亮
9	驻车制动器报警灯	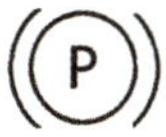 (P)	红	驻车制动器起作用时灯亮
10	车轮制动器失效报警灯	 (!)	红	制动器失效时灯亮
11	燃油不足报警灯	 ⛽	黄	燃油余量约在10 L以下时灯亮
12	安全带报警灯		红	不管是否装上安全带扣，发动机起动后约7 s灯灭
13	车门未关报警灯		红	车门打开或半开时灯亮
14	制动灯或后位灯失效报警灯		黄	制动灯或后位灯断路时灯亮
15	洗涤器液面过低报警灯		黄	洗涤器液面过低时灯亮
16	安全气囊报警灯	AIR BAG	黄	安全气囊失效时灯亮
17	制动防抱死失效报警灯	ABS	红	ABS电控部分有故障时灯亮
18	发动机故障报警灯	 CHECK	红	发动机电控系统有故障时灯亮

（二）声音报警装置

声音报警装置通常有转向蜂鸣器、倒车报警蜂鸣器、汽车防盗报警、座椅安全带报警、前照灯未关及点火钥匙未拔报警系统等。一般都带有声音信号或同时有灯光信号。

1. 座椅安全带报警系统

当接通点火开关而没有扣紧座椅安全带时，座椅安全带报警系统蜂鸣器发出报警声响并点亮报警灯约8 s。座椅安全带扣环开关是一端搭铁的常闭式开关，如图5-35所示。当座椅安全带被扣紧时，开关才张开，蓄电池电压随点火钥匙置于点火位时加至定时器，如果此时安全带未扣好，电路便通过常闭开关搭铁，接通蜂鸣器及报警灯电路。如果在安全带扣好的状态下接通点火开关，来自蓄电池的电流便通过加热器使得双金属带发热，达到一定程度后，使触点张开从而切断电路。

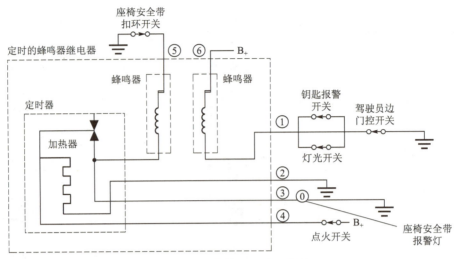

图 5-35 汽车座椅安全带报警系统

2. 前照灯未关及点火钥匙未拔报警系统

如果驾驶员在离开车辆打开车门时没有关闭前照灯,蜂鸣器或发音器便发出鸣叫提示。驾驶员边门控开关为常闭式、一端搭铁的开关,只有车门关闭时,该开关才断开。如果前照灯开关在前照灯或停车挡,蓄电池电压经蜂鸣器和灯光开关加至驾驶员边门控开关。如果此时驾驶员打开车门,蜂鸣器电路即被接通,于是发出鸣叫提示,直到前照灯关闭或驾驶员边门关闭才停止,如图 5-35 所示。

3. 防撞系统报警

为了提高行车安全,保护车辆及乘员,现代汽车装备了防撞系统。按照距离识别元件的不同,有红外线防撞系统、超声波防撞系统、激光防撞系统等。它们均采用单片机控制技术,能够自动检测并跟踪被测车辆与障碍物的距离,一旦该距离达到安全设置的极限距离时,便通过控制发出报警声音信号,并自动刹车,使车辆减速行驶乃至停车。

报警系统电路

项目总结

本项目主要介绍了汽车仪表及报警信号系统,在组成、结构、控制电路、检修、故障诊断等方面做了详尽的介绍。其主要内容有如下几个方面。

1)汽车仪表用于了解、观察汽车各系统的工作状况,常用的仪表包括机油压力表、冷却液温度表、发动机转速表、车速里程表、燃油表等。其主要类型有电热式和电磁式。

2)为了提高仪表显示精度,电热式冷却液温度表和燃油表与可变电阻传感器配合使用时,应在电路中串入仪表稳压器。

3)汽车电子仪表具有许多优点,在汽车上的应用越来越广泛,其显示器主要有发光二极管、液晶显示器、真空荧光管等。

4）汽车报警装置用于保证车辆行驶的安全，常用的报警装置有蓄电池液面过低报警、机油压力报警、冷却液温度报警、燃油量报警、制动低气压报警等。

5）汽车仪表的常见故障有仪表无显示、仪表指示不准确等。诊断检测时，可将仪表与传感器分段检测。

项目六
汽车辅助电气系统检修

项目概述

现代汽车上都装有各种各样的辅助电器设备,以便满足驾驶员和乘员的不同需求。汽车辅助电器设备主要是为了增加汽车的安全性、舒适性和稳定性。

汽车辅助电气系统中的常见设备有:电动车窗、电动刮水器、电动座椅、中控门锁等。在本项目中我们主要针对电动车窗无法降落、电动刮水器不工作和中控门锁失效这三个故障现象开展检修作业。

知识目标	能力目标
1)掌握汽车辅助电气系统的功用、结构与工作原理; 2)掌握汽车辅助电气系统的检测方法; 3)掌握汽车辅助电气系统的组成和电路分析方法; 4)掌握汽车辅助电气系统的常见故障现象、故障原因、故障检修方法及注意事项。	1)能拆画和分析汽车辅助电气系统电路图; 2)能查找出电动车窗、电动刮水器和中控门锁的故障原因; 3)能正确使用工具与仪器,进行电动刮水器、电动车窗和中控门锁的故障检修。

❋ 任务一　电动车窗无法降落故障检修

一、情境描述

有一客户开来一辆悦动轿车,他的右前侧车窗不能正常升降,要求给予检修。我们作为维修技工,需要根据维修手册,使用诊断工具,参考相关资料排除故障,恢复车窗的升降功能。要完成这个工作任务,首先我们需要掌握电动车窗的结构、工作原理和电路检测等相关知识。

二、知识充电站

电动车窗又称电动门窗，它可以通过驾驶员或乘客在座位上控制车窗玻璃自动上升或下降。

（一）电动车窗的结构

电动车窗控制系统主要由车窗、直流电动机、车窗玻璃升降器、控制开关（主控开关、分控开关）、继电器、断路器等装置组成。

1. 直流电动机

直流电动机有永磁式和双绕组式两种。每个车窗都装有一套升降机构，通过开关控制它的电流或磁场方向，使车窗玻璃上升或下降。

2. 车窗玻璃升降器

车窗玻璃升降器常见的有钢丝滚筒式、齿扇式和齿条式三种。

（1）钢丝滚筒式玻璃升降器

钢丝滚筒式玻璃升降器如图6-1所示，双向直流电动机前端安装有减速机构，其上装有一个滚筒，滚筒上绕有钢丝，玻璃安装卡座固定在钢丝上并可在滑动支架上做上下移动。当直流电动机转动时，钢丝便带着卡座沿滑动支架上下移动，使车窗玻璃上升或下降。

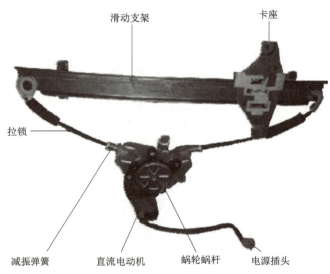

图6-1 钢丝滚筒式电动车窗玻璃升降器

（2）齿扇式玻璃升降器

齿扇式玻璃升降器如图6-2所示。其齿扇上装有螺旋弹簧，当门窗上升时，螺旋弹簧伸展，释放能量，以减轻电动机的负荷；当车窗下降时，螺旋弹簧被压缩，吸收能量。从而使车窗无论上升或下降，电动机的负荷基本相同。

（3）齿条式玻璃升降器

齿条式玻璃升降器如图6-3所示。齿条式玻璃升降器使用了一个小齿轮和一根柔性齿条，车窗玻璃就固定在齿条的一端，电动机带动小齿轮转动，小齿轮带动齿条移动，最终使车窗玻璃上升或下降。

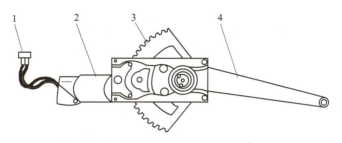

图 6-2 齿扇式玻璃升降器

1—电源接头；2—电动机；3—齿扇；4—推力杆

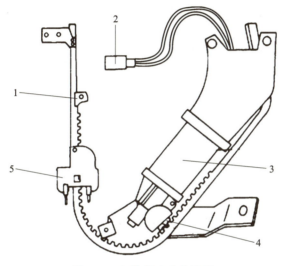

图 6-3 齿条式玻璃升降器

1—齿条；2—电源接头；3—电动机；4—小齿轮；5—定位架

3. 控制开关

汽车的电动车窗都有两套控制开关，如图 6-4 所示：一套为主控开关，安装在驾驶员侧车门扶手上或仪表板上，由驾驶员控制玻璃升降。另一套为分控开关，安装在乘客侧车窗中部，可由乘客操纵。主控开关下还安装有控制分开关的总开关，如果断开它，分开关就不起作用。若带有延迟开关的电动车窗系统，可在点火开关关断后约 10 min 内，或在车门打开以前，仍提供电源，使驾驶员和乘客有时间关闭车窗。

主控开关

分控开关

图 6-4 电动车窗的控制开关

4. 断路器

为了防止电机过载,在电路或电动机内装有一个或多个双金属片式热敏断路器,用以控制电动机中的电流。若车窗玻璃因某种原因卡住(如密封条老化),即使操纵开关没有断开,双金属片式热敏断路器也会因电流过大自动断路,从而保护电动机不被烧毁。

(二)电动车窗的控制电路

不同车型所采用的电动车窗的电动机及其控制电路各不相同。电动机控制方式可分成直接搭铁式和控制搭铁式两种。

1. 直接搭铁式电动车窗

直接搭铁式电动车窗即车窗电动机的一端直接搭铁,车窗的升、降靠电动机内绕向不同的磁场线圈来实现。电动机内部有两组绕向相反的磁场线圈,所产生的磁场方向相反。通过接通不同的线圈,使电动机的转向不同,实现车窗的上升和下降动作,其控制电路如图6-5所示。用驾驶员侧控制开关可分别控制驾驶员侧和乘员侧车窗;用乘员侧控制开关只可控制乘员侧车窗。

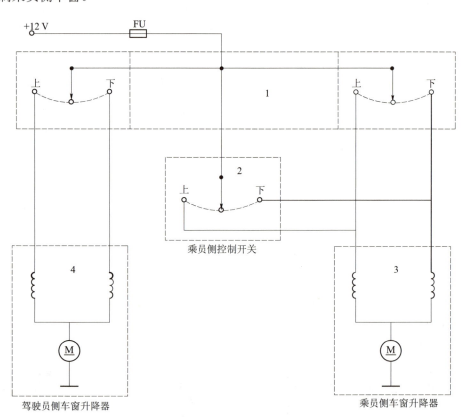

图6-5 直接搭铁式车窗控制电路

2. 控制搭铁式

控制搭铁式电动车窗即控制车窗电动机的搭铁端来实现车窗的升降。控制搭铁式电动车窗的电动机结构简单,开关和控制线路较直接搭铁式复杂一些,但在实际中应用较广泛,其基本控制电路如图6-6所示。与上述控制方式相同,驾驶员可控制自身侧和所有乘员侧的车窗,而乘员只能控制乘员本身一侧的车窗。

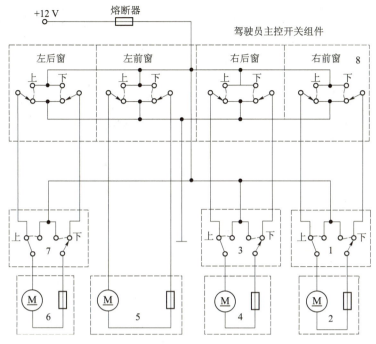

图 6-6 控制搭铁式车窗控制电路

1—右前车窗开关；2—右前车窗电动机；3—右后车窗开关；4—右后车窗电动机；
5—左前车窗电动机；6—左后车窗电动机；7—左后车窗开关；8—驾驶员主控开关组件

三、任务实施

（一）任务实施环境

器材及工具准备：

1) 万用表；
2) 电动车窗实训台；
3) 蓄电池。

（二）任务实施流程

故障分析：电动车窗不能正常升降的原因主要包括：① 蓄电池亏电；② 电动车窗熔断器故障；③ 电动车窗开关故障。

（三）任务实施步骤

1. 检查蓄电池是否亏电

用万用表测量蓄电池电压是否正常。

检查结果：蓄电池存电良好。

2. 检测电动车窗熔断器

用万用表的低电阻挡位测量熔断器的电阻值。

检查结果：熔断器的电阻值小于 1 Ω，说明熔断器正常。

3. 检测电动车窗开关

用万用表电阻法检测电动车窗开关。

检查结果：开关不正常。

四、拓展知识

六向电动座椅的构造

如图 6-7 所示，六向电动座椅形式是三个电动机移动的六个不同方向：座椅的整体上、下高度调节和前、后滑动调节，以及前倾、后倾的调节。电动座椅前后方调节量一般为 100～160 mm，座位前部与后部的调节量为 30～50 mm。全程移动所需时间为 8～10 s。电动座椅一般由控制装置和执行机构组成。

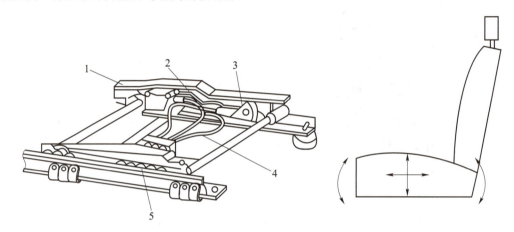

图 6-7 电动座椅调整结构图

1—前变速器；2—水平变速器；3—后变速器；4—软轴；5—电动机

1. 控制装置

控制装置接受驾驶员或乘员输入的命令，控制执行机构完成电动座椅的调整。电动座椅组合开关包括前倾开关、后倾开关和四向开关（即上下和前后），如图 6-7 所示。对于电动座椅组合控制开关，有的汽车安装在车门上，有的汽车安装在座椅旁边，使驾驶员或乘员操纵方便。

2. 执行机构

执行机构用来完成驾驶员的指令，在传动装置提供的动力前提下完成座椅的调整，以实现座椅的调节。其主要由电动机和传动、调节装置等组成。

（1）电动机

电动机的作用是为电动座椅的调节机构提供动力。此类电动机多采用双向电动机，即电枢的旋转方向随电流的方向改变而改变，使电动机按不同的电流方向进行正转或反转，以达到座椅调节的目的。电动机的数量取决于电动座椅的类型，通常六向调节的电动座椅装有三个电动机。为防止电动机过载，电动机内装有熔断丝，以确保电器设备的安全。

（2）传动、调节装置

传动装置的作用是将电动机的动力传给座椅调节装置，使其完成座椅的调整。它主要由联轴器、软轴、减速器与螺纹千斤顶或齿轮传动机构等组成。电动座椅动力传递过程是：电动机的动力→软传动轴→减速器→螺纹千斤顶或齿轮传动机构，使座椅按驾驶员或乘员的理想位置进行调节。

任务二　电动刮水器不工作故障检修

一、情境描述

有一客户的现代轿车，其挡风玻璃电动刮水器不工作，要求给予检修。要完成这个工作任务，首先我们需要掌握电动刮水器的结构和检测等相关知识。

二、知识充电站

刮水器的功用是清扫风窗玻璃上的雨水、雪或尘土，以确保驾驶员有良好的视线。一般汽车的刮水器装在前风窗，部分汽车在后风窗也装有刮水器。

（一）刮水器的类型及结构

1. 类型

汽车上采用的刮水器有真空式、气动式、电动式三种形式。应用最广泛的是电动刮水器。

电动刮水器按磁场结构不同又可分为绕线式和永磁式两种，由于永磁式具有体积小、质量轻、结构简单等特点，在汽车上得到了广泛的应用。下面主要介绍应用较多的永磁式电动刮水器。

2. 结构

电动刮水器由刮水电动机和一套传动机构组成。如图6-8所示，永磁式电动机11固装在支架12上，连杆3、7、8和摆杆2、4、6组成杠杆联动机构，摆杆2、6上连有刮片架，刮片架1、5的上端连接橡皮刮片。永磁式电动机11旋转时，带动蜗杆10、蜗轮9，使与蜗轮相连的拉杆3、7、8和摆杆2、4、6带着左、右两刮片架1、5作往复摆动，橡皮刷便刷去风窗玻璃上的雨水、雪、灰尘。

识别风霜刮水器的结构组成

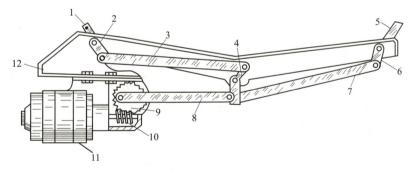

图6-8　电动刮水器的组成

1，5—刮片架；2，4，6—摆杆；3，7，8—拉杆；9—蜗轮；10—蜗杆；11—永磁式电动机；12—支架

（二）刮水器的变速原理

汽车刮水器一般设置高低两种刮水速度。

由于电动刮水器的动力来源是直流电动机，故刮水器的变速就是直流电动机的变速。在实际应用中，有两种方式变速，一是通过改变直流电动机的磁通Φ，二是改变两电刷之

间的电枢绕组（导体）数 Z 来改变直流电动机的转速。

永磁式电动刮水器一般是改变电刷间的导体数目来改变电动机转速的，如图 6-9 所示，采用三电刷式结构，B_1 为低速运转电刷，B_2 为高速运转电刷，B_3 为公共电刷。

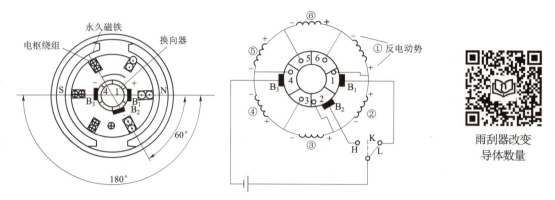

图 6-9　永磁式电动刮水器调速原理

雨刮器改变导体数量

当电动机工作时，在电枢线圈内同时产生与电枢电流方向相反的反电动势。正负电刷之间串联的电枢线圈个数越多，转速越低；反之，正负电刷之间串联的电枢线圈个数越少，转速越高。

如图 6-10 所示是三刷式电动机电路原理图。

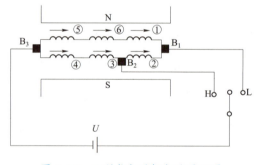

图 6-10　三刷式电动机电路原理图

雨刮器

1. 低速运转

当开关拨向 L 时，电源电压 U 加在 B_1 与 B_3 电刷之间，电流经过由①、⑥、⑤与②、③、④线圈组成的两组并联回路，每条回路中串联的有效线圈各三个，串联线圈（导体）数相对较多，故反电动势较大，电动机以较低转速运转。

2. 高速运转

当开关拨向 H 时，电源电压 U 加在 B_2 和 B_3 电刷之间，电流经过由②、①、⑥、⑤与③、④组成的两条并联回路，由于线圈②和线圈①的绕线方向相反，而流经其中的电流方向相同，故线圈②产生的反电动势与①的反电动势互相抵消，只有两个线圈的反电动势与电源电压平衡，故反电动势较小，电动机以较高转速运转。可见，并联回路中串联线圈（导体）数目减少，能使电动机转速升高。

雨刮低速挡电路

雨刮高速挡电路

这样永磁式电动刮水器就得到了高、低不同的工作挡位。

雨刮复位电路

(三)电动刮水系统的自动复位

如图6-11(a)所示,当点火开关1接通,把刮水器开关拉到"Ⅰ"挡(低速挡)时,电流从蓄电池正极→点火开关1→熔断器2→电刷B_3→电枢绕组→电刷B_1(低速电刷)→接线柱②→接触片→接线柱④→搭铁→蓄电池负极。

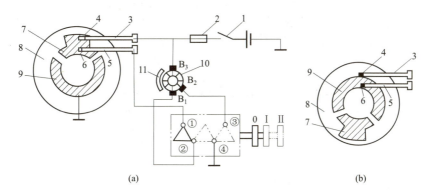

图6-11 永磁式电动刮水器的自动复位装置的结构

1—点火开关;2—熔断器;3、5—触点臂;4、6—触点;7、9—铜环;8—蜗轮;10—电枢;11—永久磁铁

把刮水器开关拉到"Ⅱ"挡(高速挡)时,电流从蓄电池正极→点火开关1→熔断器2→电刷B_3→电枢绕组→电刷B_2(高速电刷)→接线柱③→接触片→接线柱④→搭铁→蓄电池负极。

当开关推到"0"挡停止时,如果刮水器橡皮刷没有停到规定位置,由于触点6与铜环9接触,如图6-11(b)所示,则电流继续流入电枢,其电路为蓄电池正极→点火开关1→熔断器2→电刷B_3→电枢绕组→电刷B_1→接线柱②→接触片→接线柱①→触点臂5→触点6→铜环9→搭铁→蓄电池负极。电动机以低速运转直至蜗轮旋转到图6-11(a)所示的特定位置,此时电枢绕组通过触点臂3、5,与铜环7接通而短路,电路中断。由于电枢的惯性,电动机不能立即停止转动,电动机以发电机方式运行,电枢绕组产生很大的反电动势,产生制动转矩,电动机迅速停止转动,使橡皮刷复位到风窗玻璃的下部。

(四)风窗洗涤器的结构原理

风窗洗涤器的作用是向风窗玻璃表面喷洒专用洗涤液,使之与刮水片配合工作,清除风窗玻璃表面的灰尘、污物等,保持风窗玻璃表面的清洁。

风窗洗涤器的组成如图6-12所示,主要由储液罐、洗涤泵、输水软管、三通管、喷嘴、刮水开关等组成。

风窗清洗电器

储液罐一般由塑料制成,内盛清洗液。有些储液罐上装有液面位置传感器,用以监视储液罐中清洗液的多少。

洗涤泵由直流电动机和离心式液片泵组装成为一体,安装在储液罐上或管路内,它工作时可以将清洗液加压至70～88 kPa,通过输水软管及三通管送到喷嘴,然后喷洒到风窗玻璃的表面。

喷嘴安装在风窗玻璃下面(通常在发动机盖上),一般有两个,其喷射方向可以调整,保证清洗液喷射在风窗玻璃的合适位置,使用时应先开洗涤泵后开刮水器,以避免刮水器在风窗玻璃上"干刮"。洗涤泵连续工作的时间一般不超过1 min,在喷水停止后,刮水器应继续刮2～5次,以达到较好的洗涤效果。所以,洗涤器的电路一般与刮水器开关联合动作。

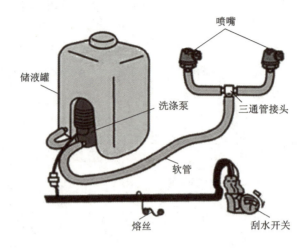

图 6-12 电动风窗洗涤器的组成

（五）电动刮水器控制电路

图 6-13 是北京现代悦动汽车的电动刮水器电路图。

电动刮水器的工作电路：

ON 电源→前刮水器熔丝→组合开关→刮水器开关→前刮水器电动机→电路断电器→搭铁。

三、任务实施

（一）任务实施环境

器材及工具准备：

1) 万用表；
2) 电动刮水器实训台；
3) 蓄电池。

（二）任务实施流程

故障分析：电动刮水器不工作的原因主要包括：① 电动刮水器熔断器故障；② 刮水器电动机故障；③ 刮水器线路故障。

雨刮系统
故障检修

（三）任务实施步骤

1. 检测电动刮水器熔断器

用万用表的低电阻挡位测量熔断器的电阻值。

检查结果：熔断器的电阻值小于 1 Ω，说明熔断器正常。

2. 检测电动刮水器电动机

1) 用万用表测量母连接器"高速"端子和"搭铁"端子之间的电阻值，"低速"端子和"搭铁"端子之间的电阻值。如果是无穷大，说明电机坏了。

2) 测量电机连接器"高速"端子和"搭铁"端子间的电阻值。

检查结果：电动机不正常。

3. 检测相关线路

用万用表测量相关线路。

检查结果：线路正常。

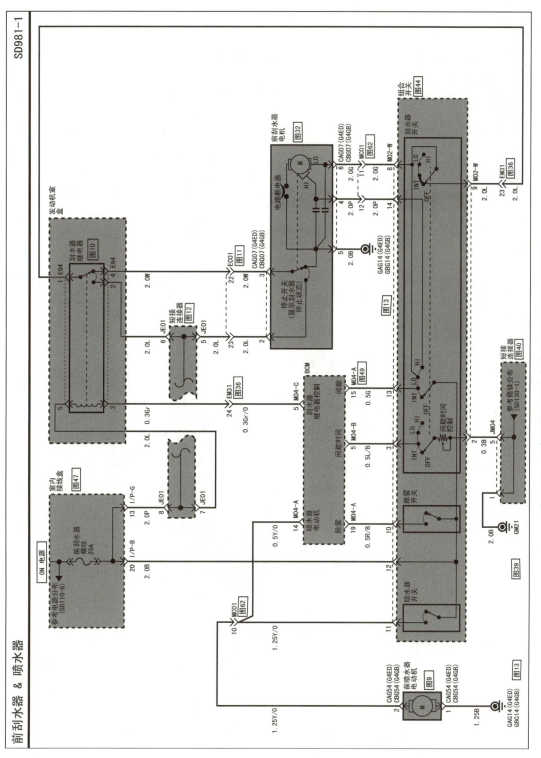

图 6-13 北京现代悦动汽车的电动刮水器控制电路

四、拓展知识

分析图 6-14 威驰电动刮水器电路。

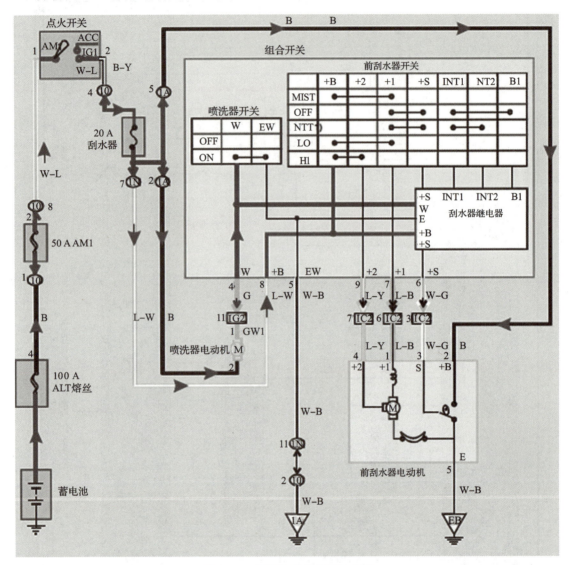

图 6-14　威驰电动刮水器电路图

刮水器工作状态	电路图分析
刮水器低速工作	当点火开关打至 IG1 挡，刮水开关置低速位时，电流由蓄电池"+"→100 A ALT 熔丝→50 A AM1 熔丝→点火开关 IG1 挡→20 A 刮水器熔丝→组合开关接线柱 8→低速开关→接线柱 7→前刮水器电动机接线柱 1→电枢→前刮水器电动机接线柱 5→EB 搭铁→蓄电池"−"，形成回路，刮水器电动机低速运转
刮水器高速工作	当点火开关打至 IG1 挡，刮水开关置高速位时，电流由蓄电池"+"→100 A ALT 熔丝→50 A AM1 熔丝→点火开关 IG1 挡→20 A 刮水器熔丝→组合开关接线柱 8→高速开关→接线柱 9→前刮水器电动机接线柱 4→电枢→前刮水器电动机接线柱 5→EB 搭铁→蓄电池"−"，形成回路，刮水器电动机高速运转

续表

刮水器工作状态	电路图分析
刮水器间歇工作	当点火开关打至 IG1 挡，刮水开关置间歇位时，电流由蓄电池"+"→ 100 A ALT 熔丝→ 50 A AM1 熔丝→点火开关 IG1 挡→ 20 A 刮水器熔丝→组合开关接线柱 8 →刮水器继电器 +B 脚→刮水器继电器 +S 脚→组合开关内部"NTT"开关→组合开关 7 接线柱→前刮水器电动机接线柱 1 →电枢→前刮水器电动机接线柱 5 → EB 搭铁→蓄电池"—"，形成回路，刮水器电动机间歇运转。刮水器继电器决定间歇时间
刮水器停机复位	当刮水器开关打至"关"挡位置时，若刮臂没有停在规定位置，则刮水器电动机内复位装置将 2 号端子与 3 号端子接通，电流由蓄电池"+"→ 100 A ALT 熔丝→ 50 A AM1 熔丝→点火开关 IG1 挡→ 20 A 刮水器熔丝→前刮水器电动机接线柱 2 →前刮水器电动机接线柱 3 →组合开关接线柱 6 →刮水器继电器 +S 脚→组合开关内部的"OFF"开关→组合开关 7 接线柱→前刮水器电动机接线柱 1 →电枢→前刮水器电动机接线柱 5 → EB 搭铁→蓄电池"—"，形成回路，电动机继续转动，直至刮水器停在规定的位置上

任务三　中控门锁失效故障检修

一、情境描述

王先生驾驶一辆现代轿车，早上上班时，发现中控门锁失效，要求给予检修。要完成这个工作任务，首先我们需要掌握中控门锁控制电路的相关理论知识和中控门锁常见故障检测等操作技能。

二、知识充电站

现代轿车多数选装了中央集控门锁，它可以使驾驶员及乘员更加方便安全地使用汽车。

（一）中控门锁的作用及分类

1. 中控门锁的作用

1）将驾驶员车门锁扣按下时，其他几个车门及行李厢门都能自动锁定；用钥匙锁门，也可同时锁好其他车门和行李厢门。

2）将驾驶员车门锁扣拉起时，其他几个车门及行李厢门都能同时打开；用钥匙开门，也可以实现该动作。

3）在车内个别车门需打开时，可分别拉开各自的锁扣。

4）配合防盗系统，实现防盗。

2. 中控门锁的分类

1）中控门锁有很多种形式，按控制方式可分为不带防盗系统的中控门锁和带防盗系统的中控门锁两种。

2）按结构可分为双向空气压力泵式中控门锁和微型直流电动机式中控门锁两种。

（二）中控门锁的组成

中控门锁系统一般由门锁控制开关、门锁总成、钥匙操纵开关、行李厢门开启器及门锁控制器等组成。

1. 门锁控制开关

门锁控制开关一般安装在驾驶员侧前门内的扶手上,通过门锁控制开关可同时锁上和打开所有的车门。如图6-15所示为丰田轿车门锁控制开关的位置图。

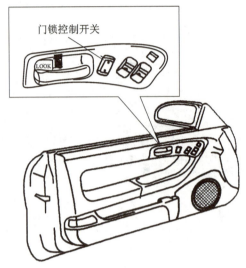

图6-15 门锁控制开关的位置

2. 门锁总成

门锁总成主要由门锁传动机构、门锁开关和外壳等组成,如图6-16所示。

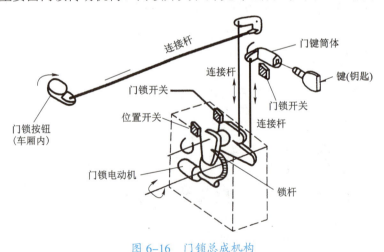

图6-16 门锁总成机构

门锁开关用于检测车门的开闭情况。当车门关闭时,门锁开关断开;反之,门锁开关接通。

门锁传动机构由电动机、齿轮和位置开关等组成,如图6-17所示。当门锁电动机转动时,蜗杆带动蜗轮转动,蜗轮推动锁杆,车门被锁上或打开,之后蜗轮在回位弹簧的作用下返回原位置,防止操纵门锁钮时电动机工作。

门锁位置开关位于门锁总成内,用来检测车门的锁紧状态,它由一个触点片和一个开关底座组成。当锁杆推向锁门位置时,位置开关断开;锁杆推向开门位置时,位置开关接通。即当车门关闭时,此开关断开;当车门打开时,此开关接通。

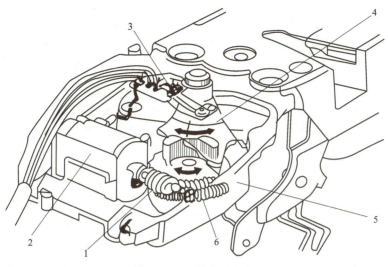

图6-17 门锁传动机构

1—蜗杆；2—门锁电动机；3—位置开关；4—锁杆；5—蜗轮；6—复位弹簧

3. 钥匙操纵开关

钥匙操纵开关装在每个前门的钥匙门上，当从外面用钥匙开门或关门时，钥匙位置开关便发出开门或锁门的信号给门锁控制ECU或门锁控制继电器。钥匙操纵开关的位置如图6-18所示。

4. 行李厢门开启器开关

行李厢门开启器开关位于仪表盘下面或驾驶员座椅左侧车厢底板上。如图6-19所示，钥匙门靠近其开启器，推压钥匙门，则断开了行李厢内主开关，此时再拉开启器开关也不常

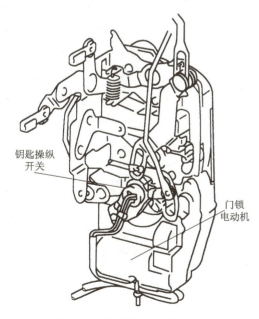

图6-18 钥匙操纵开关位置

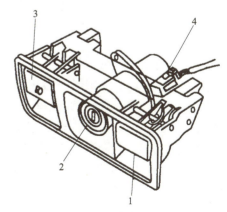

图6-19 行李厢门开启器开关

1—行李厢门开启器开关；2—钥匙门；
3—燃油箱盖开启器开关；4—主开关

能打开行李厢门。将钥匙插进钥匙门内顺时针旋转打开钥匙门后，主开关接通。此时，行李厢门开启器可打开行李厢门。

（三）中控门锁系统的工作原理

图 6-20 所示电动门锁电路图是一种最基本的门锁控制电路。它是利用控制直流电动机的正、反电流方向，使电动机正、反向运转来实现门锁的开、关动作。它由两个门锁开关（S_1、S_2）、门锁继电器、四个双向直流电动机、导线及熔断器等组成。门锁继电器是由开锁和锁定两个继电器组成。

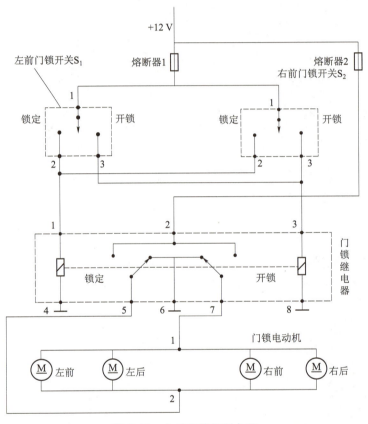

图 6-20　电动门锁控制电路

1. 用左前门锁开关开锁

用左前门锁开关开锁时，蓄电池电流经熔断器 1 → 左前门锁开关 S_1 接线柱 → 3 接线柱 → 门锁继电器 3 接线柱 → 开锁电磁铁线圈 → 搭铁 → 蓄电池"-"，形成回路，使开锁继电器常开触点闭合，蓄电池电流经熔断器 2 → 门锁继电器 2 接线柱 → 开锁继电器常开触点 → 门锁继电器 7 接线柱 → 4 个门锁电动机 → 门锁继电器 5 接线柱 → 锁定继电器常闭触点 → 门锁继电器 6 接线柱 → 搭铁 → 蓄电池"-"，门锁电动机开锁。

2. 用左前门锁开关锁门

用左前门锁开关锁门时，蓄电池电流经熔断器 1 → 左前门锁开关 S_1 接线柱 → 2 接线柱 → 门锁继电器 1 接线柱 → 锁定电磁铁线圈 → 搭铁 → 蓄电池"-"，形成回路，使锁定继电器常开触点闭合，蓄电池电流经熔断器 2 → 门锁继电器 2 接线柱 → 锁定继电器常开触点 →

门锁继电器 5 接线柱→4 个门锁电动机→门锁继电器 7 接线柱→开锁继电器常闭触点→门锁继电器 6 接线柱→搭铁→蓄电池"–",门锁电动机锁门。

三、任务实施

（一）任务实施环境

器材及工具准备：

1）万用表；

2）中控门锁实训台；

3）蓄电池。

汽车中央门锁故障

（二）任务实施流程

故障分析：中控门锁失效的原因主要包括：① 蓄电池亏电；② 中控门锁熔断器故障；③ 中控门锁开关故障。

（三）任务实施步骤

1. 检查蓄电池是否亏电

用万用表测量蓄电池电压是否正常。

检查结果：蓄电池存电良好。

2. 检测中控门锁熔断器

用万用表的低电阻挡位测量熔断器的电阻值。

检查结果：熔断器的电阻值无穷大，说明熔断器烧断。

3. 检测中控门锁开关

用万用表电阻法检测中控门锁开关。

检查结果：开关正常。

四、拓展知识

汽车防盗器就是一种安装在车上，用来增加盗车难度，延长盗车时间的装置，是汽车的保护神。它通过将防盗器与汽车电路配接在一起，从而可以达到防止车辆被盗、被侵犯、保护汽车并实现防盗器各种功能的目的。随着科学技术的进步，为对付不断升级的盗车手段，人们研制出各种方式、不同结构的防盗器，防盗器按其结构可分为四大类：机械式、芯片式、电子式和网络式。

机械式防盗装置是市面上最简单最廉价的一种防盗器形式，其原理也很简单，只是将转向盘和控制踏板或挡柄锁住。其优点是价格便宜，安装简便；缺点是防盗不彻底，每次拆装麻烦，不用时还要找地方放置。机械式防盗装置比较常见的有以下几种。

1. 转向盘锁

所谓转向盘锁就是大家熟悉的拐杖锁，它靠坚固的金属结构锁住汽车的操纵部分，使汽车无法开动，如图 6-21 所示。转向盘锁将方向盘与制动踏板连接在一块，或者直接在方向盘上加上限位铁棒使方向盘无法转动。市场上推出一种护盘式转向盘锁，以覆盖的方式，将镍铝高强度合金钢横跨在转向盘的某二辐，在锁头上再接一根钢棒，防止歹徒使用暴力窃车。这种锁为隐藏式，有一层防锯防钻钢板保护，另外材质也比传统的拐杖锁坚固，锁芯也设计得更加精密。

2. 可拆卸式转向盘

该种防盗器材在市场上较拐杖锁少见，其整套配备包括底座、可拆式转向盘、专利锁帽盖。操作程序是：先将转向盘取下，将专利锁帽盖套在转向轴上，即使小偷随便拿一个转向盘也无法安装在转向轴上。该类防盗锁的优点是不会破坏原车结构，故障率低，操作容易；缺点是车主必须找一个空间隐藏拆下的转向盘。

3. 离合刹车锁（可锁刹车或者油门）

离合刹车锁是将汽车制动踏板或离合器踏板锁住并支撑稳，使其无法操控而防止车辆被盗，如图 6-22 所示。其特点是：结构简单，不影响汽车的内饰和美观。但是夜间照明不良时，上锁就很困难。

图 6-21　转向盘锁

图 6-22　离合刹车锁

4. 车轮锁

车轮锁是车体外用锁，锁在车轮上可以牢固地锁住汽车的轮胎，使车轮无法转动来防止汽车被盗。车轮锁一般锁在驾驶座一侧的前轮上，比车内锁具有更明显的震慑力。但是车轮锁笨重、体积大，携带不方便。

5. 防盗磁片

防盗磁片全称为汽车车锁防盗防撬磁片或汽车防盗磁片（见图 6-23），是用物理方法堵住汽车钥匙孔，依靠防盗磁片的强磁力吸到汽车车锁锁眼中，盖住锁芯（严丝合缝）以达到汽车车锁防撬盗的汽车防撬盗保护装置。该装置应用在汽车锁孔锁芯的暴力防撬盗上，对使用暴力撬盗汽车车锁具有非常好的防止效果。

6. 排挡锁

目前排挡锁成为多数车主的最爱，因为此防盗系统简便又坚固，采用特殊高硬度合金钢制造，防撬、防钻、防锯，且独特采用同材质镍银合金锁芯和钥匙，若没有原厂配备钥匙，绝对无法打开，钥匙丢失后，可使用原厂电脑卡复制钥匙。

上述机械式防盗装置结构比较简单，占用空间，不隐蔽，每次使用都要用钥匙开锁，比较麻烦，而且不太安全。因此，随着电子技术在汽车上的应用，电子式防盗装置就应运而生。

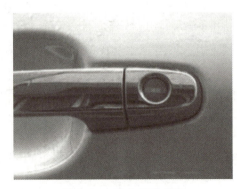

图 6-23　汽车防盗磁片

项目总结

1）汽车电动刮水器由刮水电动机和一套传动机构组成。
2）电动刮水器的检测方法。
3）电动车窗控制系统主要由车窗、直流电动机、车窗玻璃升降器、开关（主控开关、分控开关）、继电器、断路器等装置组成。
4）电动车窗的检测方法。
5）中控门锁系统一般由门锁控制开关、门锁总成、钥匙操纵开关、行李厢门开启器及门锁控制器等组成。
6）中控门锁的检测方法。

项目七
汽车空调系统检修

 项目概述

"汽车空气调节"简称汽车空调,是利用媒介物质对车内的空气进行调节,使之在温度、湿度、风速和清洁度上能满足人体舒适的需要,并预防或去除玻璃上的雾、霜和冰雪,保障乘员身体健康和行车安全。空调装置已成为衡量汽车功能是否齐全的标志之一。

衡量汽车空调的主要指标有:温度、湿度、风速和清洁度等。

汽车空调主要包括:制冷系统、暖风系统、通风系统、空气净化系统和控制系统。

汽车空调的调节方式有手动和自动两种。手动调节空调只能在一定的范围内按照已选定的模式运转,不能随机根据外界空气质量对车厢温度进行调节。自动空调则能自动控制车厢内的循环空气和温度,在外界空气质量发生变化时保持车厢内的空气质量。只要预先设置好温度,并将风速和气流方式设为"AUTO"(自动)模式,系统就会自动选择出风口位置和风速,并会根据环境的改变随时做出调整。

汽车空调系统常见故障包括电器故障、功能部件的机械故障、制冷剂和冷冻机油引起的故障等。这些故障集中表现为系统不制冷、制冷不足等。

知识目标	能力目标
1)了解汽车空调控制系统的功用与结构; 2)掌握汽车空调组成部件; 3)掌握手动空调操纵控制系统的结构与工作原理; 4)了解自动空调系统的控制原理。	1)能够执行空调系统检修的操作规程,树立良好的安全文明操作意识; 2)能够根据维修手册和其他资源分析空调系统的常见故障原因; 3)能够描述空调系统的检查项目和技术要求; 4)能够主动获取信息,展示学习成果,对工作过程进行总结与反思,与他人进行有效沟通,团结协作。

任务一 空调不制冷故障的检修

一、情境描述

有一客户的桑塔纳轿车,打开空调 A/C 开关后,送风口无冷风送出,要求给予检修,排除故障。

要完成这个工作任务,首先我们需要掌握汽车空调系统的功能、特点、分类、组成以及制冷系统的工作原理等相关知识。

二、知识充电站

(一)汽车空调系统的特点

1. 汽车空调性能的评价指标

评价汽车空调质量的指标主要有四个,即温度、湿度、风速和清洁度。

(1)温度

在夏季人感到舒适的温度是 22～28 ℃,冬季是 16～18 ℃。温度低于 14 ℃时,人会感觉到冷,温度越低,手脚动作就会越僵硬,驾驶员将不能灵活操作。温度超过 28 ℃时,人会觉得燥热,精神集中不起来,思维迟钝,容易造成交通事故。超过 40 ℃时,则称为有害温度,将对人体的健康造成损害。另外,人体面部所需求的温度比足部略低,即要求"头凉足暖",温差大约为 2 ℃。

(2)湿度

人觉得舒适的相对湿度,夏季是 50%～60%,冬季是 40%～50%。在这种湿度环境中,人会觉得心情舒畅。湿度过低,皮肤会痒;湿度过高,人会觉得闷。

(3)风速

人在流动的空气中比在静止的空气中要舒适,这是因为流动的空气能促进人体内外散热。所以,空气流速是汽车空气调节的重要内容之一。空气流速在 0.2 m/s 以下为好,并且以低速变动为佳。

(4)清洁度

由于车内空间小,乘员密度大,全封闭空间的空气极易产生缺氧(O_2)和二氧化碳(CO_2)浓度过高的现象;汽车发动机废气中的一氧化碳(CO)和道路上的粉尘都易进入车内,造成车内空气浑浊,严重影响乘员的身体健康,因此必须对车内空气进行净化处理。

2. 汽车空调的特点

从 1925 年汽车加热器的出现就表明了汽车空调已经出现了。但是,由于其技术含量较低,人们并没有真正意识到这门专业技术,而一直到制冷技术被汽车所应用,才广泛被人们所关注。因此,谈到汽车空调的特点,也就是制冷技术的一些特点,概括起来有如下几点:

(1)抗冲击能力强

制冷系统安装在运动的车辆上,承受剧烈频繁的振动和冲击,因此,要求各个零部件应有较强的抗振能力,接头牢固,并防漏,而且压缩机与冷凝器、蒸发器与压缩机都用软管连接。

（2）动力源多样

汽车空调系统不能用电力作动力源，原因是设计上比较困难。轿车、轻型汽车及中型客车其制冷所需的动力来自同一发动机，这种空调系统叫非独立空调系统。对于大型客车、冷藏车，由于所需制冷量比较大，需要采用专用发动机驱动，故称为独立式空调系统。

（3）电力控制源多样

汽车空调系统电气控制所需的电力有所不同，一般车辆采用12 V（单线制）作电源，大型车辆则采用24 V（单线制）作电源，而高级豪华轿车采用5 V（双线制）作电源。

（4）制冷效果强

汽车在野外工作时直接受太阳的辐射，热量较强，要使汽车空调能迅速地降温，在最短时间内达到舒适的环境，则需要制冷系统的制冷量特别大。这就导致压缩机输送的制冷剂流量变化大，但不能无限制的大，如果过大，会导致汽车空调设计困难，制冷效果不佳，而且会引起压力过高或压缩机产生液击现象，使得故障频繁。

（5）控制方式不一样

由于车辆的性能要求不同，汽车空调的控制方式也就出现多样化。一般车辆采用手动控制，高级豪华型轿车则采用自动控制或气动控制。

（6）结构紧凑、质量小

由于汽车车身的特点，要求汽车空调结构紧凑，能在有限的空间进行安装，而且安装了空调后不至于使汽车增重太多影响其他性能。

（7）车内风量分配不均匀

这是由汽车车身的结构所造成的。汽车空调风道的设计是研制汽车空调最大的难点。

（二）汽车空调系统的组成与分类

1. 汽车空调系统的组成

（1）制冷系统

制冷系统对车厢内的空气或由外部进入车厢内的新鲜空气进行降温除湿，使其变得凉爽。其主要由压缩机、冷凝器、储液干燥器、膨胀阀、蒸发器、密封管路及控制系统等组成。

（2）采暖系统

采暖系统对车厢内的空气或由外部进入车厢内的新鲜空气进行加热、取暖、除湿，其主要由加热器、水阀、水管、发动机冷却液组成。

（3）通风系统

通风系统将外部的新鲜空气吸入车厢内，进行换气。通风分为内循环和外循环，使用内循环时车内空气基本不与外界交流，使用外循环时位于引擎盖下的新风口会将外界的空气源源不断地送进来，以保持车内空气的清新。通风系统主要由鼓风机、风道、风门和出风口等组成。

（4）电气控制系统

电气控制电路包括点火开关、A/C、电磁离合器、鼓风机开关及调速电阻器、各种温度传感器、制冷压缩机的高低压力开关、温度控制器、送风模式控制装置及各种继电器。近几年来微机控制系统的空调广泛地运用于空调系统的控制，相应加大了控制电路在空调系统中的应用。

(5) 空气净化系统

空气净化系统除去车内空气中的尘埃、臭味、烟气等，使空气变得清新。在普通型轿车中，空气净化的任务由蒸发器直接完成，在高级轿车中还装备有炭罐、空气滤清器和静电除尘式净化器等一套较完整的空气净化系统。

2. 汽车空调系统的分类

（1）按驱动方式分类

汽车空调系统按驱动方式可分为非独立式汽车空调系统和独立式汽车空调系统。非独立式汽车空调系统的空调制冷压缩机由汽车本身的发动机驱动，这种类型的汽车空调系统一般多用于制冷量相对较小的中、小型客车上。独立式汽车空调系统的空调制冷压缩机由专用的空调发动机（也称副发动机）驱动，这种类型的汽车空调系统多用于大、中型客车上。

（2）按结构形式分类

汽车空调按结构形式可分为整体式空调、分体式空调以及分散式空调。整体式空调将副发动机、压缩机、冷凝器和蒸发器通过传动带、管道连接成一个整体，安装在一个专用机架上，构成一个独立总成，由副发动机带动，通过车内通风管将冷风送入车内。分体式空调将压缩机、冷凝器、蒸发器以及独立式空调的副发动机部分或全部分开布置，用管道连接成一个制冷系统。分散式空调将蒸发器、冷凝器、压缩机等各部件分散安装在汽车各个部位，并用管道相连接。轿车、中小型客车及货车都采用这种结构形式。

（三）汽车空调制冷系统的工作原理及分类

1. 汽车空调制冷系统的工作原理

如图7-1所示，制冷系统工作时，制冷剂以不同的状态在密闭系统内循环流动，每一循环包括四个基本过程。

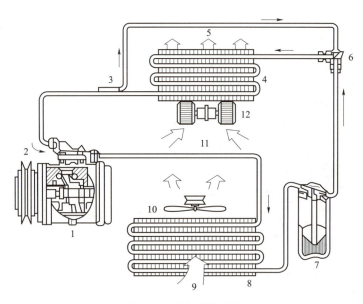

图7-1 制冷循环过程

1—压缩机；2—低压侧；3—感温包；4—蒸发器；5—冷气；6—膨胀阀；7—储液干燥器；
8—冷凝器；9—迎面风；10—发动机冷却风扇；11—热空气；12—鼓风机

（1）压缩过程

压缩机吸入蒸发器出口处的低温低压的制冷剂气体，把它压缩成高温高压的气体，然后送入冷凝器。此过程的主要作用是压缩增压，以便气体易于液化。压缩过程中，制冷剂状态不发生变化，而温度、压力不断升高，形成过热气体。

（2）冷凝过程

高温高压的过热制冷剂气体进入冷凝器（散热器）与大气进行热交换。由于压力及温度的降低，制冷剂气体冷凝成液体，并放出大量的热。此过程的作用是排热、冷凝。冷凝过程的特点是制冷剂的状态发生变化，即在压力、温度不变的情况下，由气态逐渐向液态转变。冷凝后的制冷剂液体是高压高温液体。制冷剂液体过冷，过冷度越大，在蒸发过程中其蒸发吸热的能力也就越大，制冷效果越好，即产冷量相应增加。

（3）节流过程

高压高温制冷剂液体经膨胀阀节流降温降压，以雾状（细小液滴）排出膨胀装置。该过程的作用是使制冷剂降温降压，由高温高压液体，迅速地变成低温低压液体，以利于吸热、控制制冷能力以及维持制冷系统正常运行。

（4）蒸发过程

经膨胀阀降温降压后的雾状制冷剂液体进入蒸发器，因此时制冷剂沸点远低于蒸发器内温度，故制冷剂液体在蒸发器内蒸发、沸腾成气体。在蒸发过程中大量吸收周围的热量，降低车内温度。而后低温低压的制冷剂气体流出蒸发器等待压缩机再次吸入。吸热过程的特点是制冷剂状态由液态变化到气态，此时压力不变，即在定压过程中进行这一状态的变化。

上述过程周而复始地进行，便可使汽车内温度达到并维持在给定的状态。

2. 汽车空调制冷系统的分类

汽车空调制冷系统分为两类：一类是膨胀阀系统，另一类是孔管系统，如图7-2所示。它们的差别是所用的节流膨胀装置的结构不同，储液干燥器的安装位置不同。

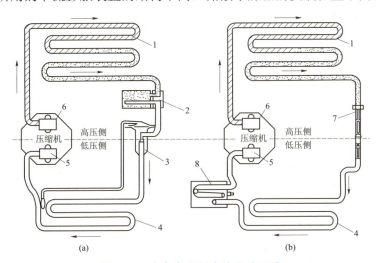

图7-2 汽车空调制冷系统原理图

（a）膨胀阀系统；（b）孔管系统

1—冷凝器；2—储液干燥器；3—膨胀阀；4—蒸发器；5—低压维修阀接头；
6—高压维修阀接头；7—孔管；8—气液分离器

(1) 膨胀阀系统

膨胀阀系统也叫传统空调系统。压缩机运转时,将蒸发器内产生的低温低压制冷剂蒸气吸入并压缩后,在高温高压(约 70 ℃,1 471 kPa)的状况下排出。这些气态制冷剂流入冷凝器,并在此受到散热器和冷却风扇的作用强制冷却到 50 ℃左右。这时制冷剂由气态变成液态。被液化了的制冷剂,进入储液干燥器,除去水分和杂质后流入膨胀阀。高压的液态制冷剂从膨胀阀的小孔流出,变为低压雾状后流入蒸发器。雾状制冷剂在蒸发器内吸热汽化变成气态制冷剂,从而使蒸发器表面温度下降。从鼓风机进来的空气,不断流过蒸发器表面,被冷却后送进车厢内,使车厢内降温。气态制冷剂通过蒸发器后又重新被压缩机吸入,这样反复循环达到制冷的目的。这种膨胀阀系统由热力膨胀阀控制蒸发器供液量,保证蒸发压力在一定范围内变化。

(2) 孔管系统

孔管系统于 1974 年由美国通用汽车公司发明,也叫作循环离合器系统。节流管结构简单,不易损坏,但它不能控制蒸发器的供液量,只起节流降压作用,不能使蒸发压力稳定。为此离合器节流管系统采取了如下几条措施:

1) 降低节流元件的设计阻尼,使高热负荷时蒸发器仍能得到充分的液态制冷剂,减少或消除出口过热度。

2) 为防止低热负荷时的液击,在蒸发器出口与压缩机吸入口之间设有气液分离器,使未蒸发完的液态制冷剂分离出来,暂存于其下部。由于该罐置于高温的发动机舱内,它很快就会继续蒸发成为气态,从而保证了压缩机的安全。

3) 取消冷凝器后的储液干燥器,将干燥剂转移到气液分离器内。大多数冷凝器均置于散热水箱的前面,靠发动机曲轴驱动的风扇及行车时的迎面风进行冷却,其冷凝条件十分不稳定,液相的界面变化甚大,只要有足够的冷凝面积,冷凝器的最后一段管道便可代替储液干燥器的功能,并可自行调整储液量。若设计得合理,也可避免出现气堵现象,即使发生气堵,也只是暂时的,不会对制冷性能产生太大的影响。

(四)汽车空调制冷系统的主要零部件

汽车空调制冷系统主要由压缩机、电磁离合器、冷凝器、蒸发器、膨胀阀、储液干燥器、管道、冷凝风扇、真空电磁阀、怠速器和控制系统等组成。汽车空调分高压管路和低压管路。高压侧包括压缩机输出侧、高压管路、冷凝器、储液干燥器和液体管路;低压侧包括蒸发器、积累器、回气管路、压缩机输入侧和压缩机机油池。

1. 压缩机

空调压缩机是借助外力(例如发动机动力)维持制冷剂在制冷系统内的循环,吸入来自蒸发器的低温、低压的制冷剂蒸气,压缩制冷剂蒸气使其温度和压力升高,并将制冷剂蒸气送往冷凝器,在热量吸收和释放的过程中,实现热交换。

根据工作原理的不同,汽车空调压缩机可以分为定排量压缩机和变排量压缩机。

定排量压缩机的排气量是随着发动机转速的提高而成比例的提高,它不能根据制冷的需求而自动改变功率输出,而且对发动机油耗的影响比较大。

变排量压缩机可以根据设定的温度自动调节功率输出。空调控制系统不采集蒸发器出风口的温度信号,而是根据空调管路内压力的变化信号控制压缩机的压缩比来自动调节出风口温度。

根据工作方式的不同，汽车空调压缩机一般可以分为往复式和旋转式，常见的往复式压缩机有曲轴连杆式和轴向活塞式，常见的旋转式压缩机有旋转叶片式和涡旋式。

（1）斜板式压缩机

斜板式压缩机是一种轴向活塞式压缩机，结构如图 7-3 所示，斜板式压缩机的主要零件是主轴和斜板。各气缸以压缩机主轴为中心布置，活塞运动方向与压缩机的主轴平行，以便活塞在气缸体中运动。活塞制成双头活塞，如果是轴向六缸，则三个气缸在压缩机前部，另外三个气缸在压缩机后部；如果是轴向十缸，则五个气缸在压缩机前部，另外五个气缸在压缩机后部。

双头活塞的两活塞各自在相对的缸（一前一后）中滑动，活塞一头在前缸中压缩制冷剂蒸气时，活塞的另一头就在后缸中吸入制冷剂蒸气，反向时互

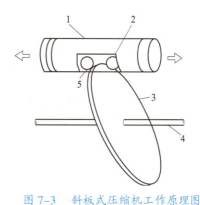

图 7-3　斜板式压缩机工作原理图

1—双头活塞；2，5—钢球；3—斜板；4—主轴

相对调。各缸均备有高低气阀，另有一根高压管，用于连接前后高压腔。斜板与压缩机主轴固定在一起，斜板的边缘装合在活塞中部的槽中，活塞槽与斜板边缘通过钢球轴承支承在一起。当主轴旋转时，斜板也随着旋转，斜板边缘推动活塞做轴向往复运动。如果斜板转动一周，前后两个活塞各完成压缩、排气、膨胀、吸气一个循环，相当于两个气缸的作用。如果是轴向六缸压缩机，缸体截面上均匀分布三个气缸和三个双头活塞，当主轴旋转一周，相当于六个气缸的作用。

斜板式压缩机比较容易实现小型化和轻量化，而且可以实现高转速工作。它的结构紧凑，效率高，性能可靠，在实现了可变排量控制之后，目前广泛应用于汽车空调。

（2）摇板式压缩机

摇板式压缩机也是一种轴向活塞式压缩机。摇板式压缩机为单向活塞式压缩机，主要部件由主轴、斜板、摇板、定位摇板的锥齿轮、活塞、缸体、前后端盖和进排气阀片等组成。压缩机的气缸均以主轴为中心布置，活塞运动方向与压缩机的主轴平行。当主轴驱动斜板旋转时，摇板带动活塞做轴向运动，气缸容积增大时，进气阀片打开，低温低压气态制冷剂被吸入气缸；当气缸容积减小时，气缸内制冷剂被压缩，打开排气阀片，同时封闭进气阀片，制冷剂以高温高压的形式被排出。图 7-4 为摇板式压缩机结构图。

摇板式空调压缩机 3D 动画视频

2. 冷凝器

汽车空调制冷系统中的冷凝器是热交换设备，其作用是使从压缩机排出的高温、高压制冷剂蒸气在冷凝器中得到液化或冷凝，并把热量散发到车外空气中，从而使其凝结为高压制冷剂液体。汽车空调系统冷凝器的结构形式主要有管片式、管带式、鳍片式等几种，如图 7-5 所示。

（1）管片式冷凝器

它是汽车空调中早期采用的一种冷凝器，制造工艺简单，由铜质或铝质圆管套上散热片组成。片与管组装后，经胀管法处理，使散热片胀紧在散热管上。这种冷凝器散热效果较差，一般用在大中型客车的制冷装置上。

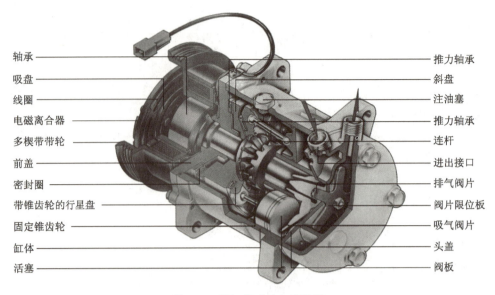

图 7-4 摇板式压缩机结构图

(2) 管带式冷凝器

它是由多孔扁管弯成蛇管形,并在其中安置散热带后焊接而成。管带式冷凝器的散热效果比管片式冷凝器好一些(一般高 15% 左右),但工艺复杂,焊接难度大,且材料要求高。一般用在小型汽车的制冷装置上。

(3) 鳍片式冷凝器

它是在扁平的多通管道表面直接铣出鳍片状散热片,然后装配成冷凝器。由于散热鳍片与管子为一个整体,因而不存在接触热阻,故散热性能好;另外,管、片之间无须复杂的焊接工艺,加工性好,节省材料,而且抗振性也特别好。所以,是目前较先进的汽车空调冷凝器。

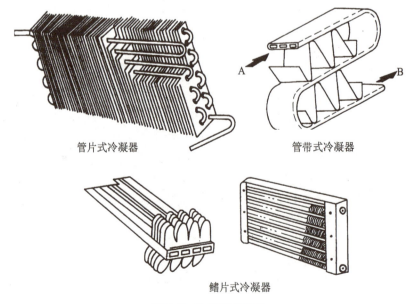

图 7-5 冷凝器的结构

3. 蒸发器

蒸发器和冷凝器一样，也是一种热交换器，也称冷却器，是制冷循环中获得冷气的直接器件。外形近似冷凝器，但比冷凝器窄、小、厚。它的作用是让低温、低压液态制冷剂在其管道中吸热并蒸发，使蒸发器和周围空气的温度降低，从而在鼓风机的风力通过它时，能输出更多的冷气。

蒸发器有管片式、管带式和层叠式三种结构。管片式结构简单、加工方便，但换热效率较差。管带式比管片式工艺复杂，效率可提高10%左右。层叠式加工难度最大，但其换热效率也最高，结构也最紧凑。

蒸发器的工作原理如图7-6所示。

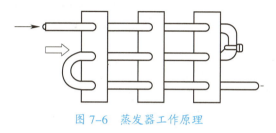

图7-6 蒸发器工作原理

进入蒸发器排管内的低温、低压液态制冷剂，通过管壁吸收穿过蒸发器传热表面空气的热量，使之降温。与此同时，空气中所含的水分由于冷却而凝结在蒸发器表面，经收集排出，使空气减湿，被降温、减湿后的空气由鼓风机吹进车室内，就可使车内获得冷气。

4. 储液干燥器

储液干燥器简称储液器。采用它的目的是防止过多的液态制冷剂储存在冷凝器里，使冷凝器的传热面积减少而使散热效率降低，还可滤除制冷剂中的杂质，吸收制冷剂中的水分，防止制冷系统管路脏堵和冰塞，保护设备部件不受侵蚀，从而保证制冷系统的正常工作。

它用于以膨胀阀为节流装置的系统中，安装在冷凝器和膨胀阀之间，当含有蒸气的液态制冷剂进入储液器后，使液态和气态的制冷剂分离。液态制冷剂通过膨胀阀进入蒸发箱（吸热箱），多余制冷剂可暂时储存在储液罐中。在制冷负荷变动时，及时补充和调整供给热力膨胀阀的液态制冷剂量，以保证制冷剂流动的连续和稳定性。同时，由于水分与制冷剂结合会生成酸或结冰，因此储液器中的干燥剂可用来吸收制冷剂中的水分，防止机件腐蚀或冰块堵塞膨胀阀。滤网用于过滤制冷剂中的杂质，防止膨胀阀堵塞。

储液干燥器的结构如图7-7所示。它主要由外壳、玻璃视液镜、安全熔塞和管接头等组成。制冷剂在储液器中的流动情况如图中箭头所示。在储液器上部出口端装有一个玻璃视液镜，用于观察制冷剂在工作时的流动状态，由此可判断制冷剂量是否合适。对直立式储液器而言，安装时，一定要垂

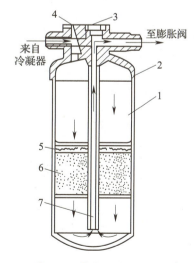

图7-7 储液干燥器结构示意图

1—干燥器体；2—干燥器盖；3—玻璃视液镜；
4—易熔螺塞；5—过滤器；6—干燥剂；7—引出管

直，倾斜度不得超过 15°。在安装新的储液干燥器之前，不得过早将其进出管口的包装打开，以免湿空气侵入储液器和系统内部，使之失去除湿的作用。安装前一定要先搞清楚储液器的进、出口端，在储液器的进、出口端一般都打有记号，如进口端用英文字母 IN、出口端用 OUT 表示，或直接打上箭头以表示进、出口端。

储液干燥器出口端旁边装有一只安全熔塞，也称易熔螺塞，它是制冷系统的一种安全保护装置。其中心有一轴向通孔，孔内装填有焊锡之类的易熔材料，这些易熔材料的熔点一般为 85～95 ℃。当冷凝器因通风不良或冷气负荷过大而冷却不够时，冷凝器和储液器内的制冷剂温度和压力将会异常升高。当压力达到 3 MPa 左右时，温度超过易熔材料的熔点，此时，安全熔塞中心孔内的易熔材料便会熔化，使制冷剂通过安全熔塞的中心孔逸出散发到大气中去，从而可避免系统的其他部件因压力过高而被胀坏。

储液干燥器的组成与作用

5. 膨胀阀

膨胀阀也称节流阀，它是一种感压和感温阀，是汽车空调制冷系统中的一个主要部件。目前膨胀阀主要有内平衡热力膨胀阀、外平衡热力膨胀阀、H 形膨胀阀、膨胀节流管（孔管）四种结构形式。

（1）内平衡热力膨胀阀

内平衡热力膨胀阀结构如图 7-8 所示，它对来自储液干燥器的高压液态制冷剂节流降压，即将液态高压制冷剂从其孔口 6 中喷出，急剧膨胀，变成低压雾状体，以便吸热汽化。此外，它还调节和控制进入蒸发器中的液态制冷剂量，使之适应制冷负荷的变化，同时防止

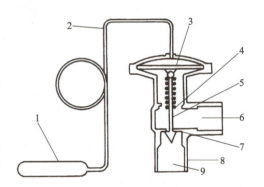

图 7-8　内平衡热力膨胀阀结构

1—感温包；2—毛细管；3—薄膜；4—弹簧；5—阀杆；
6—孔口；7—阀座；8—壳体；9—出口

压缩机发生液击现象和蒸发器出口蒸气异常过热。它利用装在蒸发器出口处的感温包来感知制冷剂蒸气的过热度，由此来调节膨胀阀开度的大小，从而控制进入蒸发器的液态制冷剂流量。感温包和蒸发器出口管接触，蒸发器出口温度降低时，感温包 1、毛细管 2 和薄膜3 腔内的液体体积收缩，压力降低，阀口将闭合，限制制冷剂进入蒸发器。相反孔口开启，制冷剂流入蒸发器。

随着针阀开启，较多的制冷剂进入蒸发器，蒸发器内压力上升，回气温度降低，膜片下侧压力增加，阀门关闭。由于膜片上、下侧压力处于不平衡状态，因此孔口不断地开启和闭合，使制冷装置与负载相匹配。

感温包和蒸发器必须紧密接触，不能和大气相通。如果接触不良，感温包就不能正确地感应蒸发器出口的温度。如果密封不严，感应的温度是大气温度。所以，要用一种特殊的空调胶带，捆扎和密封感温包。

（2）外平衡热力膨胀阀

外平衡热力膨胀阀和内平衡热力膨胀阀的结构是大同小异的，内平衡式膜片下方的压力是蒸发器进口压力，而外平衡式膜片下方的压力是蒸发器出口压力。由于蒸发器内部会产生压力损失，蒸发器出口压力要小于进口压力。要达到同样的阀开度，外平衡式需要的过热

度小些，蒸发器容积效率可以提高。大客车空调系统要选用外平衡热力膨胀阀。

（3）H形膨胀阀

H形膨胀阀因其内部通道形同H形而得名，其结构如图7-9所示。它取消了外平衡膨胀阀的外平衡管和感温包，直接与蒸发器进出口相连。它有四个接口通往空调系统，其中两个接口和普通膨胀阀一样，一个接储液干燥器出口，一个接蒸发器入口。另外两个接口，一个接蒸发器出口，一个接压缩机进口。感温元件处在进入压缩机的制冷剂气流中。H形膨胀阀具有结构紧凑、使用可靠、维修简单等优点，符合汽车空调的要求。

这种膨胀阀安装在蒸发器的进出管之间，感应温度不受环境影响，也无须通过毛细管而造成时间滞后，调节灵敏度较高。由于无感温包、毛细管和外平衡管，不会因汽车颠簸使充注系统断裂外漏以及感温包包扎松动而影响膨胀阀的正常工作。

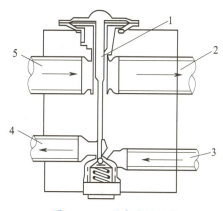

图7-9　H形膨胀阀结构

1—感温器；2—至压缩机；3—从储液干燥器来；
4—至蒸发器；5—从蒸发器来

（4）膨胀节流管（孔管）

膨胀节流管是用于许多轿车制冷系统的一种固定孔口的节流装置。有人称它为孔管、固定孔管。膨胀节流管直接安装在冷凝器出口和蒸发器进口之间，用于将液态制冷剂节流降压。由于不能调节流量，液态制冷剂很可能流出蒸发器而进入压缩机，造成压缩机液击。所以装有膨胀节流管的系统，必须同时在蒸发器出口和压缩机进口之间安装一个集液器，实行气液分离，避免压缩机发生液击。

膨胀节流管系统目前使用的温度控制方法有：循环离合器膨胀节流管系统（CCOT）、可变容积膨胀节流管系统（VDOT）、固定膨胀节流管离合器系统等。

膨胀节流管的结构如图7-10所示。它是一根细铜管，装在一根塑料套管内。在塑料套管外环形槽内，装有密封圈。有的还有两个外环形槽，每槽各装一个密封圈。把塑料套管连同膨胀节流管都插入蒸发器进口管中，密封圈是为密封塑料套管外径和蒸发器进口管内径间的配合间隙用的。膨胀节流管两端都装有滤网，以防止系统堵塞。安装使用后，系统内的污染物集聚在密封圈后面，使堵塞情况更加恶化。就是由于这种系统内的污染物，堵塞了孔管及其滤网，使膨胀节流管不能维修，坏了只能更换。

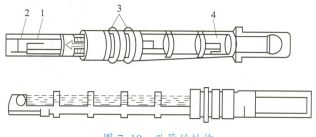

图7-10　孔管的结构

1—孔口；2—出口滤网；3—密封圈；4—进口滤网

由于膨胀节流管没有运动部件，结构简单、可靠性高，同时节省能耗，很多高级轿车都采用这种方式。缺点是制冷剂流量不能根据工况变化进行调节。

6. 集液器

集液器是膨胀节流管空调系统的重要部件。用膨胀节流管代替膨胀阀时，汽车空调制冷系统要在低压侧安装集液器。集液器是一种特殊形式的储液干燥器，其结构如图7-11所示。

在一定条件下，膨胀节流管会将较多的液态制冷剂节流入蒸发器用以蒸发，而留在蒸发器中的多余制冷剂则会进入压缩机造成损害。为防止这一问题，应使所有留在蒸发器中的液态、蒸气制冷剂和冷冻油进入集液器，集液器允许制冷剂蒸气进入压缩机，而留下液态制冷剂和冷冻油。在集液器出口处有一毛细孔，通常称其为过油孔，目的是仅允许少量液态制冷剂和冷冻油在给定时间随制冷剂蒸气返回压缩机，它也允许少量制冷剂进入。

集液器还装有化学干燥剂，可吸附、吸收并滞留因不当操作而进入系统的湿气。干燥剂不能维修，若有迹象表明需更换干燥剂时，集液器必须整体更换。

孔管制冷系统的最大特点是节能和可靠，所以被广泛使用在经济性能要求高的经济性轿车和中级轿车上，福特、丰田、大众等大汽车公司均普遍采用，如丰田吉普车4W型、大众汽车公司奥迪轿车。近年来由于重视汽车节能，许多高级汽车也采用孔管制冷系统。

7. 风机

汽车空调制冷系统采用的风机按气体流向与风机主轴的相互关系，可分为离心式风机和轴流式风机两种。

（1）离心式风机

离心式风机的空气流向与风机主轴成直角，它的特点是风压高、风量小、噪声也小。蒸发器采用这种风机，因为风压高可将冷空气吹到车室内每个乘员身上，使乘员有冷风感；噪声小使乘员不至于感到不适而过早疲劳。

离心式风机主要由电动机、风机轴（与电动机同轴）、风机叶片、风机壳体等组成，如图7-12所示。风机叶片有直叶片、前弯片、后弯片等形状，随叶轮叶片形状不同，所产生的的风量和风压也不同。

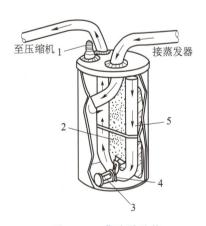

图7-11 集液器结构

1—测试孔口；2—干燥剂；3—滤网；
4—过油孔；5—出气管

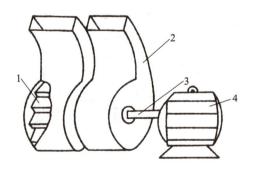

图7-12 离心式风机结构图

1—风机叶片；2—壳体；
3—风机轴；4—电动机

（2）轴流式风机

轴流式风机的空气流向与风机主轴平行，它的特点是风量大、风压小、耗电省、噪声大。冷凝器采用这种风机，因为风量大可将冷凝器四周的热空气全部吹走；风压小不影响冷凝器正常工作。另外，冷凝器安装在车室外面，风机噪声大也不影响到车内。轴流式风机主要由电动机、风机轴、风机叶片、键等组成，如图7-13所示。叶片固定在骨架上，叶片常做成3、4、5片不等，叶片骨架穿在电动机轴上，由键带动旋转。

汽车空调鼓风机的控制原理

8. 电磁离合器

在非独立式汽车空调制冷系统中，压缩机是由汽车主发动机驱动的。为了使空调系统的开、停不影响发动机的工作，压缩机的主轴不是与发动机曲轴直接相连，而是通过电磁离合器把动力传递给压缩机的。电磁离合器是发动机和压缩机之间的一个动力传递机构，受空调A/C开关、温控器、空调放大器、压力开关等控制，在需要时接通或切断发动机与压缩机之间的动力传递。另外，当压缩机过载时，它还能起到一定的保护作用。因此通过控制电磁离合器的结合与分离，就可接通与断开压缩机。

在汽车空调系统中，电磁离合器一般安装在压缩机前端面，成为压缩机总成的一部分。电磁离合器由带轮（又称皮带轮）、电磁线圈和压力板等主要部件组成。离合器有两种形式：一种为旋转线圈式，电磁线圈与带轮一起转动；另一种是固定线圈式，电磁线圈不转动，只有带轮转动。后者应用较广泛。

图7-14为一种固定线圈式电磁离合器的工作原理图。电磁线圈固定在压缩机的外壳上。压力板与压缩机的主轴相连接。带轮通过轴承套在轴上，可以自由转动。

图7-13 轴流式风机结构

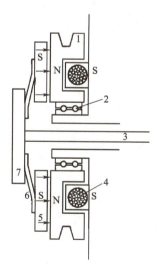

图7-14 电磁离合器工作原理图

1—皮带轮；2—轴承；3—压缩机油；4—线圈；
5—压力板；6—弹簧片；7—驱动盘

当空调开关接通时，电流通过电磁离合器的电磁线圈，电磁线圈产生电磁吸力，使压缩机的压力板与带轮结合，将发动机的转矩传递给压缩机主轴，使压缩机主轴旋转。

当断开空调开关时，电磁线圈的吸力消失。在弹簧作用下，压力板和带轮脱离，压缩机便停止工作。

三、任务实施

（一）任务实施环境

器材及工具准备：

1）桑塔纳汽车 1 辆；

2）桑塔纳维修手册 2 份，网络资源；

3）世达拆装专用工具一套。

（二）任务实施流程

（1）故障现象

起动发动机并稳定在 1 500 r/min 左右运行 2 min，打开空调开关及鼓风机开关，冷气口无冷风吹出。

（2）故障原因

① 熔断器熔断，电路短路。

② 鼓风机开关、鼓风机或其他电器元件损坏。

③ 压缩机驱动皮带过松、断裂，密封性差或其电磁离合器损坏。

④ 制冷剂过少或无制冷剂。

⑤ 储液干燥器（或积累器）、膨胀阀滤网（或膨胀管）、管路或软管堵塞。

⑥ 膨胀阀感温包损坏。

（3）故障诊断流程

空调系统不制冷分风机不工作出风口无风、风机工作正常两方面，而风机工作正常，又可能有压缩机工作、压缩机不工作两种现象。

系统不制冷的故障诊断流程如图 7-15 所示。

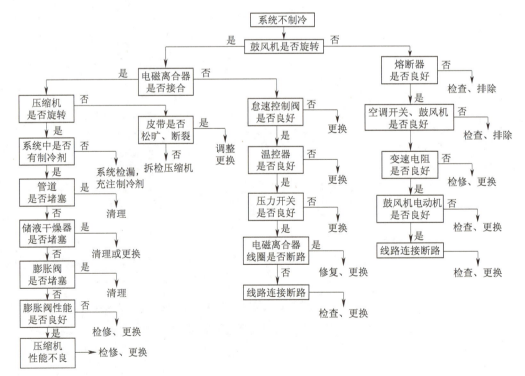

图 7-15　空调系统不制冷故障诊断流程图

（三）任务实施步骤

1）检查鼓风机是否旋转。

用手在相应出风口处试探是否有风吹出。

检查结果：出风口有风吹出，说明鼓风机工作正常。

2）检查电磁离合器是否接合。

观察电磁离合器旋转情况。

检查结果：电磁离合器旋转正常，说明电磁离合器接合良好。

3）检查空调压缩机是否正常工作。

观察空调压缩机是否旋转。

检查结果：压缩机旋转，说明压缩机工作正常。

4）检查制冷系统里是否有制冷剂。

观察储液干燥器视液窗内气泡情况是否正常。

检查结果：视液窗几乎透明，发动机转速变化时可能会出现气泡，说明制冷剂适量。

5）检查空调制冷系统是否有堵塞。

用手感觉压缩机的进气管和排气管之间应该有明显的温度差，前者发凉、后者发烫。用手感觉冷凝器进入管和排出管的温度，正常情况下，前者热一些，冷凝器上部温度比下部温度要高。用手摸储液干燥器，前后温度应一致。冷凝器输出管到膨胀阀输入管之间是制冷剂高压、高温区，温度应该均匀一致。

检查结果：系统各部分温度正常，说明系统无堵塞现象，判断出空调压缩机性能不良。

6）对空调压缩机进行拆装检查。

按顺序拆卸前板、轮毂、带轮、电磁离合器、前盖、斜盘、活塞组、后缸盖等机构和配气机构，认识其名称、作用、工作原理和连接关系，然后按技术要求装复。

四、拓展知识

（一）其他几种类型空调压缩机

1. 曲轴连杆式压缩机

这种空调压缩机的工作过程可以分为4个，即压缩、排气、膨胀、吸气。曲轴旋转时，通过连杆带动活塞往复运动，由气缸内壁、气缸盖和活塞顶面构成的工作容积便会发生周期性变化，从而在制冷系统中起到压缩和输送制冷剂的作用。

曲轴连杆式压缩机是第1代空调压缩机，它应用比较广泛，制造技术成熟，结构简单（见图7-16），而且对加工材料和加工工艺要求较低，造价比较低。适应性强，能适应广阔的压力范围和制冷量要求，可维修性强。

但是曲轴连杆式压缩机也有一些明显的缺点，例如无法实现较高转速，机器大而重，不容

图7-16 曲轴连杆式压缩机

易实现轻量化；排气不连续，气流容易出现波动，而且工作时有较大的振动。

由于曲轴连杆式压缩机的上述特点，已经很少有小排量压缩机采用这种结构形式，曲轴连杆式压缩机目前大多应用在客车和卡车的大排量空调系统中。

2. 旋转叶片式压缩机

旋转叶片式压缩机（见图7-17）的气缸形状有圆形和椭圆形两种。在圆形气缸中，转子的主轴与气缸的圆心有一个偏心距，使转子紧贴在气缸内表面的吸、排气孔之间。在椭圆形气缸中，转子的主轴和椭圆中心重合。

旋转叶片式压缩机转子上的叶片将气缸分成几个空间，当主轴带动转子旋转一周时，这些空间的容积不断发生变化，制冷剂蒸气在这些空间内也发生体积和温度上的变化。旋转叶片式压缩机没有吸气阀，因为叶片能完成吸入和压缩制冷剂的任务。如果有两个叶片，则主轴旋转一周有两次排气过程。叶片越多，空调压缩机压气越多。

由于旋转叶片式压缩机的体积和质量可以做到很小，易于在狭小的发动机舱内进行布置，加之噪声和振动小以及容积效率高等优点，在汽车空调系统中也得到了一定的应用。但是旋转叶片式压缩机对加工精度要求很高，制造成本较高。

3. 涡旋式压缩机

涡旋式压缩机（见图7-18）采用了一个独特的设计，使用两个涡盘，一个定子，一个转子，两者内部有轮叶，能够进行沿轨道或无完整旋转的振摆运动。转子通过一个同心轴承与输入轴相连。当转子在定子中进行振摆时，在两者之间形成数个小穴。当这些小穴体积收缩时，制冷剂就被压缩以至压力升高，然后通过排气孔弹簧阀门从压缩机后端排出。

图7-17 旋转叶片式压缩机

图7-18 涡旋式压缩机

涡旋式压缩机具有很多优点。例如压缩机体积小、质量轻，驱动涡轮运动的偏心轴可以高速旋转。因为没有了吸气阀和排气阀，涡旋压缩机运转可靠，而且容易实现变转速运动和变排量技术。多个压缩腔同时工作，相邻压缩腔之间的气体压差小，气体泄漏量少，容积效率高。涡旋式压缩机以其结构紧凑、高效节能、微振低噪以及工作可靠性等优点，在小型制冷领域获得越来越广泛的应用，也因此成为压缩机技术发展的主要方向之一。

涡旋式空调压缩机3D动画解析

(二)汽车空调压缩机的性能要求

汽车运行的动态特征与多变的外界环境对汽车空调压缩机的性能和结构提出了一些特殊要求,表现在:

1)要有良好的低速性能,要求压缩机在汽车发动机低速和空载时有较大的制冷能力和较高的效率。

2)汽车高速行驶时输入功率低,这样不仅节省油耗,而且能降低发动机用于空调方面的功率消耗,提高汽车自身的动力性能。

3)压缩机要小型轻量化,这样可以节省汽车空间,安装位置方便,且节省材料和燃料的消耗。

4)要能经受恶劣运行条件的考验,有高度的可靠性和耐久性。在怠速时,汽车发动机舱内温度有时高达 80 ℃,冷凝压力高,因此要求压缩机能承受高温及高压和有限的过载。汽车行驶在道路上总有颠簸振动,这也要求压缩机有良好的抗振性能,并把制冷剂的泄漏减小到最低程度。

5)对汽车不要产生不利的影响。要求压缩机运转平稳,振动小,噪声低,起停对发动机转速的影响小,起动力矩小。

❄ 任务二 空调制冷不足故障的检修

一、情境描述

有一客户的桑塔纳轿车,空调系统长时间运行,车厢内温度能够下降,但吹风口吹出的风不冷,没有清凉舒适的感觉,要求给予检修,排除故障。

要完成这个工作任务,首先我们需要掌握汽车空调制冷剂及空调系统检查的相关知识。

二、知识充电站

(一)制冷剂和冷冻机油

1. 制冷剂

汽车空调是由制冷剂循环流动实现制冷的。液体制冷剂在蒸发器中低温下吸取被冷却对象的热量而汽化,使被冷却对象降温,然后又在高温下把热量传给周围介质而冷凝成液体,如此不断循环,借助于制冷剂的状态变化,达到制冷目的。在制冷设备中,如果没有制冷剂,就无法实现制冷,汽车空调使用应根据压缩机的类型、蒸发温度和蒸发压力、冷凝温度和冷凝压力、制冷装置的使用条件等原则来选用。

根据以上原则,汽车空调选择 R12 和 R134a 为制冷剂。

(1)制冷剂 R12

汽车空调中,过去最常用的制冷剂是 R12。R12 最大的特点是:一个大气压下沸点温度低(-29.8 ℃),凝固温度低(-155 ℃),能够在低温下正常工作;临界温度较高(112 ℃),能够在常温下冷凝液化,节流引起的损失较小,能得到较大的制冷系数;在高于 -30 ℃时,其饱和蒸气压力大于大气压,这样可以防止空气进入制冷系统。

R12 的基本特性如下：

1）R12 无色，气味很弱，只有一点芳香味。R12 毒性小，不燃烧、不爆炸。

2）R12 在温度达到 400 ℃ 以上时，与明火接触会分解出光气。

3）水在 R12 中的溶解度很小，且溶解度随温度的降低而减小，所以 R12 系统内应严格控制含水量，一般 R12 中的含水量不得超过 0.002 5%。制冷系统在充注 R12 之前，必须经过严格的干燥处理，且需在系统中设置干燥器。

4）在常温下，R12 能与润滑油以任意比例相互溶解。因此润滑油可随 R12 进入制冷系统的各个部分。

5）R12 对一般金属不起腐蚀作用，但能腐蚀镁及含镁量超过 2% 的铝镁合金。

6）R12 对天然橡胶和塑料有膨润作用。R12 制冷系统中使用的密封材料应为耐腐蚀的丁腈橡胶或氯醇橡胶。

7）R12 很容易通过接合面的不严密处，所以对制冷系统的密封性要求高。

8）R12 由于其分子中含有氯原子，当其排放到大气并到大气同温层后，在太阳光的强烈照射下会分离出氯离子，从而导致大气臭氧层的破坏。因此它是《蒙特利尔议定书》中的第一批禁用制冷剂。

（2）制冷剂 R134a

制冷剂 R134a 是汽车空调 R12 的首选替代制冷剂。这主要是由于 R134a 不含氯原子，对大气臭氧层无破坏作用，温室效应影响小，其热力性质稳定，与 R12 相近。

R134a 的基本特性如下：

1）R134a 无色、无臭、不燃烧、不爆炸，基本无毒性，化学性质稳定。

2）不破坏大气臭氧层，在大气层停留寿命短，温室效应影响也很小。

3）黏度较低，流动阻力较小。

4）分子直径比 R12 略小，易通过橡胶向外泄漏，也较易被分子筛吸收。

5）与矿物油不相溶，与氟橡胶不相溶。

6）吸水性和水溶解性比 R12 高。

7）汽化潜热高、比定压热容大，具有较好的制冷能力，但质量流量小，所以 R134a 的制冷系数与 R12 相当或较之略小。

2. 冷冻机油

空调制冷系统使用的润滑油一般称为冷冻机油或者冷冻润滑油，它是一种在高、低温工况下均能正常工作的特殊润滑油。

（1）冷冻机油的作用

1）润滑作用。压缩机是高速运动的机器，轴承、活塞、活塞环、曲轴连杆等零件表面需要润滑，减少阻力和磨损，延长使用寿命，降低功耗，提高制冷系数。

2）密封作用。汽车使用的压缩机，都是半封闭式的，压缩机输入轴需油封来密封，防止制冷剂泄漏，有润滑油时，油封才起密封作用。同时，活塞环上的润滑油，不仅起到减少摩擦作用，而且起着密封压缩蒸气的作用。

3）冷却作用。运动的摩擦表面，会产生高温，需要用冷冻油来冷却。冷冻油冷却不足时，会引起压缩机温度过热，排气压力过高，降低制冷系数，甚至烧坏压缩机。

4）降低压缩机噪声。冷冻油可以降低运动表面的摩擦，减少运动表面的振动，所以可以降低压缩机的噪声。

（2）对冷冻机油的要求

冷冻机油在空调制冷系统中要能完全溶解于制冷剂中，并随制冷剂一起在制冷系统中循环。因此，冷冻机油的油温有时会超过 120 ℃，而制冷剂的蒸发温度范围为 –30 ～ +10 ℃，所以它是在高温与低温交替的条件下工作的。为保证其正常工作，对冷冻机油提出了一些性能要求：

1）冷冻机油的凝固点要低，在低温下具有良好的流动性。若低温流动性差，则冷冻机油会沉积在蒸发器内影响制冷能力，或凝结在压缩机底部，失去润滑作用而损坏运动部件。

2）冷冻机油应具有一定的黏度，且受温度的影响要小。

3）冷冻机油与制冷剂的溶解性能要好。当制冷剂流动时，润滑油也随之流动，这就要求制冷剂与冷冻机油能够互溶，若两者不能互溶，冷冻机油就会聚集在冷凝器和蒸发器的底部，阻碍制冷剂流动，降低换热能力。如果冷冻机油不能随制冷剂返回压缩机，压缩机将会因缺油而加剧磨损。

4）冷冻机油的闪点温度要高，具有较高的热稳定性，即在高温下不氧化、不分解、不结胶、不积炭。

5）冷冻机油的化学性质要稳定，与制冷剂和其他材料不起化学反应。

（二）汽车空调系统常用检修工具及设备

1. 通用工具

通用工具即是普通的汽车维修工具，一般都较熟悉，但汽车空调维修也必不可少，常用的通用工具有：各种扳手，如活动扳手、开口扳手、梅花扳手、管子扳手、呆扳手等；各种螺丝刀，如一字螺丝刀、十字螺丝刀等；各种钳子，如钢丝钳、鲤鱼钳、尖嘴钳、电工钳等；榔头、电筒，以及各种钻头等工具。

2. 常用设备

温度计、压力表和真空压力表、万用表、电烙铁、手电钻，以及乙炔 – 氧气焊割设备。

3. 专用工具与设备

（1）歧管压力表组

歧管压力表组是汽车空调系统维修中必不可少的设备，它与制冷系统相接，在进行制冷剂排空、抽真空、加注制冷剂、添加冷冻机油及诊断制冷系统故障等方面起着重要作用。压力表组结构如图 7-19 所示。

1）组成。歧管压力表组是由高压表、低压表、高压手动阀（HI）、低压手动阀（LO）、阀体及三个软管接头组成。歧管压力表组配有不同颜色的三根连接软管，一般规定蓝色软管用于低压侧（接低压工作阀），红色软管用于高压侧（接高压工作阀），黄色（也有绿色）软管用在中间，接真空泵或制冷剂罐。

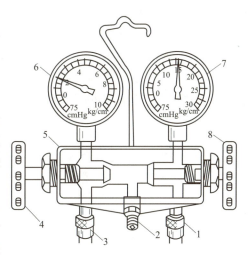

图 7-19　压力表组结构

1—高压工作阀接口；2—加注、抽真空接口；
3—低压工作阀接口；4—低压手动阀；
5—阀体；6—低压表；7—高压表；
8—高压手动阀

2）工作过程。

① 高压手动阀（HI）和低压手动阀（LO）同时关闭，可对高、低压侧压力进行检测。

② 高压手动阀和低压手动阀同时打开，则可连通全部管道。此时接上真空泵则可对系统抽真空。

③ 高压手动阀关闭，而低压手动阀打开，则可由低压侧充注气态制冷剂。

④ 高压手动阀打开，而低压手动阀关闭，则可由高压侧充注液态制冷剂，也可排出制冷剂，使系统放空。

（2）制冷剂注入阀

目前，为便于充注，市场上出现有罐装制冷剂，但它必须有一只注入阀配套才能开罐使用。注入阀的结构如图7-20所示，它主要由手柄、接头、板状螺母和阀针组成。使用方法如下：

① 首先将注入阀手柄逆时针旋转，使阀针完全缩回，然后将板状螺母也旋至最高位置。

② 把注入阀装在制冷剂罐的顶部，然后顺时针转动板状螺母，使其与制冷剂罐顶上的螺纹连接，于是，注入阀便固定在制冷剂罐的顶部。

③ 将歧管压力表中间的软管与注入阀的接头连接，拧紧。

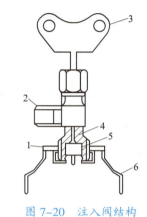

图 7-20　注入阀结构

1—板状螺母；2—软管接头；3—手柄；
4—阀针；5—衬垫；6—制冷剂罐

④ 顺时针方向旋转手柄，阀针将把制冷剂罐顶刺破。

⑤ 加注制冷剂时将手柄逆时针旋转，使阀针提起，与此同时打开歧管压力表相应的手动阀，开始向系统加注。

⑥ 如要停止加注，可再顺时针转动手柄，使阀针下落，将被刺穿的小孔封闭，同时关闭歧管压力表的手动阀。

汽车空调制冷装置的维修

（3）检修阀门

对空调系统进行检测和维修时要用到检修阀门，通过检修阀门可对系统进行抽真空、加注或排出制冷剂、检测系统压力等操作。检修阀门有检修阀和气门阀两类。

① 检修阀。其结构如图7-21所示。

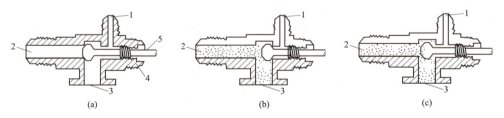

图 7-21　检修阀结构

（a）前座位置　（b）后座位置　（c）中间位置

1—维修接口；2—软管接口；3—压缩机接口；4—阀体；5—阀杆

② 气门阀。气门阀又称阀心型检修阀，也称施拉德尔阀。它的结构如图7-22所示。汽车空调制冷系统所使用的制冷剂仍然有R134a与R12之分，为防止加注时出现混淆，

气门阀有两种形式，一种是螺纹接头，用于R12制冷剂系统，另一种是快速接头形式，专用于R134a制冷剂系统。

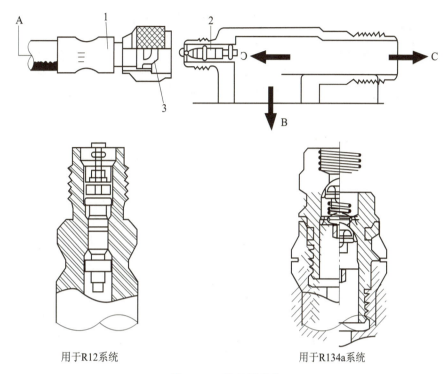

图7-22　气门阀结构

1—软管；2—顶阀杆；3—气门阀

（4）电子检漏仪

电子检漏仪的优点是使用方便、不需点火、不产生毒性物质、预热时间短、灵敏度高、质量轻、体积小、检测范围广等，它可以探测到微量泄漏，但价格较贵。

图7-23是一种常用的5650型制冷剂自动检漏仪。

4. 其他维修工具及设备

（1）真空泵

空调系统初次加注制冷剂前，或拆卸更换系统零部件后，必须对系统进行抽真空操作，然后才能充注制冷剂。抽真空的目的是把系统中的空气和水分排出。因此真空泵是空调系统抽真空的必备设备。

（2）制冷剂加注、回收多功能机

在汽车空调系统的维修中常常要对系统抽真空或加注、回收制冷剂。为了提高维修质量，规范、简化操作程序，特别是防止制冷剂的排空，既防止对环境造成污染，又减少经济损失，在规范的维修站中都配有制冷剂加注、回收多功能机。如美国SPX公司ROBINAIR（罗宾耐尔）制冷剂加注、回收多功能机：17701A型（R12专用）、34701

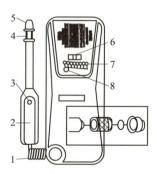

图7-23　5650型制冷剂自动
检漏仪结构

1—导线；2—手柄；3—复位键；
4—传感器；5—保护套；
6—选择开关；7—泄漏强度指示；
8—电源指示

型（R134a 专用）、12135A 型（R12、R134a 共用），以及北京瑞雪飞制冷技术研究所生产的 RX-BH 型多功能机。

（3）制冷剂管维修工具

维修制冷剂管的工具有截（割）管器、胀管器、弯管器等。

（三）汽车空调系统故障诊断方法

1. 基本判断

基本方法是指根据看、听、摸等方式直观感觉到故障的部位。

（1）看

① 首先查看仪表板上的压力、水温、油压及各性能指示灯是否显示正常。

② 观察冷凝器、蒸发器及管路连接处是否有油污，如有则说明有制冷剂和冷冻润滑油泄漏。

③ 系统部件和管路接头处是否有结霜、结冰现象。

④ 从储液干燥器视液窗观察制冷剂量。图 7-24 显示了常见的几种储液干燥器视液窗中的气泡情况。

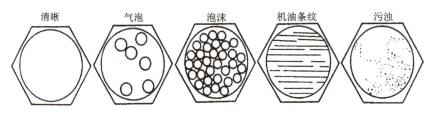

图 7-24　储液干燥器视液窗中的气泡情况

（2）听

用耳听压缩机、送风机、排风机是否有异常声音。作为维修人员，还应当仔细了解、听取驾驶人员对故障现象的描述。

（3）摸

开启制冷系统 15～20 min 后，用手触摸系统部件，感受其温度。

① 压缩机进、排气管应有明显温差。

② 冷凝器进、出口管应有温差，出口管温度应低于进口处温度。

③ 储液干燥器进、出口温度的比较：进口温度与出口温度相等时，表示冷气系统正常；进口温度低于出口温度时，表示制冷剂不足；进口温度高于出口温度时，表示制冷剂过多。

④ 膨胀阀进、出口温差明显。

注意：在用手触摸高压区部位时要防止烫伤。如果压缩机高、低压侧之间没有明显温差，则说明制冷剂泄漏严重。

2. 采用压力表组检测

制冷系统工作时，内部压力变化与温度是密切相关的，这正是进行仪表诊断的依据。我们可根据压力的变化情况，进一步诊断出系统可能出现故障的原因及部位。对于制冷系统而言，歧管压力表组是最常用的工具。

（1）诊断方法

首先将压力表组的高、低压手动阀关闭，然后将压力表组的高、低压软管分别连接到系统的高、低压检修阀上，并利用系统内制冷剂压力排除管内空气。起动空调系统，待压力表指示稳定后即可读取压力值。

（2）诊断标准

R134a 空调系统压力正常范围：

表读数：低压侧　0.15～0.25 MPa；

　　　　高压侧　1.37～1.57 MPa。

R12 空调系统正常工作压力范围：

表读数：低压侧　0.15～0.20 MPa；

　　　　高压侧　1.45～1.50 MPa。

根据车型不同，测试工况不同，压力范围略有差异。

制冷系统的故障，经常用系统内各部位的压力进行分析，制冷效果、制冷剂泄漏也是分析事故的重要依据。电气系统方面的故障常表现为：电器元件损坏，熔丝烧断、触头接触不良、过载烧坏、电动机不工作等，这些故障使制冷循环停止工作，并且常伴有异味、过热等现象；机械元件出现异常一般为压缩机、风机、皮带轮、离合器、膨胀阀、轴封、热交换器、轴承、阀片等出现故障。

三、任务实施

（一）任务实施环境

器材及工具准备：

桑塔纳普通空调试验台、万用表、真空泵、空调高低压组合仪表、空调检漏仪、制冷剂 R134a 等若干。

（二）任务实施流程

（1）故障现象

一客户的桑塔纳轿车空调系统长时间运行，车厢内温度能够下降，但吹风口吹出的风不冷，没有清凉舒适的感觉。

（2）故障原因

当外界温度为 34 ℃左右，出风口温度为 0～5 ℃，此时车厢内温度应达到 20～25 ℃。若达不到此温度，说明空调系统有问题。凡是引起膨胀阀出口制冷剂流量下降的一切因素，均可以导致系统制冷不足。此外，系统高低压侧压力、温度超过或低于标准值也会引起制冷不足。所以，引起制冷不足的主要是制冷剂、冷冻机油和机械方面的原因。

① 制冷剂注入量太多，引起高压侧散热能力下降，导致制冷效能不良。

② 制冷剂和冷冻机油脏污，使储液干燥器膨胀阀发生堵塞，导致通向膨胀阀的制冷剂流量下降，引起制冷不足。

③ 制冷剂和冷冻机油中水分过多，导致膨胀阀节流孔出现冰堵，制冷能力下降。

④ 系统中含空气过多，使冷凝器散热能力下降。

⑤ 由于压缩机密封不良漏气、驱动皮带松弛打滑、电磁离合器打滑等导致压缩机排气温度和压力降低，出现制冷不足。

⑥ 冷凝器表面积污太多、冷凝器变形等，导致冷凝器散热能力降低。

⑦ 膨胀阀开度调整过大，蒸发器表面结霜，膨胀阀感温包包扎不紧或外面的隔热胶带

松脱，造成开启度过大，导致系统制冷不足。另外，膨胀阀开度过小，使流入蒸发器制冷剂量减少，也会引起制冷不足。

⑧ 送风管堵塞或损坏。
⑨ 温控器性能不良，使蒸发器表面结霜，冷风通过量减少，引起制冷不足。
⑩ 鼓风机开关、变速电阻、鼓风机电动机、继电器、线路等工作不良，导致冷风量减少。

（3）故障诊断流程

系统制冷不足的故障诊断流程如图7-25所示。

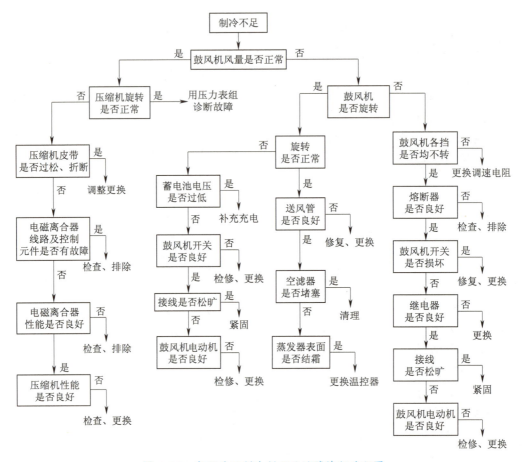

图7-25 空调系统制冷剂不足故障诊断流程图

（三）任务实施步骤

1. 检查系统压力是否正常

汽车空调的检修作业通常需要歧管压力计（又称压力表组）。歧管压力计的结构如图7-26所示，低压表既能显示低压力，又能显示真空度。高压表的测量值从0开始，直到最大压力。低压表和高压表都装在歧管压力计阀体上，阀体两端各有一个手动阀，下部分别连接有高、低压侧软管接头和中间软管接头。

用压力表检查汽车空调制冷系统压力，一般分压缩机停止和运转两种状态。

在压缩机停止运转10 h以上后，压缩机的高、低压侧应为同一数值，如果高、低压表所显示的数值不相等，说明系统内部有堵塞，应对膨胀阀、储液筒及管路部分进行检查。

检查结果：压力表组的高、低压数值均比标准值低，说明系统内制冷剂不足，需要补充制冷剂。

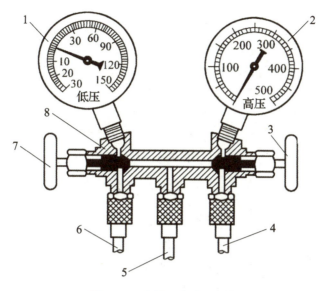

图 7-26 歧管压力计的结构

1—低压表（蓝色）；2—高压表（红色）；3—高压手动阀；4—高压侧软管（红色）；
5—维修用软管（绿色）；6—低压侧软管（蓝色）；7—低压手动阀；8—歧管座

2. 检查系统有无泄漏点

检漏方法：加压试漏法；电子检漏仪法；肥皂水法；荧光检漏法。

1）正确连接歧管压力表到制冷系统，中间软管连接到氮气罐上，关闭低压手动阀，开启高压手动阀。

2）充入氮气，使压力达到 1.5 MPa。

3）关闭高压手动阀，关闭氮气罐，观察压力表读数是否下降，用肥皂水检漏。

修好漏洞，如果不漏，进行下一步。

3. 回收制冷剂

1）关闭歧管压力计上的手动高、低压阀，并将其高、低压软管分别接在压缩机高、低压检修阀上，将中间软管的自由端放在工作擦布上。

2）慢慢打开手动高压阀，让制冷剂从中间软管布上排出，阀门不能开得太大，否则压缩机内的冷冻润滑油会随制冷剂流出。

3）当压力表读数降到 0.35 MPa 以下时，再慢慢打开手动低压阀，使制冷剂从高低压两侧同时排出。

4）观察压力表读数，随着压力下降，逐渐开大手动高、低压阀，直至高、低压表的读数指到零为止。

4. 对制冷系统抽真空

汽车空调制冷系统检修之后，由于接触了空气，必须用真空泵抽真空，以排除制冷系统内的水分和空气，维护汽车空调制冷系统的正常工作。抽真空并不能直接把水分抽出制冷系统，而是产生真空后降低了制冷剂的沸点，水以蒸汽的形式被抽出制冷系统。其步骤如下：

1）连接好各管路。

2）起动真空泵。

3）打开高、低压手动阀，观察压力表表针应向下偏摆，略有真空显示。

4）抽真空 15～30 min 后压力表接近 100 kPa；关闭高、低压手动阀静置 10 min，如压力上升大于 3.4 kPa 说明有泄漏，检查排除后再抽真空。

5）如果高、低压表指针保持不动，继续抽真空 30 min 以上，关闭高、低压手动阀后，关闭真空泵。

5. 加注冷冻机油

制冷系统在一般情况下，冷冻机油的消耗量很少，可以每两年更换一次，每次加入规定的数量，添加时一定要保证是同一牌号的冷冻机油，因为不同牌号的冷冻机油会生成沉淀物。如果压缩机内冷冻机油过少，压缩机会过热，甚至发生卡缸现象。系统内冷冻机油过多，膨胀阀、蒸发器会发生故障，因此，压缩机内必须保持正常的存油量。

（1）压缩机冷冻油量的检查

压缩机冷冻机油油量的检查一般有两种方法：

1）观察观察窗。通过压缩机上安装的观察窗，可观察压缩机油量。如压缩机冷冻机油油面达到观察窗高度的 80% 位置，一般认为是合适的。如果油面在此界限之上，应引出多余的冷冻机油；如果油面在此界限之下，则应添加冷冻机油。

2）观察油尺。未装观察窗的压缩机，可用油尺检查其油量。这种压缩机有的只有一个油塞，油塞下面有的装有油尺。有的油塞没有油尺，需另外用专用油尺插入检查，观察油面的位置应在规定的上、下限之间。

（2）添加冷冻机油

加充冷冻机油可用以下两种方法：直接加入法（将冷冻油按标准称好或用洁净的量杯量好，直接倒入压缩机内，这种方法只在更换蒸发器、冷凝器和储液干燥器时可以采用）和真空吸入法。

真空吸入法的操作步骤如下：

1）对制冷系统抽真空。

2）选用一个有刻度的量筒，盛入比要加注的油量还要多的冷冻机油。

3）将连接在压缩机上的低压软管从歧管压力计上拧下来，并将其插入盛有冷冻机油的量筒内。

4）起动真空泵，打开歧管压力计上的高压手动阀，加注的冷冻机油就从压缩机的低压侧进入压缩机中。当冷冻机油量达到规定量时，停止真空泵的抽吸，并关闭高压手动阀。

5）吸油快完毕时，要注意立即关闭检修阀，以免吸入空气。

6. 加注和补充制冷剂

当制冷系统抽真空达到要求，且经检漏确定制冷系统不存在泄漏部位后，即可向制冷系统加注制冷剂。加注前，先确定注入制冷剂的数量。压缩机铭牌上一般都标有所使用的制冷剂的种类及其加注量。

加注制冷剂的方法有两种，一种是从压缩机排气阀（高压阀）的旁通孔（多用通道）加注，称为高压侧加注，加注的是制冷剂液体。其特点是安全、快速，适用于制冷系统的第一次加注,即经检漏、抽真空后的系统加注。但用该方法时必须注意,加注时不可开启压缩机(发动机停转),且制冷剂罐要求倒立;另一种是从压缩机吸气阀(低压阀)的旁通孔(多用通道)加注,充入的是制冷剂气体,其特点是加注速度慢,可在系统补充制冷剂的情况下使用。

(1)从高压侧加注液态制冷剂

从高压侧加注液态制冷剂,其加注方法如下。

1)抽真空作业完成后,将中间注入软管从真空泵上卸下,改接到制冷剂注入阀接口上。装好制冷剂罐并用注入阀打开制冷剂罐,然后将与歧管压力计相连接的中间注入软管接头稍微松开一些,直到听到嘶嘶声后再拧紧,以排出中间注入软管内的空气。

2)打开歧管压力计高压手动阀,制冷剂便经高压注入软管进入系统高压侧,这时观察低压表指针是否随高压表指针一起升高,若低压表指针不回升或回升很慢,说明系统内部有堵塞处,应停止加注并进行检修。若低压表指针随高压表一起正常回升,可将制冷剂罐倒立,使制冷剂呈液态进入系统,如图7-27所示。

加注规定量的制冷剂后,关闭高压手动阀和注入阀后,即可进行检漏或试运行。

从高压侧加注一定量的液态制冷剂(一般为200 g左右),一般在抽真空后,初步检漏之前进行,以使制冷系统有一定量的制冷剂并保持一定的压力,便于用卤素检漏仪进行检漏作业。另外应注意,采用这种方式加注制冷剂时,不允许打开歧管压力计上的低压手动阀,也绝不允许运转压缩机,否则有可能造成制冷剂罐爆裂的危险。

(2)从低压侧加注气态制冷剂

如图7-28所示,通过歧管压力计上的低压手动阀,可向制冷系统的低压侧加注制冷剂,其加注方法如下。

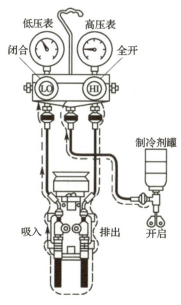

图7-27 从高压侧加注制冷剂

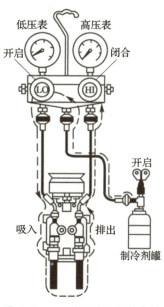

图7-28 从低压侧加注制冷剂

1)将歧管压力计连接于制冷系统检修阀上,中间注入软管与制冷剂注入阀和制冷剂罐连接好,若是补充制冷剂,需排出三根注入软管内的空气。方法是打开歧管压力计上高、低压手动阀并拧松与制冷剂注入阀连接的中间注入软管的连接螺母数秒，由系统内的制冷剂排出三根注入软管内的空气，然后关闭歧管压力计上的高、低压手动阀。

2）起动发动机并使之保持在 1 500～2 000 r/min 的转速下运转，接通空调开关使压缩机工作，鼓风机以高速旋转，将温度调节推杆或旋钮调至最大冷却位置。

3）用制冷剂注入阀打开制冷剂罐并保持罐体正立，缓慢打开歧管压力计低压手动阀，气态制冷剂便由制冷剂罐经中间注入软管、低压侧检修阀，被压缩机吸入制冷系统低压侧。同时调节低压手动阀开度，使低压表读数不超过 411.6 kPa。为加快充注速度，可将制冷剂罐直立放在温度为 40 ℃ 左右的温水中，以保证制冷剂罐内的液态制冷剂具有一定的蒸发速度。

汽车空调制冷剂的加注

四、拓展知识

（一）空调的控制系统

1. 通风系统

通风系统的作用是向车内提供温度适宜的干净空气。该系统主要包括新鲜空气/循环空气风门、鼓风机、中央风门、除霜/下出风风门、风道、各个出风口等，如图 7-29 所示。

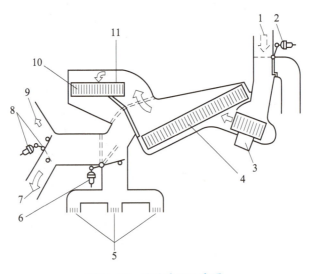

图 7-29 通风系统示意图

1—车外新鲜空气；2—新鲜空气/循环空气真空阀；3—鼓风机；4—蒸发器；5—仪表板出风口；6—中央风门双向真空阀；7—下出风口；8—除霜/下出风真空阀；9—除霜出风口；10—暖风加热器；11—温度风门

新鲜空气/循环空气真空阀的作用是接通或关闭车外新鲜空气进风口。空气流经鼓风机后，通过蒸发器冷却，再流向暖风加热器。温度风门的位置不同，流向暖风加热器加热的空气比例也不同，这样通过调节温度风门位置就调节了出风温度。除霜/下出风真空阀的作用是打开或关闭除霜出风口和下出风口。中央风门双向真空阀的作用是打开或关闭仪表板出风口和除霜/下出风口，改变通风系统的出风方式。

2. 发动机的怠速提升控制

在车流量较大的道路上行驶时，汽车发动机经常处于怠速运转状态，发动机的输出功率低，如果此时开启空调的制冷系统，可能会造成发动机过热或停机，为防止这种情况的发生，在空调的控制系统中采用了怠速提升装置，如图 7-30 所示。

当接通空调制冷开关（A/C）后，发动机的控制单元（ECU）便可接收到空调开启的信号，控制单元便控制怠速控制阀将怠速旁通气道的通路增大，使进气量增加，提高怠速。如果是节气门直动式怠速控制机构，控制单元便控制电动机将节气门开大，提高怠速。

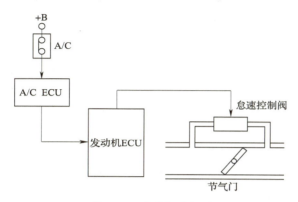

图 7-30　怠速提升控制

3. 超速控制

一般高档轿车有加速断开装置，当汽车加速超车时，为了保证汽车发动机有足够的动力，应当及时切断压缩机电磁离合器电路。这样，就卸除了压缩机的动力负荷，以尽量提高发动机的功率使汽车加速。常用的超速控制器由超速开关和延时继电器组成。超速开关一般安装在加速踏板下，当加速踏板踩到底时，电磁离合器电路被断开，压缩机停止工作，使发动机输出功率全部用于加速，而 6 s 后电路又自动接通，压缩机又恢复工作。

（二）空调的操纵系统

空调操纵系统的功用是对制冷系统与加热系统进行控制，调节车室内的空气温度、风量、流向，确保空调系统的正常工作。空调的操纵系统一般由操纵开关、机械传动（或真空系统）、电气系统等组成。空调的操纵系统分为手动和自动两种。

1. 手动空调操纵系统

手动空调操纵系统就是指空调系统中的鼓风机运转的转速、出风温度与送风方式都是由驾驶员手动操纵控制的。手动空调操纵系统又分为两种类型：一种是由仪表板上的旋钮通过拉丝控制温度风门及空气分配门的开度；另一种是由仪表板上的拨杆通过拉丝控制温度风门的开度，再通过真空伺服机构控制空气分配门的开度。

（1）操纵开关

各操纵开关的功能如图 7-31 所示。

A 为空调功能键，用来选择空调的不同工作模式。

B 为温度滑键，右移为温度上升，左移为温度下降。

C 为鼓风机开关，常设有四挡变速开关。

图中 1 表示空调系统关闭。

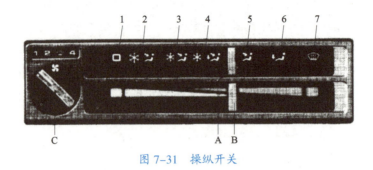

图 7-31　操纵开关

图中 2 表示空调强冷：（A 键拨至该位置，B 键拨至最左端或所需位置）空气经侧面和中央出风口流出。

图中 3 表示常规制冷：（A 键拨至该位置，B 键拨至所需位置）空气经侧面和中央出风口流出。

图中 4 表示适度调节：（A 键拨至该位置，B 键拨至所需位置）空气经侧面和中央出风口流入脚部空间。

图中 5 表示通风：A 键拨至该位置，制冷系统停止工作，新鲜空气是否加热取决于 B 键的位置，空气经侧面和中央出风口流出。

图中 6 表示采暖：（A 键不动，B 键拨至该位置）制冷系统停止工作，大部分空气流向脚部空间，少量经风窗、侧窗、侧面和中央出风口流出。

图中 7 表示除霜/雾：（A 键不动，B 键拨至该位置）制冷系统停止工作，大部分空气流向风窗、侧窗，少量流至脚部空间、侧面和中央出风口流出。

（2）真空操纵系统

以捷达轿车空调操纵系统为例，除温度风门由拉丝直接操纵外，其余的风门都是通过真空阀操纵的，真空操纵系统的真空管路布置情况如图 7-32 所示。

1）真空罐

空调控制系统所用的真空来自发动机进气歧管。发动机工作时，进气歧管处相当于真空源，此处的真空度是不断变化的。为保证空调控制系统工作的可靠性，在真空管路中设有真空储存器即真空罐，罐内真空度达 90 kPa，保证了空调系统真空控制部分有足够的真空度，而且真空度随发动机工况的变化波动小。

2）单向阀

真空管路中设有单向流量控制阀（单向阀），装于真空罐与发动机之间。如果进气歧管内的绝对压力低于真空储存器的绝对压力，单向阀开启，真空储存器中的真空度增加到 92 kPa 时，阀门关闭。

3）真空阀

真空阀主要用来控制风门的开启与关闭。真空源来自发动机进气歧管，由吸气管通过单向阀引入真空罐，经真空管通向多头真空管路插座，新鲜空气/循环空气风门的真空阀、除霜/下出风风门真空阀以及中央风门真空阀通过真空管与多头真空管路插座相接。

新鲜空气/循环空气风门、除霜/下出风风门、中央风门均由真空阀控制。

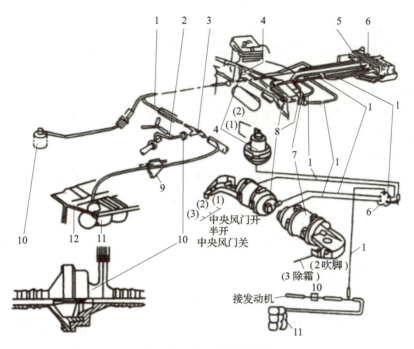

图 7-32 真空管路布置图

1—管路；2—接进气歧管；3—三通管；4—新鲜空气/循环空气真空阀；5—空气调节装置；6—多头真空管插座；7—除霜/下出风口真空阀；8—中央风门真空阀；9—轮罩；10—单向阀；11—真空罐；12—蓄电池上护板

但新鲜空气/循环空气风门的真空阀、除霜/下出风风门真空阀属单膜片真空阀，只有开闭两个位置；而中央风门真空阀属双膜片真空阀，具有无真空、半真空和真空三个位置，能处于开、闭、半开三种状态。

（3）电气控制

电气控制主要由各种开关和继电器来完成。

1）外部温度开关

外部温度开关的作用是在环境温度小于 5 ℃时，切断压缩机电磁离合器电路。外部温度开关一般安装在刮水器电动机附近。

2）三挡压力开关

当制冷回路高压侧压力低于 0.22 MPa 或高于 3.2 MPa 时，断开压缩机电磁离合器，实现高压保护和低压保护。只有制冷回路高压侧压力在 0.22～3.2 MPa 时，电磁离合器才处于接通状态，空调系统正常工作。

当制冷回路高压侧压力高于 1.6 MPa 时，控制冷却风扇高速旋转。在环境温度较高、制冷系统负荷较大时，高压侧压力升高，冷却风扇必须高速旋转加强冷却。

3）蒸发器温度开关

蒸发器温度开关安装在蒸发器壳体上，当温度低于 +1 ℃时，切断压缩机电磁离合器，防止蒸发器表面结霜。

4）双温开关

双温开关的作用是当冷却水温度超过 95 ℃时，冷却风扇以低速运转；冷却水温度超过 105 ℃时，冷却风扇以高速运转。

5）空调继电器

空调继电器的作用是打开空调时，空调继电器吸合，接通电磁离合器电路，同时散热器风扇低速运转。

6）风扇继电器

风扇继电器的作用是在冷却水温度超过 105 ℃或制冷回路高压侧压力高于 1.6 MPa 时，冷却风扇高速运转。

2. 自动空调操纵系统

随着汽车电子技术的发展，出现了微机控制的全自动空调，这种空调系统的操纵系统利用各种传感器随时检测车内外温度、阳光强度等信号，并把传感器的信号送到空调系统的电子控制单元（ECU）。ECU 按照预先编制的程序对传感器信号进行处理，并通过执行元件不断地对风机转速、出风温度、送风方式及压缩机工作状况等进行调节，从而使车内温度、空气流动状况等始终保持在驾驶员设定的参数上。

（1）空调 ECU

空调 ECU 与操纵面板制成一体，它对输入的各种传感器信号和功能键的输入指令进行计算、分析、比较后，发出指令，控制各个执行元件动作，使车内温度、空气流动状况等始终保持在驾驶员设定的参数上，另外空调 ECU 还有故障自诊断功能。

空调控制电路图

（2）传感器

1）车内温度传感器

车内温度传感器安装在仪表板的下端，是一个负温度系数热敏电阻，当车内温度发生变化时，热敏电阻的阻值改变，从而向空调 ECU 输送车内温度信号。

2）车外环境温度传感器

车外环境温度传感器安装在前保险杠右下端，也是一个负温度系数热敏电阻，向空调 ECU 输送车外温度信号。

3）蒸发器温度传感器

蒸发器温度传感器安装在蒸发器壳体上，用以检测制冷装置内部的温度变化。当蒸发器周围温度发生变化时，传感器电阻的阻值也随之改变，向空调 ECU 输出信号。

4）光照传感器

光照传感器也称阳光强度传感器，内部有光电二极管，安装在汽车前挡风玻璃下面。利用光电效应，该传感器将阳光辐射强度转变成电信号，并输送给空调 ECU。

5）水温传感器

水温传感器直接安装在发动机冷却循环的水路上，检测冷却液温度，产生的水温信号输送给空调 ECU，用于低温时的风机转速控制。

6）压缩机锁止传感器

压缩机锁止传感器是一种磁电式传感器，安装在空调装置的压缩机内，检测压缩机转速，压缩机每转一周，该传感器线圈产生 4 个脉冲信号输送给空调 ECU。

（3）执行元件

执行元件包括风门伺服电动机、鼓风机和压缩机电磁离合器等。

1) 进风伺服电动机

进风伺服电动机的作用是控制空调的进风方式,电动机的转子经连杆与进风风门相连。进风伺服电动机内装有一个电位计,向空调 ECU 反馈进风伺服电动机的位置情况。

当驾驶员使用进风方式控制键选择"车外新鲜空气导入"或"车内空气循环"模式时,空调 ECU 即控制进风伺服电动机带动连杆顺时针或逆时针旋转,从而带动进风风门闭合或开启,达到改变进风方式的目的。

当按下自动控制键时,空调 ECU 首先计算出所需要的送风温度,并根据计算结果自动改变进风伺服电动机的转动方向,从而实现进风方式的自动调节。

2) 空气混合伺服电动机

当进行温度调节时,空调 ECU 控制空气混合伺服电动机连杆顺时针或逆时针转动,改变空气混合风门的开启角度,从而改变冷、暖空气的混合比例,调节送风温度。电动机内电位计的作用是向空调 ECU 输送空气混合风门的位置信号。

3) 送风方式控制伺服电动机

送风方式控制伺服电动机通过空调 ECU 控制吹脸、双向和吹脚,三者之间自动改变进风方式。送风方式控制键安装在操纵面板上,按下自动控制键,空调 ECU 根据送风温度,将送风控制风门转到相应位置上,打开某个送风通道。

4) 最冷控制伺服电动机

最冷控制伺服电动机操纵的最冷控制风门有全开、半开和全闭三个位置。当空调 ECU 使某个位置的端子接地时。电动机驱动电路使电动机旋转,带动最冷控制风门处于相应位置。

5) 鼓风机

鼓风机的转速可以通过操作空调控制面板上的"高速""中速"和"低速"按键设定。当按下自动控制键时,空调 ECU 根据送风温度自动调整鼓风机转速,若水温传感器测到水温低于 40 ℃时,空调 ECU 控制鼓风机停止转动。

6) 电磁离合器

电磁离合器接收空调 ECU 的指令,控制压缩机的工作。

项目总结

汽车空调制冷系统由压缩机、冷凝器、储液干燥器、膨胀阀、蒸发器和鼓风机等组成。各部件之间采用铜管(或铝管)和高压橡胶管连接成一个密闭系统。制冷系统工作时,制冷剂以不同的状态在这个密闭系统内循环流动,每个循环有四个基本过程:

1) 压缩过程:压缩机吸入蒸发器出口处的低温低压的制冷剂气体,把它压缩成高温高压的气体排出压缩机。

2) 放热过程:高温高压的过热制冷剂气体进入冷凝器,由于压力及温度的降低,制冷剂气体冷凝成液体,并排出大量的热量。

3）膨胀过程：温度和压力较高的制冷剂液体通过膨胀装置后体积变大，使压力和温度急剧下降，以雾状（细小液滴）排出膨胀装置。

4）吸热过程：雾状制冷剂液体进入蒸发器，因此时制冷剂沸点远低于蒸发器内温度，故制冷剂液体蒸发成气体。在蒸发过程中大量吸收周围的热量，而后低温低压的制冷剂蒸气又进入压缩机。

上述过程周而复始地进行，达到降低蒸发器周围空气温度的目的。

自动空调的功能包括车内温度和湿度自动调节、回风和送风模式自动控制以及运转方式和换气量控制等功能。电控单元将根据驾驶员或乘客通过空调显示控制面板上的按钮进行的设定，使空调系统自动运行，并根据各种传感器输入的信号，对送风温度和送风速度及时地进行调整，使车内的空气环境保持最佳状态。

项目八
汽车整车线路分析

项目概述

全车电路就是将汽车电源系统、起动系统、点火系统、照明与信号系统、仪表与报警系统、辅助电气系统及电子控制系统用标准电器符号，按照各自的工作特性及相互关系，通过开关、熔丝、继电器及导线连接起来的图。

知识目标	能力目标
1）掌握汽车电路图的种类； 2）了解一般汽车电路的接线规律； 3）掌握全车电路识图的一般方法； 4）了解汽车电路中的保护装置、开关和导线等电器元件。	1）能够对汽车电路进行分析； 2）能够分析汽车各系统的工作原理与线路电流走向； 3）能够主动获取信息，展示学习成果，对工作过程进行总结与反思，与他人进行有效沟通，团结协作； 4）能够运用所学知识，为顾客解析线路故障发生的现象及产生的原因。

 任务　整车线路分析

一、情境描述

王先生早上驾驶一辆桑塔纳轿车赶去上班，下车打开车门时发现门控灯和中央乘客室照明灯未亮，要求给予检修。要完成这个工作任务，首先我们需要掌握汽车线路的相关知识。

二、知识充电站

（一）汽车电路图的种类

现代汽车电路图的种类繁多，电路图依据车型不同，也存在一定差别，但总结起来汽车电路图主要有：布线图、电路原理图和线束图等。

1. 布线图

布线图是按照汽车电器在车身上的大体位置来进行布线的，如图8-1所示。布线图是由厂家提供，反映全车电器信息的电路图。

177

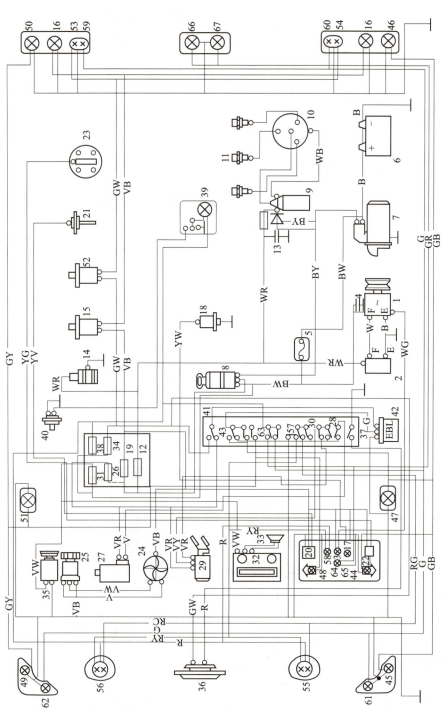

图 8-1 华利汽车布线图

BW—蓝白；BY—蓝黄；G—绿；GB—绿蓝；GY—绿黄；GW—绿白；R—红；RG—红绿；RY—红白；RW—红黄；V—紫；VB—紫蓝；VW—紫白；VY—紫红；YY—紫黄；YW—紫白

1—发电机；2—电压调节器；3—充电指示灯；4、13—防干扰电容器；5—总熔断器（40A）；6—蓄电池；7—起动机；8—点火开关；9—点火线圈；10—分电器；11—火花塞；12、19、26、31、34、38—熔断器；14—燃油截止电磁阀；15—倒车灯开关；16—倒车灯；17—油压报警灯；18—油压传感器；20—水温表；21—水温传感器；22—燃油表；23—燃油传感器；24—暖风电动机；25—暖风电动机开关；27—洗涤器电动机；28—洗涤器开关；29—刮水器电动机；30—刮水器开关；32—收音机；33—扬声器；35—点烟器；36—电喇叭；37—喇叭按钮；39—带开关的室内灯；40—门控开关；41—转向与危险报警开关；42—闪光器；43—转向指示灯；44—转向指示器；45~47—左转向信号灯；48—右转向指示灯；49~51—右转向信号灯；52—制动灯开关；53、54—制动灯；55、56—前照灯；57—前照灯开关；58—远光指示灯；59、60—后示宽灯；61、62—前示宽灯；63—示宽灯开关；64、65—仪表照明灯；66、67—牌照灯其优点是全车的电器（即电器设备）数量明显且准确，电线的走向清楚，有始有终，便于循线跟踪，查找起来比较方便。

其缺点是图上电线纵横交错，印制版面小则不易分辨，版面过大则印装受限制；读图、画图费时费力，不易抓住电路重点、难点；不易表达电路内部结构与工作原理。

2. 原理图

（1）整车电路原理图

为了生产与教学的需要，常常需要尽快找到某条电路的始末，以便确定故障分析的路线。在分析故障原因时，不能孤立地仅局限于某一部分，而要将这一部分电路在整车电路中的位置及与相关电路的联系都表达出来。整车电路图的优点在于：

① 对全车电路有完整的概念，它既是一幅完整的全车电路图，又是一幅互相联系的局部电路图。重点难点突出、繁简适当。

② 在此图上建立起电位高、低的概念：其负极"－"接地（俗称搭铁），电位最低，可用图中的最下面一条线表示；正极"＋"电位最高，用最上面的那条线表示。电流的方向基本都是由上而下，路径是：电源正极"＋"→开关→用电器→搭铁→电源负极"－"。

③ 可减少电线的曲折与交叉，布局合理，图面简洁、清晰，图形符号考虑到元器件的外形与内部结构，便于读者联想、分析，易读、易画。

④ 各局部电路（或称子系统）相互并联且关系清楚，发电机与蓄电池间、各个子系统之间的连接点尽量保持原位，熔断器、开关及仪表等的接法基本上与原图吻合。

（2）局部电路原理图

为了弄清汽车电器的内部结构、各个部件之间相互连接的关系，弄懂某个局部电路的工作原理，常从整车电路图中抽出某个需要研究的局部电路，参照其他翔实的资料，必要时根据实地测绘、检查和试验记录，将重点部位进行放大、绘制并加以说明。这种电路图的用电器少、幅面小，看起来简单明了，易读易绘；其缺点是只能了解电路的局部。

如图 8-2 所示为天津华利牌系列微型汽车的电气系统电路原理图。

3. 线束图

整车电路线束图常用于汽车厂总装线和修理厂的连接、检修与配线。线束图主要表明电线束与各用电器的连接部位、接线柱的标记、线头、插接器（连接器）的形状及位置等，它是人们在汽车上能够实际接触到的汽车电路图。这种图一般不去详细描绘线束内部的电线走向，只将露在线束外面的线头与插接器详细编号或用字母标记。它是一种突出装配记号的电路表现形式，非常便于安装、配线、检测与维修。如果再将此图各线端都用序号、颜色准确无误地标注出来，并与电路原理图和布线图结合起来使用，则会起到更大的作用，且能收到更好的效果。如图 8-3 所示为富康轿车仪表系统线束分布图。

（二）读识电路图的一般方法

1）按整车电路系统的各功能及工作原理把整车电气系统划分成若干独立的电路系统，分别进行分析。

2）分析电路系统前，要清楚该电路中所包括的各部件的功能和作用。

3）阅读电路图时，应掌握回路原则，即电路中的工作电流由电源正极流出，经用电设备后流回负极。

4）按操纵开关的功能及不同工作状态来分析电路的工作原理。

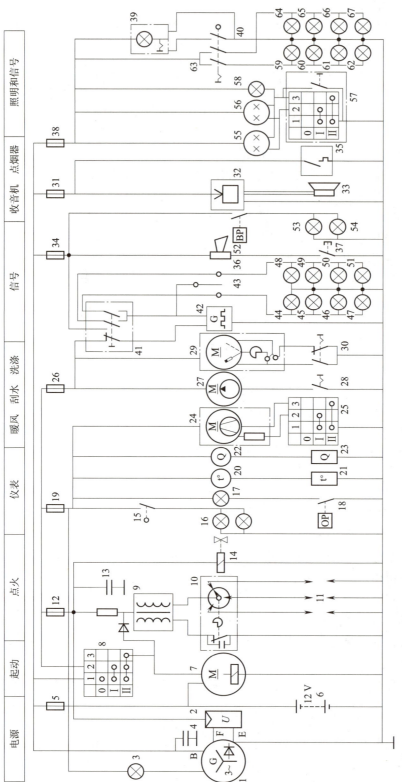

图 8-2 华利汽车电气系统电路原理图

1—发电机；2—电压调节器；3—充电指示灯；4、13—防干扰电容器；5—总熔断器（40 A）；6—蓄电池；7—起动机；8—点火开关；9—点火线圈；10—分电器；11—火花塞；12、19、26、31、34、38—熔断器；14—燃油截止电磁阀；15—倒车灯开关；16—倒车灯；17—油压报警灯；18—油压传感器；20—水温表；21—水温传感器；22—燃油表；23—燃油传感器；24—暖风电动机；25—暖风开关；27—洗涤器电动机；28—洗涤器开关；29—刮水器电动机；30—刮水器开关；32—收音机；33—扬声器；35—点烟器；36—电喇叭；37—喇叭按钮；39—带开关的室内灯；40—门控灯；41—转向与危险报警开关；42—闪光器；43—转向灯开关；44—左转向开关；45～47—左转向信号灯；48—右转向指示灯；49～51—右转向信号灯；52—制动灯开关；53、54—制动灯；55、56—前照灯；57—前照灯开关；58—远光指示灯；59、60—后示宽灯；61、62—前示宽灯；63—示宽灯开关；64、65—仪表照明灯；66、67—牌照灯

汽车整车线路分析 项目八

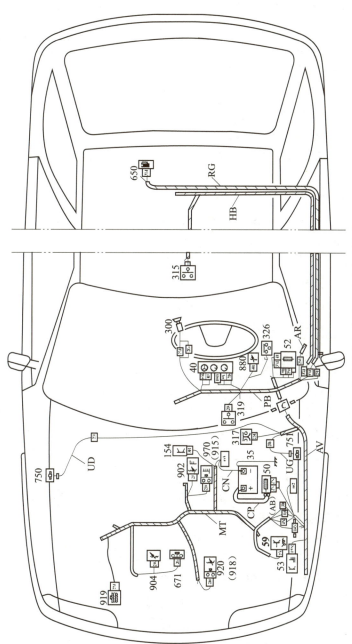

图 8-3 富康轿车仪表系统的线表分布图

35—蓄电池；40—仪表板；50—发动机罩下熔断器盒；52—车内熔断器盒；53—水温控制盒；154—车速传感器；300—点火开关；
315—手动开关；317—液面开关；319—制动灯开关；326—阻风门开关（未用）；650—燃油表传感器；671—机油压力表传感器；
750—仪表照明变阻器；751—左前制动摩擦片报警器；880—仪表照明变阻器；915—水温传感器；
59, 902, 904, 918, 920—未用；970—发动机温度报警器

181

5）读图时，把含有线圈和触点的继电器，看成是由线圈工作的控制电路和由触点工作的主电路两部分。

6）读布线图时，要正确判断接点标记、线型和色码标志。

7）进口汽车一般只配有布线图，原理图是进口以后有关人员为研究、使用与检修而收集和绘制的。因收集时间、来源不同，符号、惯例的变更，在画法上可能会出现差异。

（三）一般汽车电路的接线规律

汽车线路一般采用单线制、用电设备并联、负极搭铁、线路有颜色和编号加以区分，并以点火开关为中心将全车电路分成几条主干线，即蓄电池火线（30号线）、附件火线（ACC线）、点火仪表指示灯线（15号线）等。

1. 蓄电池火线（B线或30号线）

从蓄电池正极引出直通熔断器盒，也有汽车的蓄电池火线接到起动机火线接线柱上，再从那里引出较细的火线。

2. 点火仪表指示灯线（IG线或15号线）

点火开关在ON（工作）和ST（起动）挡才有电的电线，必须有汽车钥匙才能接通点火系统、预充磁、仪表系统、指示灯、信号系统、电子控制系统重要电路。

3. 专用线（ACC线或15A线）

用于发动机不工作时需要接入的电器，如收放机、点烟器等。点火开关单独设置一挡予以供电，但发动机运行时收音机等仍需接入与点火仪表指示灯等同时工作，所以点火开关触刀与触点的接触结构要做特殊设计。

4. 起动控制线（ST线或50号线）

起动机主电路的控制开关（触盘）常用磁力开关来通断。磁力开关的吸引线圈、保持线圈可以由点火开关的起动挡控制。大功率起动机的吸引线圈、保持线圈电流也很大（可达40～80 A），容易烧蚀点火开关的"30－50"触点对，必须另设起动机继电器（如东风、解放及三菱重型车）。装有自动变速器的轿车，为了保证空挡起动，常在50号线上串有空挡开关。

5. 搭铁线（接地线或31号线）

汽车电路中，以元件和机体（车架）金属部分作为一根公共导线的接线方法称为单线制，将机体与电器相接的部位称为搭铁或接地。

搭铁点分布在汽车全身，由于不同金属相接（如铁、铜与铝，铅与铁），形成电极电位差，有些搭铁部位容易沾染泥水、油污或生锈，有些搭铁部位是很薄的钣金件，都可能引起搭铁不良，如灯不亮、仪表不起作用、喇叭不响等。要将搭铁部位与火线接点同等重视，所以现代汽车局部采用双线制，设有专门公共搭铁接点，编绘专门搭铁线路图，堪与熔断器电路提纲图并列。为了保证起动时减少线路接触压降，蓄电池极桩夹头、车架与发动机机体都接上大截面积的搭铁线，并将接触部位彻底除锈、去漆、拧紧。

（四）整车电路分析

整车电路就是汽车电器设备的电路按照它们各自的工作性能及内在联系，用导线连接起来构成的一个整体，由电源电路（充电电路）、起动电路、点火电路、照明电路、仪表报警电路、信号电路、电子控制电路等构成。

1. 电源电路接线规律

① 发电机与蓄电池并联，蓄电池负极必须搭铁。蓄电池正极经电流表（或直接）接发电机正极，蓄电池静止电动势常在 11.5～13.5 V，发电机输出电压常限定在 13.8～15 V（24 V 电系为 28～30 V）。发电机工作时正常电压比蓄电池电压高 0.3～3.5 V，这主要是为了克服线路压降，使蓄电池充电时既能充足，又不至于过度充电。

② 国产硅整流发电机的接线柱旁均有标记或名称，"+"或"B+"为"电枢"接线柱，此接线柱应与电流表或蓄电池"+"极相连；"F"为"磁场"接线柱，它与调节器"磁场"接线柱相连；"E"为"搭铁"接线柱，应与调节器的"搭铁"接线柱相接。

③ 采用外装调节器的交流发电机的磁场线圈搭铁方式有两种：一种是磁场线圈直接在发电机内部搭铁，如国产东风 EQ1092、BJ2020 汽车的发电机；另一种是磁场线圈不在发电机内部搭铁，而是通过调节器搭铁，如解放 CA1092 汽车的交流发电机。图 8-4 为典型汽车电源电路图。

图 8-4 典型汽车电源电路图

1—蓄电池；2—发电机；3—点火开关；
4—电压调节器；5—电压表；
6—接用电设备；7—电流表

2. 起动电路接线规律

① 点火开关直接控制起动机的电路（见图 8-5）：点火开关在起动挡直接控制起动机的吸引线圈、保持线圈，多用于 1.2 kW 以下的起动机的轿车电路；1.5 kW 以上起动机的磁力开关线圈的电流在 40 A 以上，用起动继电器触点作为开关。

充电系统电路图

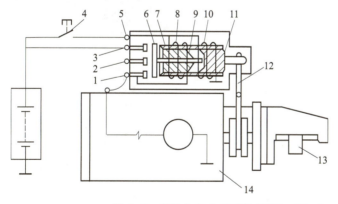

图 8-5 直接由点火开关控制的起动电路

1—起动开关接电动机接线柱；2—接点火线圈接线柱；3—电磁开关接蓄电池接线柱；4—点火开关；
5—接起动开关接线柱；6—接触盘；7—黄铜套筒；8—吸引线圈；9—固定铁芯；10—保持线圈；
11—活动铁芯；12—传动叉；13—驱动齿轮；14—直流电动机

② 带起动保护的起动机控制电路：当起动点火开关在 0 挡时，电路均断开。点火开关在 1 挡时（未起动）的供电线路为：发电机激磁→点火线圈→仪表→点亮指示灯。点火开关在 2 挡时，除了接通上述电路，还要接通起动机继电器电路：蓄电池正极→电流表→点火开关→起动机继电器线圈→继电器常闭触点→搭铁→蓄电池负极→起动机驱动主机。与

此同时，触桥将点火线圈旁路触点接通，电流直通点火线圈初级，附加电阻被隔除在外。发动机点火工作后，发电机中性点 N 的对地电压（约发电机调节电压的 0.5 倍）使起动继电器中的起动保护继电器常闭触点断开，切断充电指示灯搭铁电路，充电指示灯熄灭，表示发电机工作正常。同时也切断了起动继电器线圈的搭铁电路，当发电机正常工作时，即使误将点火开关扳到 2 挡，起动机也不会与飞轮啮合，避免打坏飞轮齿圈与起动机，起到保护起动机的作用。

3. 点火电路接线规律

汽车点火系统可以分为普通（有触点）点火系统、无触点点火系统、微机控制点火系统等形式，其工作过程基本上都是按以下顺序循环：初级电流接通→初级电流切断（此时恰是某缸活塞处于压缩上止点前某一角度）→初级线圈产生自感电动势（300 V 左右）→次级线圈互感产生脉冲高压（6 000～30 000 V）→火花塞出现电火花。

霍尔式无触点点火系统电路如图 8-6 所示，其点火模块必须具备的引出线：由点火开关控制的电源输入线 2 条（④、⑤脚），由信号发生器（信号发生器与分电器轴一体）来的信号输入线 3 条（⑤、⑥、③脚，其中⑤脚供信号发生器的电源火线），初级电流的输入、输出线 2 条（①、②脚）。

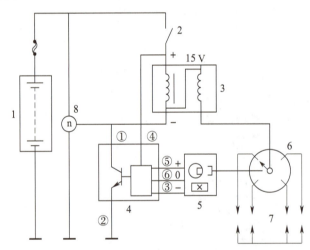

图 8-6 霍尔式无触点点火系统电路图

1—蓄电池；2—点火开关；3—点火线圈；4—点火控制器；5—霍尔信号发生器；
6—配电器；7—火花塞；8—转速表

4. 照明电路接线规律

汽车照明系统一般由前照灯、示宽灯（位置灯）、尾灯（后示宽灯）、牌照灯、仪表灯、室内灯等组成，其中前照灯又分为远光灯与近光灯，用变光开关控制。照明灯由灯光开关控制：灯光开关在 0 挡关断、1 挡为小灯亮（包括示位灯、尾灯、仪表灯、牌照灯），2 挡为前照灯、小灯同时亮。灯光系统的电流一般来自蓄电池正极，不受点火开关控制（由于前照灯远光功率较大，常用灯光继电器来控制通断，开关的 2 挡用于控制继电器线圈）。超车灯信号常用远光灯亮灭来表示，发出此信号时不通过灯光开关，属于短时接通按钮式。现代汽车的照明系统常用组合开关集中控制，组合开关多装在转向柱上，位于转向盘下侧，操作时驾驶员的手可以不离开转向盘。如图 8-7 所示为常见照明系统电路图。

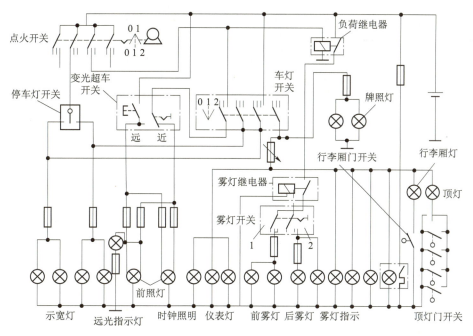

图 8-7 常见照明系统电路图

5. 仪表报警电路接线规律

① 所有电气仪表都受点火开关控制。

② 各仪表的表头与其传感器串联，燃油表、水温表一般还接有仪表稳压器。

③ 电流表串联在发电机正极与蓄电池正极之间。发电机充电电流从电流表正极进去，指针偏向正端，而在蓄电池往外放电时，指针偏向负端。以下两种电流不通过电流表：超过电流表量程的负载电流，如起动机、预热塞、喇叭等电流；发电机正常工作时向其他负载的供电电流。注意：当发电机不工作时，蓄电池向其他负载供电的电流必须经过电流表。现代汽车多用充电指示灯代替电流表，其缺点是不知充放电流大小，过充电不易发现。

倒车灯电路图

④ 电压表并接在点火开关之后，只在点火开关接通时显示系统电压。12 V 系统常使用 10～18 V 的电压表，24 V 电系常使用 20～36 V 的电压表。

⑤ 指示灯、报警灯常与仪表装配在一个总成内或在附近布置，它们与仪表一同受点火开关的工作挡（ON）和起动挡（ST）控制。在 ON 挡应能检验大多数仪表、指示灯、报警灯是否良好。指示灯和报警灯按照电路接法可分为两种：一种是灯泡接点火开关火线，外接控制开关，开关接通则与搭铁构成通路，灯亮，如充电指示灯、手制动指示灯、制动液面报警灯、门未关报警灯、机油压力报警灯、水位过低报警灯等。另一种接法是指示灯泡接地，控制信号来自其他开关的火线端，如远光指示灯、转向指示灯、座椅安全带未系指示灯、防抱死制动指示灯（ABS）、巡航控制指示灯等。

⑥ 汽车仪表常用双金属片电热丝式结构，表头一般只有两根线。例如，燃油指示表的两个接线柱是上下排列的，一般情况下应将上接线柱与电源线相连，下接线柱与传感器相连，否则将不会正常工作。此外，还有双线圈十字交叉、中间有一个磁性指针的仪表，都为三线引出，其中一条接点火开关，另一条线搭铁，还有一条线接传感器。机械式仪表不

与电路相接,如软轴传动的车速里程表、直接作用的弯管弹簧式制动气压表、油压表以及乙醚膨胀式水温表、油温表等,这些仪表读数精度较高,但要引入许多管路、软轴进入仪表盘,拆装麻烦,甚至易于泄漏,因此正在逐步被电子控制仪表所代替。如图 8-8 所示为奥迪轿车冷却液温度表及冷却液温度报警灯电路。

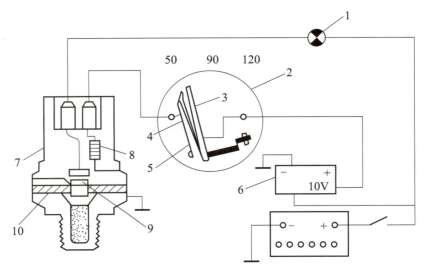

图 8-8 奥迪轿车冷却液温度表及冷却液温度报警灯电路

1—冷却液温度报警灯;2—冷却液温度表;3—指针;4—加热线圈;5,10—双金属片;
6—电源稳压器;7—冷却液温度传感器;8—热敏电阻;9—触点

6. 信号电路接线规律

信号系统主要有转向信号、危险报警信号、制动信号、倒车信号、喇叭等,这些信号都是由驾驶员根据道路交通情况向别的车辆和行人发出的,带有较强的随机性,一般自身开关控制如制动信号多由制动踏板联动控制,倒车灯多由变速杆倒挡轴联动控制,不用驾驶员特意操作即可接通,喇叭按钮多在转向盘上,驾驶员手不离方向盘即可发出信号。

① 转向信号灯具有一定的闪频,国标中规定为 60～120 次 / 分,日本规定在(85±10)次 / 分,转向灯功率常为 21～25 W,前后左右均设,大型车辆和轿车往往在侧面还有一个转向信号灯。其电路一般接法是:转向灯与转向灯开关以及转向闪光继电器经危险报警灯开关的常闭触点与点火开关串联,即转向信号灯是在点火开关处于工作挡(ON)时使用。

② 危险报警灯的使用场合主要有:本车有故障或危险不能行驶;本车有牵引别车的任务,需要他车注意;本车需要优先通过,需要他车避让。因此,危险报警灯可以在发动机不工作时使用,此时无须接通点火系统及仪表报警灯,为此设有危险报警开关,它是一个多刀联动开关,在断开点火开关接线的同时,接通蓄电池接线,闪光器及灯泡电源直接来自蓄电池,并将闪光继电器的输出端与左右转向灯连在一起。即在闪光继电器动作时,左右转向灯及指示灯同时发出危险信号。如图 8-9 所示为转向信号与危险警告信号电路图。

转向和危险报警灯、喇叭电路

7. 电子控制电路接线规律

① 了解电子控制系统的功用、控制对象是哪些元件、是控制哪些物理量。例如有些是控制点火的,有些是控制喷油的,还有些是控制自动变速器的等。

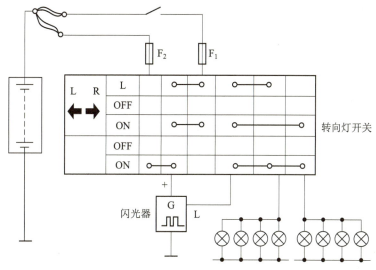

图 8-9　转向信号与危险警告信号电路图

②　掌握各传感器的名称、安装部位、功用、结构原理及主要技术参数。例如：断电状态下的阻值，通电状态下的电位、电流，弄清楚各种传感器的信号电压是模拟量、脉冲量还是开关量。

③　掌握各种执行器的名称、安装部位、功用、结构原理及主要参数。

④　了解电脑内部各主要功能块的作用，掌握各传感器、执行器之间的接线端子序号、字母代号、各端子之间的正常电压或阻值。

后雾灯电路图

⑤　了解电脑、各传感器、各执行器在车上的安装位置，区别各接插器及其端子的序列号、代号，区别各元件的形状特征。

⑥　了解故障诊断插座或检测仪通信接口，按国别、厂家与车派查找各车辆的故障代码表，用仪表或故障检查灯的闪光情况读出故障代码，确定故障部位，排除故障。

电子控制系统电路的接线规律可归纳为：电脑控制电路必须接受点火开关控制，必须有各种传感器随时输入工况信号，例如：磁脉冲式或霍尔式传感器能产生脉冲电压信号；有些传感器是由热敏电阻制成，阻值发生变化时，输出电压也随之发生变化，属于模拟量电压信号，如水温、进气温度传感器等；电子控制系统执行机构受电脑控制，具有自诊断功能。电脑工作一般有两种模式——开环控制和闭环控制。如燃油喷射的开环控制：发动机电脑接收到输入信号以后，仅根据预先设置的程序予以响应，对氧传感器的信号不予监控。开环工况有暖机工况、减速工况、节气门全开工况等。闭环控制：发动机电脑检测氧传感器信号，使电脑控制的喷油脉冲宽度得到理想空燃比，达到最佳燃油经济性，低排放。闭环工况有怠速工况、巡航工况等。

三、任务实施

（一）任务实施环境

器材及工具准备：桑塔纳轿车 1 辆，工具车 2 台，诊断仪 2 台，数字万用表 4 块，桑塔纳维修手册 2 份，网络资源。

(二)任务实施流程

(1) 故障现象

王先生早上驾驶一辆桑塔纳轿车赶去上班,下车打开车门时发现门控灯和中央乘客室照明灯未亮,要求给予检修。

(2) 故障诊断流程

① 验证用户所反映的情况,并注意通电后的各种现象。在动手拆检之前,尽量缩小故障产生的范围。

② 分析电路原理图,弄清电路的工作原理,对问题所在作出判断。

③ 重点检查问题集中的线路或部件,验证第二步作出的判断。

④ 进一步进行诊断与检修,常用的检修方法有直观诊断法、断路法、试灯法、仪表法、试火法等。

⑤ 验证电路是否恢复正常。

(三)任务实施步骤

下面介绍全车线路的检修注意事项和检修方法。

1. 注意事项

全车线路检修注意事项包括以下几个方面。

1) 拆卸蓄电池时,总是先拆下负极电缆;装上蓄电池时,总是最后连接负极电缆。拆下或装上蓄电池电缆时,应确保点火开关或其他开关都处于断开,否则会导致半导体器件的损坏。

2) 不允许使用欧姆表及万用表的 $R \times 100\ \Omega$ 以下低阻欧姆挡检测小功率晶体三极管,以免电流过载而损坏。更换三极管时,应首先接入基极,拆卸时,应最后拆卸基极。

3) 拆卸和安装元件时,应切断电源。

4) 更换烧坏的熔断器时,应使用相同规格的熔断器。

5) 正确拆卸导线插接器。为防止插接器在汽车行驶中脱开,所有的插接器均采用了闭锁装置。要拆开插接器时,首先要解除闭锁,然后将插接器拉开,不允许在未解除闭锁的情况下用力拉导线。

6) 在检修装有电子设备的汽车上,不允许用"试火"方法,否则会使某些电路和电子元件造成意想不到的损害。

7) 在发动机工作时,不要拆下蓄电池的接线。对于装有电控装置的车辆也不要采用该办法判断发电机是否发电。

8) 靠近振动部件的线束应用卡子固定,将松弛部分拉紧,以免由于振动造成线束与其他部分接触。

2. 汽车电气系统故障的常用诊断方法

汽车电路发生的故障主要有:断路、短路、电器设备损坏等。为了能迅速准确地诊断故障,下面介绍几种常见的诊断方法。

(1) 直观诊断法

汽车电路发生故障时,有时会出现冒烟、火花、异响、焦臭、发热等异常现象。这些现象可通过人的眼、耳、鼻、身感觉到,从而可以直接判断出故障所在部位。

例如,汽车行驶中,突然发现转向灯与转向指示灯均不亮。用手一摸,发现闪光器发热烫手,说明闪光器已被烧坏。

（2）断路法

汽车电路设备发生搭铁（短路）故障时,可用断路法判断。即将被怀疑有搭铁故障的电路段断路后,根据电器设备中搭铁故障是否还存在,判断电路搭铁的部位和原因。

如汽车行驶时,听到电喇叭长鸣,则可以将继电器"按钮"接线柱上的导线拆开。此时电喇叭停鸣,则说明喇叭按钮至继电器这段电路中有搭铁现象。

（3）短路法

汽车电路中出现断路故障时,还可以用短路法判断。即将被怀疑有断路故障的电路短接,观察仪表指针变化或电器设备工作状况,从而判断出该电路中是否存在断路故障。

例如,怀疑汽车电路中的各种开关有故障,可以用导线将开关短接来判断开关是好是坏。

（4）试灯法

试灯法就是用一只汽车用灯泡作为试灯,检查电路中有无断路故障。

例如,用试灯的一端和交流发电机的"电枢"接线柱连接,另一端搭铁。如果灯不亮,说明蓄电池至交流发电机"电枢"接线柱间有断路现象;若灯亮,说明该段电路良好。

（5）仪表法

观察汽车仪表板上的电流表、水温表、燃油表、机油压力表等的指示情况,判断电路中有无故障。

例如,发动机冷态,接通点火开关时,水温表指示满刻度位置不动,说明水温表传感器有故障或该线路有搭铁。

（6）高压试火法

对高压电路进行搭铁试火,观察电火花状况,判断点火系统的工作情况。具体方法是：取下点火线圈或者火花塞的高压导线,将其对准火花塞或缸盖等,距离约 5 mm,然后接通起动开关,转动发动机,看其跳火情况。如果火花强烈,呈天蓝色,且跳火声较大,则表明点火系统工作基本正常；反之,则说明点火系统工作不正常。

（7）低压搭铁试火法

即拆下用电设备接线的某一线端对汽车的金属部分（搭铁）碰试而产生火花来判断故障。这种方法比较简单,是汽车电工经常使用的方法。搭铁试火法可分为直接搭铁和间接搭铁两种。

所谓直接搭铁,是未经过负载而直接搭铁产生强烈的火花。例如,我们要判断点火线圈至蓄电池一端电路是否有故障,可拆下点火线圈上连接点火开关的接头,在汽车车身或车架上刮碰,如果有强烈的火花,则说明该电路正常；如果无火花,说明该电路出现了断路。

间接搭铁是通过汽车电器的某一负载而搭铁产生微弱的火花来判断线路或负载是否有故障。例如,将传统点火系统断电器连接线搭铁（回路经过点火线圈初级绕组）,如果有火花,说明这段线路正常；如果无火花,则说明电路有断路。

特别值得注意的是,试火法不能在装有电子线路的汽车上应用。

（8）换件法

换件法在实际故障诊断中经常采用,使用一个无故障的元件替代怀疑可能出现故障的元件，观察出现故障系统的工作情况，从而判断故障所在。采用换件法必须注意的是，在换件前要对其线路进行必要的检查，确保线路正常方可使用，否则会造成更大的损失。

（9）仪器法

随着汽车电器设备的日趋复杂，在维修中，特别是维修装置电子设备较多的车辆，使用一些专用的仪器十分必要。

四、拓展知识

汽车电路图中的符号

汽车电路图是利用图形符号和文字符号，表示汽车电路构成、连接关系和工作原理，而不考虑其实际安装位置的一种简图。为了使电路图具有通用性，便于进行技术交流，构成电路图的图形符号和文字符号不是随意的，它有统一的国家标准和国际标准。要看懂电路图，必须了解图形符号和文字符号的含义、标注原则和使用方法。

图形符号是用于电气图或其他文件中的表示项目或概念的一种图形、标记或字符，是电气技术领域中最基本的工程语言。因此，为了看懂汽车电路图，我们要掌握和熟练地运用它。常用的图形符号如表 8-1 所列。

表 8-1 常用图形符号

一、常用基本符号					
序号	名称	图形符号	序号	名称	图形符号
1	直流	———	6	中性点	N
2	交流	∼	7	磁场	F
3	交直流	≂	8	搭铁	⊥
4	正极	+	9	交流发电机输出接线柱	B
5	负极	—	10	磁场二极管输出端	D+
二、导线端子和导线连接					
11	接点	●	18	插头和插座	—<
12	端子	○	19	多极插头和插座（示出的为三极）	=<
13	导线的连接	—○—○—			
14	导线的分支连接	⊥			
15	导线的交叉连接	✚	20	接通的连接片	—o—o—
16	插座的一个极	—(	21	断开的连接片	—o ⁄ o—
17	插头的一个极	—■	22	屏蔽导线	—⊘—

续表

序号	名称	图形符号	序号	名称	图形符号
三、触点开关					
23	动合（常开）触点		37	热执行器操作	
24	动断（常闭）触点		38	温度控制	t
25	先断后合的触点		39	压力控制	P
26	中间断开的双向触点		40	制动压力控制	BP
27	双动合触点		41	液位控制	
28	双动断触点		42	凸轮控制	
29	单动断双动合触点		43	联动开关	
30	双动断单动合触点		44	手动开关的一般符号	
31	一般情况下手动控制		45	定位开关（非自动复位）	
32	拉拔操作		46	按钮开关	E
33	旋转操作		47	能定位的按钮开关	E
34	推动操作	E	48	拉拔开关	
35	一般机械操作		49	旋转、旋钮开关	
36	钥匙操作		50	液位控制开关	

续表

序号	名称	图形符号	序号	名称	图形符号
三、触点开关					
51	机油滤清器报警开关		56	旋转多挡开关位置	
52	热敏开关动合触点		57	推拉多挡开关位置	
53	热敏开关动断触点		58	钥匙开关（全部定位）	
54	热敏自动开关的动断触点		59	多挡开关、点火开关、起动开关，瞬时位置为2时能自动返回到1（即2挡不能定位）	
55	热继电器触点		60	节流阀开关	
四、电器元件					
61	电阻器		70	加热元件、电热塞	
62	可变电阻器		71	电容器	
63	压敏电阻器		72	可变电容器	
64	热敏电阻器		73	极性电容器	
65	滑线式变阻器		74	穿心电容器	
66	分路器		75	半导体二极管的一般符号	
67	滑动触点电位器		76	稳压二极管	
68	仪表照明调光电阻器		77	发光二极管	
69	光敏电阻		78	双向二极管（变阻二极管）	

续表

四、电器元件					
序号	名称	图形符号	序号	名称	图形符号
79	三极晶体闸流管	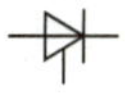	89	永久磁铁	
80	光电二极管		90	操作器件一般符号	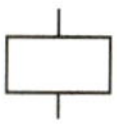
81	PNP 型三极管		91	一个绕组电磁铁	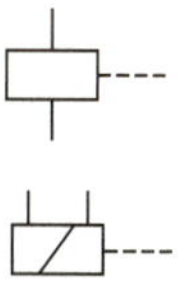
82	集电极接管壳三极管（NPN）				
83	具有两个电极的压电晶体	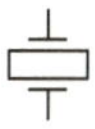	92	两个绕组电磁铁	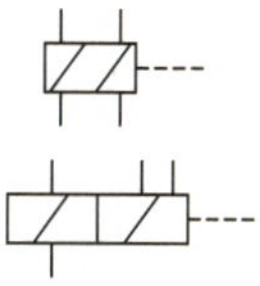
84	电感器、线圈、绕组、扼流圈				
85	带铁芯的电感器		93	不同方向绕组电磁铁	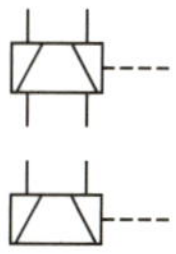
86	熔断器				
87	易熔线		94	触点常开的继电器	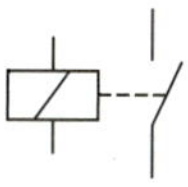
88	电路断电器		95	触点常闭的继电器	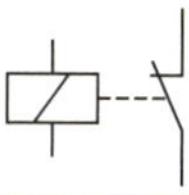
五、仪表					
96	指示仪表	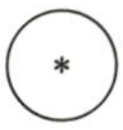 *	100	欧姆表	 Ω
97	电压表	 V	101	瓦特表	 W
98	电流表	 A	102	油压表	 OP
99	电压、电流表	 A/V	103	转速表	 n

193

续表

五、仪表					
序号	名称	图形符号	序号	名称	图形符号
104	温度表	t°	107	电钟	⏰
105	燃油表	Q	108	数字式电钟	8⏰
106	车速里程表	V			
六、传感器					
109	传感器的一般符号	*	116	空气流量传感器	AF
110	温度表传感器	t°	117	氧传感器	λ
111	空气温度传感器	t°ₙ	118	爆震传感器	K
112	水温传感器	t°w	119	转速传感器	n
113	燃油表传感器	Q	120	速度传感器	V
114	油压表传感器	OP	121	空气压力传感器	AP
115	空气质量传感器	m	122	制动压力传感器	BP

续表

序号	名称	图形符号	序号	名称	图形符号
七、电器设备					
123	照明灯、信号灯、仪表灯、指示灯		136	磁感应信号发生器	
124	双丝灯		137	温度补偿器	
125	荧光灯		138	电磁阀一般符号	
126	组合灯		139	常开电磁阀	
127	预热指示器		140	常闭电磁阀	
128	电喇叭		141	电磁离合器	
129	扬声器		142	用电动机操纵的怠速调整装置	
130	蜂鸣器		143	过电压保护装置	
131	报警器、电警笛		144	过电流保护装置	
132	信号发生器		145	加热器（出霜器）	
133	脉冲发生器		146	振荡器	
134	闪光器		147	变换器、转换器	
135	霍尔信号发生器		148	光电发生器	

续表

序号	名称	图形符号	序号	名称	图形符号
七、电器设备					
149	空气调节器		162	收放机	
150	滤波器		163	点火线圈	
151	稳压器	U const	164	分电器	
152	点烟器		165	火花塞	
153	热继电器		166	电压调节器	U
154	间歇刮水继电器		167	转速调节器	n
155	防盗报警系统		168	温度调节器	t° v
156	天线一般符号		169	串激绕组	
157	发射机		170	并激或他激绕组	
158	收放机		171	集电环或换向器上的电刷	
159	内部通信联络及音乐系统		172	直流电动机	M
160	收放机		173	串激直流电动机	M
161	天线电话		174	并激直流电动机	M

续表

序号	名称	图形符号	序号	名称	图形符号
	七、电器设备					

序号	名称	图形符号	序号	名称	图形符号
175	永磁直流电动机		185	直流发电机	
176	起动机（带电磁开关）		186	星形连接的三相绕组	
177	燃油泵电动机、洗涤电动机		187	三角形连接的三相绕组	
178	晶体管电动汽油泵		188	定子绕组为星形连接的交流发电机	
179	加热定时器		189	定子绕组为三角形连接的交流发电机	
180	点火电子组件		190	外接电压调节器与交流发电机	
181	风扇电动机		191	整体式交流发电机	
182	刮水电动机		192	蓄电池	
183	电动天线		193	蓄电池组	
184	直流伺服电动机				

图形符号分为基本符号、一般符号和明细符号 3 种。

1. 基本符号

基本符号不能单独使用，不表示独立的电器元件，只说明电路的某些特征。如："—"表示直流，"～"表示交流，"+"表示电源的正极，"-"表示电源的负极，"N"表示中性点或中性线。

2. 一般符号

一般符号用以表示一类产品和此类产品特征的一种简单符号。如：⊗表示指示仪表的一般符号，⊠表示传感器的一般符号。一般符号广义上代表各类元器件，另外，也可以表示没有附加信息或功能的具体元件，如一般电阻、电容等。

3. 明细符号

明细符号表示某一种具体的电器元件。它是由基本符号、一般符号、物理量符号、文字符号等组合派生出来的。如：✱是指示仪表的一般符号，当要表示电流、电压的种类和特点时，将"✱"处换成"A""V"，就成为明细符号。Ⓐ表示电流表，Ⓥ表示电压表。

项目总结

本项目主要讲述了汽车电路图的种类、识读电路图的一般方法、汽车电气系统的特点等知识。从根本上讲，要看懂汽车电路图，首先要具备一定的电工与电子学基础知识，熟悉汽车电器与电子设备的结构原理，了解汽车电路图所用图形符号的意义和汽车电气线路一般的结构特点。在这基础上，先从比较熟悉的车型入手，由简到繁、整理归纳、逐步深入，以致触类旁通。

正确地使用维修技术资料，有利于快速准确地诊断故障。如果发生故障以后盲目采取维修措施，而不是从技术资料上分析导致故障的因果关系，不仅不能够排除原有的故障，还可能会扩大故障范围，造成不必要的损失。

参考文献

[1] 张军，安宗全.汽车电气系统故障诊断与维修［M］.北京：高等教育出版社，2015.

[2] 刘新宇，赵玉田，等.汽车电子与电气系统检修［M］.北京：北京理工大学出版社，2013.

[3] 尹万建.汽车电气设备原理与检修［M］.北京：高等教育出版社，2008.

[4] 纪光兰.汽车电器设备构造与维修［M］.北京：机械工业出版社，2015.

[5] ［英］汤姆·登顿.汽车电子与电气控制系统［M］.于京诺，译.北京：机械工业出版社，2008.

[6] 杨洪庆，陈晓.汽车电器设备原理与检修一体化教程［M］.北京：机械工业出版社，2013.

[7] 刘文国.汽车电气系统检修［M］.北京：清华大学出版社，2010.

[8] ［美］霍尔德曼.汽车电子与电气系统［M］.刘存友，译.北京：劳动出版社，2005.

[9] 杨志红，廖兵.汽车电器［M］.北京：机械工业出版社，2014.

[10] 刘振宇，陈幼平.汽车电器与电子技术［M］.北京：人民交通出版社，2009.

[11] 冯彤，侯伟，钱伟.北京现代汽车电气检修技术［M］.北京：高等教育出版社，2011.

汽车电气系统检修

(第2版)

学习评价手册

北京理工大学出版社
BEIJING INSTITUTE OF TECHNOLOGY PRESS

任务 1-1　汽车电气系统的组成与特点

（一）理论测试

1. 填空题

（1）汽车电气系统的特点是_____、_____、_____、_____和_____。

2. 选择题

（1）电动刮水器、电动座椅、空调装置、中控门锁及电动后视镜等属于（　　）。

A．起动系统　　　　　　　　B．点火系统

C．舒适系统　　　　　　　　D．信号系统

（2）喇叭、蜂鸣器、闪光器及各种行车信号标识灯等属于（　　）。

A．起动系统　　　　　　　　B．点火系统

C．舒适系统　　　　　　　　D．信号系统

3. 判断题

（1）因为汽车上用电器都是一条导线连接的，所以称为串联单线制。（　　）

（2）汽车上所有电器设备的负极直接与车架或车身金属部分用导线相连。（　　）

（二）技能操作

汽车电气系统的组成与特点作业表如表 1-1 所示。

表 1-1　汽车电气系统的组成与特点作业表

姓　　名		班级		学时		成绩	
日　　期				指导教师签字			
任务名称	汽车电气系统的组成与特点							
能力目标	（1）能在实车上找到电源和各种用电设备的安装位置。 （2）能在实车上找到熔断器和继电器的安装位置。 （3）会开启各个电器设备。							
信息获取	实训车 WIN 码：_____							

一、操作准备

（1）工具仪器的准备：

（2）技术资料的准备：

续表

姓　　名		班级		学时		成绩	
日　　期				指导教师签字			
任务名称		**汽车电气系统的组成与特点**					

二、操作过程

（1）在实训车辆上找到下列电器设备的安装位置。

蓄电池在车中位置　　　　　　　　　　找到 □　　　　　　　　没找到 □

发电机在车中位置　　　　　　　　　　找到 □　　　　　　　　没找到 □

起动机在车中位置　　　　　　　　　　找到 □　　　　　　　　没找到 □

前后灯具总成在车中位置　　　　　　　找到 □　　　　　　　　没找到 □

喇叭在车中位置　　　　　　　　　　　找到 □　　　　　　　　没找到 □

雨刮在车中位置　　　　　　　　　　　找到 □　　　　　　　　没找到 □

电动车窗在车中位置　　　　　　　　　找到 □　　　　　　　　没找到 □

保险在车中位置　　　　　　　　　　　找到 □　　　　　　　　没找到 □

继电器在车中位置　　　　　　　　　　找到 □　　　　　　　　没找到 □

（2）查看蓄电池负极如何与车架连接。

（3）打开某三个用电设备（如喇叭、大灯、雨刮、电动车窗等）。

三、过程考核	工具设备的使用	A	B	C	D
	项目工单的填写	A	B	C	D
	回答现场提问	A	B	C	D

任务 1-2　汽车电路基础元件的检测

（一）理论测试

1. 填空题

（1）导线截面积的选择主要根据导线的_____。但对一些较小的电器，为保证有一定的机械强度，导线截面积不得小于_____。

（2）熔断器在电路中起_____作用。通常情况下，将很多熔断器组合在一起安装在_____内。

2. 选择题

对于车用继电器来说，下列说法正确的是（　　　）。

A．小电流控制大电流　　B．大电流控制小电流　　C．便于布置电器元件

3. 判断题

（1）用万用表电阻挡测量熔断器的两端电阻时，显示 0 时说明熔断器是坏的。（　　）

（2）正温度系数热敏电阻的阻值随温度的升高而升高。（　　）

（3）常开继电器平时触点是断开的，继电器动作后触点才接通。（　　）

4. 简答题

（1）简述继电器的特点及作用。

（2）使用万用表都有哪些注意事项？

（二）技能操作

汽车电路基础元件的检测作业表如表 1-2 所示。

表 1–2　汽车电路基础元件的检测作业表

姓　　名		班级		学时		成绩	
日　　期				指导教师签字			
任务名称	<td colspan="7">**汽车电路基础元件的检测**</td>
能力目标	<td colspan="7">（1）会正确使用万用表测量阻值。 （2）会检测熔断器是否损坏。 （3）会检测继电器是否损坏。</td>
信息获取	<td colspan="7">万用表型号：_____</td>

一、操作准备

（1）工具仪器的准备：

（2）技术资料的准备：

二、操作过程

1. 某电阻阻值的测量
测量值：

2. 熔断器的检测
测量值：　　　　　　　　　　　　　良好 □　　　　烧蚀 □

3. 继电器的检测
（1）不加电的检测。
线圈测量值：　　　　　　　　　　　良好 □　　　　断路 □
触点测量值：　　　　　　　　　　　良好 □　　　　损坏 □
（2）加电的检测。
给线圈通电，此时触点测量值：　　　良好 □　　　　损坏 □

三、过程考核	工具设备的使用	A	B	C	D
	项目工单的填写	A	B	C	D
	回答现场提问	A	B	C	D

任务 2-1　蓄电池亏电故障检修

(一) 理论测试

1. 单选题

(1) 将同极性极板并联在一起形成极板组的目的是（　　）。
A. 提高端电压　　B. 增大容量　　C. 提高电动势　　D. 增大体积

(2) 我国规定，起动型铅酸蓄电池内电解液液面应高出防护片（　　）。
A. 5～10 mm　　B. 10～15 mm　　C. 15～20 mm　　D. 30 mm

(3) 蓄电池放电后极板上的生成物为（　　）。
A. PbO_2　　B. Pb　　C. $PbSO_4$　　D. $Pb(OH)_2$

(4) 在充电过程中电解液的密度（　　）。
A. 既加大又减小　　B. 不变　　C. 减小　　D. 加大

(5) EQ1090 型汽车用 6-Q-105 型铅酸蓄电池的低温起动容量是（　　）。
A. 105 A·h　　B. 15.75 A·h　　C. 13.125 A·h　　D. 50.25 A·h

(6) 随着放电电流的加大，蓄电池的容量（　　）。
A. 额定容量　　B. 减小　　C. 不变　　D. 加大

(7) 电池每隔三个月用 20 h 放电率放完电，再正常充足后装车使用，这种方法称为（　　）。
A. 预防硫化充电　　B. 锻炼循环充电　　C. 补充充电　　D. 均衡充电

(8) 检测蓄电池的各单格密度值，如果最高值和最低值之间相差超过（　　）g/cm^3 时，则认为该蓄电池失效。
A. 0.01　　B. 0.050　　C. 0.1　　D. 0.5

(9) 将蓄电池每隔三个月进行一次过充电，方法是用平时补充充电的电流值将蓄电池充足，中断 1 h 后，再用 1/2 的补充充电电流值进行充电至沸腾为止，反复几次，这种方法称为（　　）。
A. 预防硫化充电　　B. 锻炼循环充电　　C. 补充充电　　D. 均衡充电

(10) 当给蓄电池充电时，若电解液温度迅速升高，而蓄电池端电压和相对密度上升相对缓慢，用放电测试仪测量端电压时，电压很低并且会迅速下降为零，说明蓄电池出现（　　）故障。
A. 极板短路　　B. 极板硫化　　C. 自行放电　　D. 电解液缺失

2. 判断题

(1) 蓄电池放电终了时，极板上的活性物质已经全部参加化学反应。（　　）
(2) 发动机起动后，蓄电池不再给用电设备供电。（　　）
(3) 定压充电不需要调整充电机的电流。（　　）
(4) 当起动起动机时，测量蓄电池极柱和电缆间电压将超过 0.1 V，说明正常。（　　）
(5) 当蓄电池内部有短路和断路故障而失效时，可进行跨级起动。（　　）

（6）当定义式可知，蓄电池容量取决于放电电流大小和电解液的温度。　　　（　　）
（7）免维护蓄电池的极板具有很强的抗过充电能力，且使用寿命长。　　　（　　）

3．简答题

（1）汽车起动用蓄电池有哪些功用？

（2）铅酸蓄电池的构造及各部分的作用如何？

（3）什么是蓄电池的容量？影响蓄电池容量的因素有哪些？

（4）蓄电池充电有哪些种类？各用在什么情况？

（5）蓄电池有哪些充电方法？各有何优缺点？

（6）何谓免维护蓄电池？有何特点？

（二）技能操作

蓄电池亏电故障检修作业表如表2-1所示。

表 2-1　蓄电池亏电故障检修作业表

姓　　名		班级		学时		成绩	
日　　期				指导教师签字			
任务名称	**蓄电池亏电故障检修**						
能力目标	（1）能够对蓄电池技术状况进行检查和维护。 （2）能通过现象判断蓄电池的常见故障。						
信息获取	蓄电池型号：_____						

一、操作准备

（1）工具仪器的准备：

（2）技术资料的准备：

二、操作过程

（1）蓄电池外观的检查。
　① 检查蓄电池外壳是否有裂纹。　　　　　　　　无裂纹 □　　有裂纹 □
　② 检查加液孔盖通气孔是否畅通。　　　　　　　畅通 □　　　不畅通 □
　③ 检查正、负极柱是否腐蚀。　　　　　　　　　无腐蚀 □　　腐蚀 □
　④ 检查正、负极柱安装是否牢固。　　　　　　　牢固 □　　　不牢固 □
（2）电解液液面高度的检查。
　① 液面高度指示线检查法。　　　　　　　　　　正常 □　　　偏低 □
　② 玻璃管检查法。　　　　　　　　　　　　　　正常 □　　　偏低 □
（3）蓄电池开路电压的检测。　　　　　　　　　　正常 □　　　亏电 □
（4）蓄电池放电电压的检测。　　　　　　　　　　正常 □　　　弱 □
（5）蓄电池电解液密度的测量。
① 用冰点仪对电解液密度进行测试。
实测密度 ρ_T =_____。
相对密度 $\rho_{25℃}$ =_____。
② 观察内置密度计指示的电量。
绿色表示充足电　　　　　　　　　　　　　　　　　□
变黑和深绿色，说明存电不足，应予以充电　　　　　□
浅黄色或者无色透明时，必须更换蓄电池　　　　　　□

三、过程考核	工具设备的使用	A	B	C	D
	项目工单的填写	A	B	C	D
	回答现场提问	A	B	C	D

任务 2-2　汽车发电机的检修

（一）理论测试

1. 单选题

（1）甲说：汽车充电系统由蓄电池、交流发电机、点火开关、充电指示灯及电路组成。乙说：充电指示灯监控充电系统的工作情况，充电指示灯亮，说明发电机工作正常。（　　）正确。

　　A．甲正确　　　　　B．乙正确　　　　　C．甲乙都正确　　　D．甲乙都错误

（2）交流发电机在正常工作时，属（　　）。

　　A．他励自励式发电机

　　B．自励串励式发电机

　　C．自励并励式发电机

（3）下列说法不正确的是（　　）。

　　A．在发动机运转及汽车行驶的大部分时间里，由交流发电机向各用电设备供电

　　B．在发动机怠速运转时，交流发电机向各用电设备供电

　　C．在发动机起动时，协助蓄电池向起动机和各用电设备供电

　　D．在发电机的端电压高于蓄电池的电动势时，向蓄电池充电

（4）硅整流器可以将定子绕组产生的三相交流电变为直流电，它由（　　）等组成。

　　A．6只硅二极管　　B．6只硅晶体管　　C．正散热板　　　　D．负散热板

2. 多选题

（1）下列零件中属于交流发电机结构的有（　　）。

　　A．转子　　　　　　B．电刷组件　　　　C．单向离合器　　　D．整流板

（2）充电指示灯电路的控制形式有（　　）。

　　A．二极管控制　　　B．励磁电路控制　　C．继电器控制　　　D．中性点控制

（3）充电系统充电不足的原因有（　　）。

　　A．发电机有故障　　B．调节器有故障　　C．电路连接松动　　D．发电机皮带过紧

（4）交流发电机的工作特性包括（　　）。

　　A．满载特性　　　　B．外特性　　　　　C．输出特性　　　　D．空载特性

（5）发电机常见故障包括（　　）。

　　A．发电电压过高　　B．输出电流过大　　C．不发电　　　　　D．发电电压不足

3. 判断题

（1）蓄电池和发电机并联向用电设备供电。（　　）

（2）发动机正常工作时，蓄电池和发电机同时向用电设备供电。（　　）

（3）用起动电源跨接起动的电压不能超过 16 V，否则会损坏发动机电控系统。（　　）

（4）发电机输出电压的调节是通过改变电枢绕组电流的大小来实现的。（　　）

（5）发电机运转时，不能用螺钉旋具或导线短接交流发电机的"B""D"端子。（　　）

（6）交流发电机的励磁方式为先自励、后他励。　　　　　　　　　　（　）
（7）轿车的充电指示灯亮表示发电机工作正常。　　　　　　　　　　（　）
（8）发电机在工作时，其励磁电流始终是蓄电池供给。　　　　　　　（　）
（9）汽车交流发电机的输出特性中，空载转速高于满载转速。　　　　（　）

4. 简答题

（1）交流发电机由哪几部分组成？各起什么作用？

（2）简述交流发电机的工作原理。

（3）电压调节器有何作用？

（4）如何对晶体管式电压调节器进行测试？

（5）充电指示灯控制电路有哪些？

（6）交流发电机及其调节器使用应注意些什么问题？有何意义？

（二）技能操作

汽车发电机的检修作业表如表 2-2 所示。

表 2-2 汽车发电机的检修作业表

姓　　名		班级		学时		成绩	
日　　期				指导教师签字			
任务名称	**汽车发电机的检修**						
能力目标	（1）能正确使用工具进行发电机的拆卸与装配。 （2）能正确使用万用表对发电机进行检测，并能准确判断发电机的技术性能。						
信息获取	发电机型号：_____						

一、操作准备

（1）工具仪器的准备：

（2）技术资料的准备：

二、操作过程

1. 交流发电机的不解体检测

用万用表检测发电机各接线柱间的电阻（$R×1$挡），应与规定相符，参见教材中表 2-6。

(1) "F" 与 "−" 之间电阻为_____。　　　　正常 □　　不正常 □
(2) "+" 与 "−" 之间正向电阻为_____。　　正常 □　　不正常 □
　　 "+" 与 "−" 之间反向电阻为_____。　　正常 □　　不正常 □
(3) "+" 与 "F" 之间正向电阻为_____。　　正常 □　　不正常 □
　　 "+" 与 "F" 之间反向电阻为_____。　　正常 □　　不正常 □

2. 交流发电机的拆解

3. 交流发电机的检测
(1) 转子的检测。
① 转子绕组短路与断路的检查：
测量值：　　　　　　　　　　　正常 □　　　短路 □　　　断路 □
② 转子绕组搭铁的检查：
测量值：　　　　　　　　　　　不搭铁 □　　　　　　　　搭铁 □
(2) 定子的检测。
① 定子绕组断路的检查：
测量值：　　　　　　　　　　　正常 □　　　　　　　　　断路 □
② 定子绕组搭铁的检查：
测量值：　　　　　　　　　　　不搭铁 □　　　　　　　　搭铁 □
(3) 整流器的检测。
① 检查二极管好坏：
一次测量值：_____；二次测量值：_____　良好 □　　损坏 □
② 二极管的极性判别：
(4) 电刷组件的检查。
① 外观检查：
　　良好 □　　　油污 □　　　破损 □　　　变形 □　　　活动不自如 □
② 电刷长度检查：
测量值：　　　　　　　　　　　良好 □　　　　　　　　　过短 □

4. 交流发电机的装复

三、过程考核	工具设备的使用	A	B	C	D
	项目工单的填写	A	B	C	D
	回答现场提问	A	B	C	D

任务 3-1　起动机异响故障检修

（一）理论测试

1．单选题

（1）实际的直流电动机电枢都用多匝（　　）绕成，电枢电流和磁场电流也很大。
  A．串联　　　　　B．并联　　　　　C．凸形　　　　　D．Y形连接

（2）检查换向器的绝缘云母片的深度标准值为 0.5～0.8 mm，使用极限值为（　　）。
  A．0.2 mm　　　　B．0.5 mm　　　　C．0.8 mm　　　　D．1.0 mm

（3）磁场绕组电刷接头与起动机外壳之间的电阻值为（　　）时，说明绝缘情况良好。
  A．阻值较小　　　B．零　　　　　　C．阻值较大　　　D．无穷大

（4）（　　）控制起动机驱动齿轮与发动机飞轮的啮合与分离以及电动机电路的通断。
  A．点火开关　　　B．电磁开关　　　C．拨叉　　　　　D．单向离合器

（5）在发动机已起动，刚松开起动开关瞬时电磁开关两线圈（　　）。
  A．均产生磁场且方向相同
  B．均产生磁场但方向相反
  C．吸引线圈不产生磁场

（6）若直流串励电动机的磁路已饱和，它的转矩（　　）。
  A．与励磁电流平方成正比
  B．与励磁电流成正比
  C．与励磁电流无关

2．多选题

（1）关于起动机换向器，下列（　　）的描述是正确的。
  A．相邻两个换向片之间是绝缘的
  B．测量相邻两个换向片之间的电阻值为无穷大
  C．测量相邻两个换向片之间的电阻值应很小
  D．测量相邻两个换向片之间的电阻值都很小

（2）起动机中，单向离合器的作用是（　　）。
  A．单向传递转矩
  B．防止起动机过载
  C．防止起动后发动机反拖动起动机
  D．以上说法都对

（3）常见的单向离合器有（　　）等。
  A．双扭曲簧　　　B．扭簧式　　　　C．摩擦片式　　　D．滚柱式

3．简答题

（1）起动机由哪三大部分组成？各部分的作用是什么？

(2) 电磁开关的作用是什么？吸引线圈和保持线圈分别起什么作用？

(3) 简述起动机电磁开关的结构及工作过程。

(4) 单向离合器的作用是什么？滚柱式单向离合器是如何工作的？

(5) 拆装起动机应注意哪些问题？

(二) 技能操作

起动机异响故障检修作业表如表 3-1 所示。

表 3-1　起动机异响故障检修作业表

姓　　名		班级		学时		成绩	
日　　期				指导教师签字			
任务名称	**起动机异响故障检修**						
能力目标	（1）能正确使用工具进行起动机的拆装。 （2）能正确使用数字万用表对起动机进行检测，并能准确判断起动机的技术性能。						
信息获取	起动机型号：_____						

一、操作准备

（1）工具仪器的准备：

（2）技术资料的准备：

二、操作过程

1. 起动机的解体

2. 起动机的检测
（1）直流电动机的检查。
① 转子的检查。
a. 目测换向器表面是否出现异常磨损和赃污。　　　　　　　　有 □　　　　　无 □
b. 测量换向器片绝缘槽深度：
测量值：_____　　　　　　　　　　　　　　　　　　正常 □　　　　小于极限 □
c. 转子绕组断路的检查：
测量值：_____　　　　　　　　　　　　　　　　　　正常 □　　　　断路 □
d. 转子绕组绝缘检查：
测量值：_____　　　　　　　　　　　　　　　　　　正常 □　　　　不绝缘 □
② 定子的检查。
a. 定子绕组断路检查：
测量值：_____　　　　　　　　　　　　　　　　　　正常 □　　　　断路 □
b. 定子绕组绝缘检查（串励式）：
测量值：_____　　　　　　　　　　　　　　　　　　正常 □　　　　不绝缘 □
③ 电刷组件的检查。
a. 目测电刷是否有异常磨损：　　　　　　　　　　　　　　有 □　　　　　无 □
b. 用手按压各弹簧，检查弹力是否一致：　　　　　　　　　一致 □　　　　不一致 □
c. 电刷长度的检查：
测量值：_____　　　　　　　　　　　　　　　　　　正常 □　　　　小于极限 □
（2）电磁开关的检查。
① 电磁开关保持线圈的检查：
测量值：_____　　　　　　正常 □　　　短路 □　　　　断路 □
② 电磁开关吸引线圈的检查：
测量值：_____　　　　　　正常 □　　　短路 □　　　　断路 □
③ 用手压下电磁开关移动铁芯，检查主接线柱是否导通：　导通 □　　　　不导通 □
（3）传动机构的检查。
① 目测各传动部件是否有损坏：　　　　　　　　　　　　　有 □　　　　　无 □
② 单向离合器的检查：　　　　　　　　　　　　　　　　　正常 □　　　　打滑 □

3. 起动机的装复

三、过程考核	工具设备的使用	A	B	C	D
	项目工单的填写	A	B	C	D
	回答现场提问	A	B	C	D

任务 3-2　起动机无法运转故障检修

（一）理论测试

1．多选题

（1）起动发动机时，起动机内发出周期性的敲击声且无法转动，可能原因是（　　）。

A．电磁开关内保持线圈短路

B．电磁开关内保持线圈断路

C．蓄电池亏电

D．A 和 C 的情况都存在

（2）电磁开关试验包括（　　）等检查项目。

A．铁芯复位　　　B．吸引线圈　　　C．励磁线圈　　　D．保持线圈

2．判断题

（1）直流串励式电动机的工作特性指转矩、转速、功率与电流之间的关系。（　　）

（2）起动机励磁绕组的一端接在电源接线柱上，另一端与两个绝缘电刷相连。（　　）

（3）起动机的传动装置只能单向传递转矩。（　　）

（4）减速起动机中的减速装置可以起到减速增矩的作用。（　　）

（5）起动过程中，电磁开关内的保持线圈被短路，由吸引线圈维持起动状态。（　　）

3．简答题

（1）起动系统有哪些作用？由哪些零件组成？

（2）如何诊断起动机无法运转的故障？

（3）影响起动机运转无力的因素有哪些？并做出分析。

（4）在使用起动机时应注意哪些事项？

（二）技能操作

起动机无法运转故障检修作业表如表 3-2 所示。

表 3-2 起动机无法运转故障检修作业表

姓　　名		班级		学时		成绩	
日　　期				指导教师签字			
任务名称	**起动机无法运转故障检修**						
能力目标	（1）能识读/分析汽车起动系统电路图。 （2）会用万用表检测起动系统常见故障，并将其排除。						
信息获取	起动系统电路图归属车型为：_____						
一、操作准备							
（1）工具仪器的准备：							
（2）技术资料的准备：							
二、操作过程							
1．拆画起动系统电路							
2．故障分析 造成起动机不运转的原因主要有哪些？							
3．故障检测 （1）蓄电池的检查。 ① 蓄电池端电压的检查：　　　　　　　　　正常 □　　　　亏电 □ ② 蓄电池线束连接的检查：　　　　　　　　正常 □　　　　松动 □ （2）起动机控制电路的检查。 ① 起动机控制端导线供电的检查：　　　　　正常 □　　　　有故障 □ ② 起动继电器的检查：　　　　　　　　　　正常 □　　　　有故障 □ ③ 点火开关及线路的检查：　　　　　　　　正常 □　　　　有故障 □ （3）起动机的检查。 ① 跨接起动机电池端（起动机端子 30）和控制端（起动机端子 50） 　　起动机运转 □　　　　　　　　起动机不运转 □ ② 跨接起动机电池端（起动机端子 30）和电源端（起动机端子 C）。 　　电动机正常运转 □　　　　　　电动机仍不运转 □ 4．分析以上检测结果，确定起动机无法运转故障点位置							
三、过程考核	工具设备的使用		A	B		C	D
	项目工单的填写		A	B		C	D
	回答现场提问		A	B		C	D

任务 4-1　前照灯不亮故障的检测与维修

（一）理论测试

1．填空题

（1）前照灯的光学系统包括_____、_____和_____三部分。

（2）汽车照明系统主要用于_____、_____、_____及检修照明。

（3）前照灯灯泡有_____、_____和_____等几种类型。

（4）汽车照明系统主要由_____、_____、_____、_____组成。

（5）汽车上主要照明设备有_____、_____、_____、_____、_____。

2．判断题

（1）前照灯属于信号及标志用的灯具。（　　）

（2）LCD 显示器是属于非发光型的。（　　）

（3）前照灯的远光灯丝位于反射镜的焦点下方。（　　）

（4）现代有些汽车前照灯照明距离已达到 200～250 m。（　　）

3．选择题

（1）只有当打开（　　）时，后雾灯才能打开。

A．远光灯、近光灯　　　　　　B．小灯

C．前雾灯　　　　　　　　　　D．远光灯、近光灯或前雾灯

（2）后照灯的灯泡功率一般采用（　　）。

A．8 W　　　　B．18 W　　　　C．28 W

（3）牌照灯的灯泡功率一般为（　　）。

A．8～10 W　　B．12～14 W　　C．16～18 W

（4）前照灯的远光灯一般为（　　）。

A．20～30 W　　B．31～40 W　　C．45～60 W。

（5）下列哪种说法是错误的（　　）。

A．前照灯的光束是可调的　　　B．前照灯需要防水

C．远光灯的功率比近光灯的功率大　D．前照灯的灯泡是不能单独更换的

（6）前照灯近光灯灯丝损坏，会造成前照灯（　　）。

A．全不亮　　B．一侧不亮　　C．无近光　　D．无远光

（7）汽车灯光系统出现故障，除与本系统原件损坏外，还可能与（　　）有关。

A．充电系统　　B．起动系统　　C．仪表报警系统　　D．空调系统

（8）用万用表检测照明灯线路某点，无电压显示。说明此点前方的线路（　　）。

A．断路　　B．短路　　C．搭铁　　D．接触电阻较大

4．简答题

对汽车照明系统有哪些要求？

（二）技能操作

前照灯不亮故障的检测与维修作业表如表 4-1 所示。

表 4-1 前照灯不亮故障的检测与维修作业表

姓　　名		班级		学时		成绩	
日　　期				指导教师签字			
任务名称	前照灯不亮故障的检测与维修						
能力目标	（1）能掌握前照灯线路的分析方法。 （2）能正确使用数字万用表对前照灯电路进行检测，并能准确找出故障原因和诊断方法。						
信息获取	前照灯型号：_____						

一、操作准备
（1）工具仪器的准备：
（2）技术资料的准备：

二、操作过程
1．前照灯电路的拆画
2．前照灯电路的检测 （1）熔断器的检测。 ① 目测熔断器的熔丝是否熔断：　　　　　　　　　是 □　　　　　否 □ ② 熔断器的检测： 测量值：_____　　　　　　　　　　　　　正常 □　　　　　断路 □ （2）继电器的检测。 ① 继电器线圈的检测： 测量值：_____　　　　　　　　　　　　　正常 □　　短路 □　　断路 □ ② 继电器开关的检测： 测量值：_____　　　　　　　　　　　　　正常 □　　　　　断路 □ （3）前照灯灯泡的检测。 ① 目测前照灯灯泡是否有损坏：　　　　　　　　　有 □　　　　　无 □ ② 前照灯灯泡灯丝的检测：　　　　　　　　　　　正常 □　　　　　断路 □

三、过程考核	工具设备的使用	A	B	C	D
	项目工单的填写	A	B	C	D
	回答现场提问	A	B	C	D

任务 4-2　转向灯不亮故障的检测与维修

（一）理论测试

1．判断题

（1）牌照灯属于信号及标志用的灯具。　　　　　　　　　　　　　　　　（　　）

（2）转向信号灯属于信号用的灯具。　　　　　　　　　　　　　　　　　（　　）

（3）现代有些汽车转向灯照明距离已达到 200～250 m。　　　　　　　　（　　）

2．单选题

（1）国标中规定转向信号灯闪光频率一般为（　　）。

A．60～120 次/分钟　　　　　　　B．45～60 次/分钟

C．125～145 次/分钟

（2）当转向开关打到某一侧时，该侧转向灯亮而不闪，故障可能是（　　）。

A．闪光继电器坏　　　　　　　　B．该侧的灯泡坏

C．转向开关有故障　　　　　　　D．该侧灯泡的搭铁不好

（3）当转向开关打到左右两侧时，转向灯均不亮，检查故障时首先应（　　）。

A．检查继电器

B．检查熔丝

C．检查转向开关

D．按下紧急报警开关观看转向灯是否亮，以此来判断闪光继电器

（4）若闪光器电源接线柱上的电压为 0 V，说明（　　）。

A．供电线断路　　　　　　　　　B．转向开关损坏

C．光器损坏　　　　　　　　　　D．灯泡损坏

（5）若左转向灯搭铁不良，当转向开关拨至左转向时的现象是（　　）。

A．左、右转向灯都不亮　　　　　B．只有右转向灯亮

C．只有左转向灯亮　　　　　　　D．左、右转向灯微亮

（6）制动灯要求其灯光在夜间能明显指示（　　）。

A．30 m 以外　　　B．60 m 以外　　　C．100 m 以外　　　D．120 m 以外

3．简答题

转向灯闪光器有哪几种类型？

（二）技能操作

转向灯不亮故障的检测与维修作业表如表 4-2 所示。

表 4-2 转向灯不亮故障的检测与维修作业表

姓　　名		班级		学时		成绩	
日　　期				指导教师签字			
任务名称	转向灯不亮故障的检测与维修						
能力目标	（1）能掌握转向灯线路的分析方法。 （2）能正确使用数字万用表对转向灯电路进行检测，并能准确找出故障原因和诊断方法。						
信息获取	转向灯型号：_____						

一、操作准备

（1）工具仪器的准备：

（2）技术资料的准备：

二、操作过程

1. 转向灯电路的拆画

2. 转向灯电路的检测
（1）蓄电池的检测。
蓄电池是否亏电：　　　　　　　　　　　是 □　　　　　否 □
（2）熔断器的检测。
① 目测熔断器的熔丝是否熔断：　　　　　是 □　　　　　否 □
② 熔断器的检测：
测量值：_____　　　　　　　　　　正常 □　　　　断路 □
（3）转向灯开关的检测。
① 目测转向灯开关是否有损坏：　　　　　有 □　　　　　无 □
② 转向灯开关的检测：　　　　　　　　　正常 □　　　　断路 □

三、过程考核	工具设备的使用	A	B	C	D
	项目工单的填写	A	B	C	D
	回答现场提问	A	B	C	D

任务 4-3　汽车电喇叭不响故障的检测与维修

（一）理论测试

1. 判断题

（1）流过汽车电喇叭的电流越大，喇叭的音量越小。　　　　　　　　　　　　（　　）

（2）按音频高低不同可分为高音喇叭和低音喇叭。　　　　　　　　　　　　　（　　）

2. 选择题

（1）盆形电喇叭，减小上、下铁芯间的气隙，喇叭的音调（　　）。

A．没有变化　　　　　　B．提高　　　　　　C．降低

（2）下面哪种不是喇叭的外形（　　）。

A．螺旋形　　　　　　　B．筒形　　　　　　C．盆形　　　　　　D．柱形

3. 简答题

（1）汽车喇叭的类型有哪些？

（二）技能操作

汽车电喇叭不响故障的检测与维修作业表如表 4-3 所示。

表 4-3　汽车电喇叭不响故障的检测与维修作业表

姓　　名		班级		学时		成绩	
日　　期				指导教师签字			
任务名称	汽车电喇叭不响故障的检测与维修						
能力目标	（1）能掌握汽车电喇叭线路的分析方法。 （2）能正确使用数字万用表对汽车电喇叭电路进行检测，并能准确找出故障原因和诊断方法。						
信息获取	汽车电喇叭型号：＿＿＿＿＿＿						
一、操作准备							
（1）工具仪器的准备：							
（2）技术资料的准备：							

续表

姓　　名		班级		学时		成绩	
日　　期			指导教师签字				
任务名称		汽车电喇叭不响故障的检测与维修					

二、操作过程

1. 汽车电喇叭电路的拆画

2. 汽车电喇叭电路的检测
（1）蓄电池的检测。
蓄电池是否亏电：　　　　　　　　　　是　□　　　　　否　□
（2）熔断器的检测。
① 目测熔断器的熔丝是否熔断　　　　　是　□　　　　　否　□
② 熔断器的检测：
测量值：_____　　　　　　　　　　正常　□　　　　断路　□
（3）继电器的检测。
① 继电器线圈的检测：
测量值：_____　　　　　　　正常　□　　短路　□　　断路　□
② 继电器开关的检测：
测量值：_____　　　　　　　　　　正常　□　　　　断路　□
（4）电喇叭自身的检测。
① 目测电喇叭是否有损坏：　　　　　　有　□　　　　　无　□
② 电喇叭自身的检测：　　　　　　　　正常　□　　　　断路　□

三、过程考核	工具设备的使用	A	B	C	D
	项目工单的填写	A	B	C	D
	回答现场提问	A	B	C	D

任务 5-1　仪表指示异常的故障检修

（一）理论测试

1．填空题

（1）机油压力表的作用是在发动机运转时，指示发动机_____和发动机_____工作是否正常。

（2）组合式仪表将_____、冷却液温度表、_____、机油压力表、_____等不同仪表表芯、指示灯和报警灯等安装在同一外壳内组合而成。

（3）车速里程表是用来指示汽车行驶_____和累计行驶_____的仪表。

（4）_____用来指示发动机冷却水工作温度。它由装在_____水套中的温度传感器和装在仪表板上的冷却液温度表组成。

（5）燃油表是用来指示燃油箱内燃油的_____。燃油表有_____和_____两种，传感器都是_____。

（6）国产汽车上使用最多的机油压力表是_____机油压力表。

（7）热敏电阻是一种_____材料，其电阻值的大小随_____变化而特别敏感。

2．选择题

（1）热敏电阻式水温表，当水温低时（　　）。
　A．热敏电阻值变小　　B．双金属片变形小　　C．双金属片变形大　　D．双金属片不变形

（2）水温表中，双金属片的触点与固定触点闭合时间短、分开时间长，指示的水温值（　　）。
　A．低　　　　　　B．高　　　　　　C．不变　　　　　D．不定

（3）电热式机油压力表，当油压升高时（　　）。
　A．热敏电阻值变小　B．双金属片变形小　C．双金属片变形大　D．双金属片不变形

（4）燃油表一般采用（　　）类型的传感器。
　A．双金属式　　　B．热敏电阻式　　　C．可变电阻式　　　D．磁感应式

（5）发动机冷却液温度表一般采用（　　）类型的传感器。
　A．双金属式　　　B．热敏电阻式　　　C．可变电阻式　　　D．磁感应式

3．判断题

（1）油压表传感器一般装在发动机主油道或细滤器上。（　　）

（2）发动机正常工作时，水温一般应在 75 ～ 90 ℃之间。（　　）

（3）冷却液温度传感器安装在发动机气缸盖的冷却水套上。（　　）

（4）正温度系数热敏电阻的阻值随温度的升高而降低。（　　）

（5）里程表的计数器数码是随着里程的积累而增加的。（　　）

4．简答题

简述电磁式水温表的工作原理。

（二）技能操作

仪表指示异常的故障检修作业表如表 5-1 所示。

表 5-1 仪表指示异常的故障检修作业表

姓　　名		班级		学时		成绩	
日　　期				指导教师签字			
任务名称	\multicolumn{7}{c}{**仪表指示异常的故障检修**}
能力目标	\multicolumn{7}{l}{（1）理解汽车仪表系统的组成和工作原理。 （2）掌握汽车仪表系统的拆卸和安装。 （3）掌握汽车仪表系统的检测工作。 （4）能分析解决汽车仪表系统的典型故障。}
信息获取	\multicolumn{7}{l}{汽车仪表型号：＿＿＿＿＿＿}

一、操作准备

（1）工具仪器的准备：

（2）技术资料的准备：

二、操作过程

（1）转速表检测。　　　　　　　　　　　　完成情况：优秀 □　良好 □　差 □

（2）燃油表检测。　　　　　　　　　　　　完成情况：优秀 □　良好 □　差 □

（3）机油压力表检测。　　　　　　　　　　完成情况：优秀 □　良好 □　差 □

（4）用专用诊断仪进行仪表诊断。　　　　　完成情况：优秀 □　良好 □　差 □

（5）场地整理。　　　　　　　　　　　　　完成情况：优秀 □　良好 □　差 □

（6）故障是否已排除＿＿＿＿＿＿＿＿＿＿＿＿＿＿＿＿＿＿＿＿＿＿＿＿＿＿＿＿＿＿＿。

（7）故障思路是否正确＿＿＿＿＿＿＿＿＿＿＿＿＿＿＿＿＿＿，不正确之处应该如何修改＿＿＿＿＿＿＿＿＿＿＿＿＿＿＿＿＿＿＿＿＿＿＿＿＿＿＿＿＿＿＿＿＿＿＿＿＿＿＿。

（8）故障诊断操作中是否有不当之处＿＿＿＿＿＿＿＿＿＿＿＿＿＿＿＿＿＿＿＿＿，应如何处置＿＿＿＿＿＿＿＿＿＿＿＿＿＿＿＿＿＿＿＿＿＿＿＿＿＿＿＿＿＿＿＿＿＿＿。

（9）有无新发现知识点＿＿＿＿＿＿＿＿＿＿＿＿＿＿＿＿＿＿＿＿＿＿＿＿＿＿＿＿＿。

三、过程考核	工具设备的使用	A	B	C	D
	项目工单的填写	A	B	C	D
	回答现场提问	A	B	C	D

任务 5-2　报警灯常亮故障检修

（一）理论测试

1．填空题

（1）汽车报警系统由_____和_____组成。

（2）车辆上常用的显示装置有发光二极管_____、_____、电致发光显示器等。

（3）_____用来冷却水温度不正常时，发出灯光信号，以示警告。

2．选择题

（1）最高机油压力不应超过（　　）MPa。

A．0.196　　　B．0.491　　　C．4.91　　　D．1.96

（2）发光二极管的工作电压低，一般为（　　）V 左右。

A．12　　　B．2　　　C．24　　　D．220

（3）发动机处于正常情况下水温表的指示值为（　　）。

A．75～90 ℃　　　B．75～80 ℃　　　C．85～95 ℃　　　D．85～100 ℃

（4）油压传感器上的安装标记与垂直中心线偏角不得超过（　　）。

A．50°　　　B．40°　　　C．30°　　　D．60°

（5）机油压力过低报警灯报警开关安装在（　　）上。

A．润滑油主油道　　　B．发动机曲轴箱　　　C．气门室罩盖　　　D．节气门体

3．判断题

（1）半导体热敏电阻水温传感器通常为负温度系数。（　　）

（2）LCD 显示器是属于非发光型的。（　　）

（3）制动液面过高时报警灯亮。（　　）

（4）燃油表指针指在"1/2"时，表示油箱无油。（　　）

（5）倒车雷达装置在倒车时起到主要报警功能。（　　）

4．简答题

汽车上常用的报警装置有哪些？各有何作用？

5．论述题

结合如图 5-1 所示电路图，试述制动灯断线报警灯的工作过程。

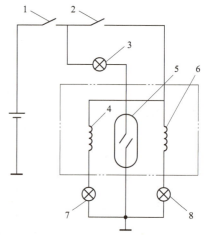

图 5-1　电路图

1—点火开关；2—制动灯开关；3—报警灯；
4，6—电磁线圈；5—舌簧开关；7，8—制动信号灯

（二）技能操作

报警灯常亮故障检修作业表如表 5-2 所示。

表 5-2 报警灯常亮故障检修作业表

姓　　名			班级		学时		成绩	
日　　期					指导教师签字			
任务名称			**报警灯常亮故障检修**					
能力目标			（1）理解汽车报警系统的组成和工作原理。 （2）掌握汽车报警系统的拆卸和安装。 （3）掌握汽车报警系统的检测工作。 （4）能分析解决汽车报警系统的典型故障。					
信息获取			汽车型号：_____					
一、操作准备								
（1）工具仪器的准备：								
（2）技术资料的准备：								
二、操作过程								
（1）制动系统低气压报警灯检测。				完成情况：优秀 □　良好 □　差 □				
（2）真空度报警灯检测。				完成情况：优秀 □　良好 □　差 □				
（3）机油压力报警灯检测。				完成情况：优秀 □　良好 □　差 □				
（4）水温报警灯检测。				完成情况：优秀 □　良好 □　差 □				
（5）燃油油面报警灯检测。				完成情况：优秀 □　良好 □　差 □				
（6）制动液液面报警灯检测。				完成情况：优秀 □　良好 □　差 □				
（7）制动灯断线报警灯检测。				完成情况：优秀 □　良好 □　差 □				
（8）空气滤清器堵塞报警灯检测。				完成情况：优秀 □　良好 □　差 □				
（9）用专用诊断仪进行仪表诊断。				完成情况：优秀 □　良好 □　差 □				
（10）场地整理。				完成情况：优秀 □　良好 □　差 □				
三、过程考核		工具设备的使用		A	B		C	D
		项目工单的填写		A	B		C	D
		回答现场提问		A	B		C	D

任务 6-1　电动车窗无法降落故障检修

（一）理论测试

1．填空题

（1）电动车窗系统由_____、_____、_____、_____、_____等装置组成。

（2）电动座椅一般由_____、_____、_____等组成。

2．判断题

（1）电动车窗使用的电动机是单向的。　　　　　　　　　　　　　　（　　）

（2）汽车安全气囊是一种主动安全系统。　　　　　　　　　　　　　（　　）

3．简答题

电动车窗由哪些部分组成？

（二）技能操作

电动车窗无法降落故障检修作业表如表 6-1 所示。

表 6-1　电动车窗无法降落故障检修作业表

姓　　名		班级		学时		成绩	
日　　期				指导教师签字			
任务名称	电动车窗无法降落故障检修						
能力目标	（1）能掌握电动车窗线路的分析方法。 （2）能正确使用数字万用表对电动车窗电路进行检测，并能准确找出故障原因和诊断方法。						
信息获取	电动车窗升降器型号：_____						
一、操作准备							
（1）工具仪器的准备：							
（2）技术资料的准备：							

续表

姓　　名		班级		学时		成绩	
日　　期				指导教师签字			
任务名称		电动车窗无法降落故障检修					

二、操作过程

1. 电动车窗电路的拆画

2. 电动车窗电路的检测
（1）蓄电池的检测。
蓄电池是否亏电： 　　　　　　　　　　　　　　　　是 □ 　　　　　　否 □
（2）熔断器的检测。
① 目测熔断器的熔丝是否熔断： 　　　　　　　　　是 □ 　　　　　　否 □
② 熔断器的检测：
测量值：　　　　　　　　　　　　　　　　　　　正常 □ 　　　　　　断路 □
（3）电动车窗开关的检测。
① 目测电动车窗开关是否有损坏： 　　　　　　　　有 □ 　　　　　　无 □
② 电动车窗开关的检测： 　　　　　　　　　　　　正常 □ 　　　　　　断路 □

三、过程考核	工具设备的使用	A	B	C	D
	项目工单的填写	A	B	C	D
	回答现场提问	A	B	C	D

任务 6-2　电动刮水器不工作故障检修

（一）理论测试

1．填空题

（1）汽车刮水器按其驱动方式不同可以分为_____、_____和_____三种。

（2）电动刮水器由_____、_____、_____组成。

（3）电子式安全气囊系统主要由_____、_____、_____、_____等组成。

2．选择题

（1）汽车在大雨天行驶时，刮水器应工作在（　　）。

A．点动挡　　　　　B．间歇挡　　　　　C．快速挡

（2）一般轿车后风窗玻璃采用的除霜方式是（　　）。

A．将暖风机热风吹至后风窗玻璃

B．采用独立式暖风装置并将热风吹向后风窗玻璃

C．电热丝加热

（3）普通除霜系统溶化风窗表面冰霜的速度比电加热风窗玻璃系统（　　）。

A．慢　　　　　B．快　　　　　C．差不多　　　　　D．不确定

3．判断题

（1）装有安全气囊的车，驾车时必须系安全带。（　　）

（2）永磁式电动刮水器的变速是通过变速电阻的串入或隔除来实现的。（　　）

（3）使用风窗玻璃洗涤器时，应先开动刮水器，然后再开动洗涤液泵。（　　）

4．简答题

简述汽车电动刮水器的组成部分及其作用。

（二）技能操作

电动刮水器不工作故障检修作业表如表 6-2 所示。

表 6-2　电动刮水器不工作故障检修作业表

姓　　名		班级		学时		成绩	
日　　期			指导教师签字				
任务名称	<td colspan="7">**电动刮水器不工作故障检修**</td>
能力目标	<td colspan="7">（1）能掌握电动刮水器线路的分析方法。 （2）能正确使用数字万用表对电动刮水器电路进行检测，并能准确找出故障原因和诊断方法。</td>
信息获取	<td colspan="7">电动刮水器电动机型号：＿＿＿＿＿＿</td>

一、操作准备

（1）工具仪器的准备：

（2）技术资料的准备：

二、操作过程

1．电动刮水器电路的拆画

2．电动刮水器电路的检测
（1）熔断器的检测。
① 目测熔断器的熔丝是否熔断：　　　　　　　　　是　□　　　　　否　□
② 熔断器的检测：
测量值：＿＿＿＿＿＿　　　　　　　　　　　　正常　□　　　　　断路　□

（2）检测电动刮水器电动机。
① 测量母连接器：
测量值：＿＿＿＿＿＿　　　　　　　　　　　　正常　□　　　　　不正常　□
② 测量电动机连接器：
测量值：＿＿＿＿＿＿　　　　　　　　　　　　正常　□　　　　　不正常　□

（3）检测电动刮水器相关线路。　　　　　　　　　正常　□　　　　　断路　□

三、过程考核	工具设备的使用	A	B	C	D
	项目工单的填写	A	B	C	D
	回答现场提问	A	B	C	D

任务 6-3　中控门锁失效故障检修

（一）理论测试

1．填空题

（1）中央控制门锁系统一般由_____、_____和_____组成。

（2）常见的汽车防盗装置有_____、_____、_____三类。

2．判断题

（1）倒车雷达装置在倒车时起到主要报警功能。　　　　　　　　　　　　　（　　）

（2）电动车窗使用的电动机是单向的。　　　　　　　　　　　　　　　　　（　　）

（3）汽车安全气囊是一种主动安全系统。　　　　　　　　　　　　　　　　（　　）

3．简答题

简述中央控制门锁的功能。

（二）技能操作

中控门锁失效故障检修作业表如表 6-3 所示。

表 6-3　中控门锁失效故障检修作业表

姓　　名		班级		学时		成绩	
日　　期				指导教师签字			
任务名称	中控门锁失效故障检修						
能力目标	（1）能掌握中控门锁线路的分析方法。 （2）能正确使用数字万用表对中控门锁电路进行检测，并能准确找出故障原因和诊断方法。						
信息获取	中控门锁型号：_____						
一、操作准备							
（1）工具仪器的准备：							
（2）技术资料的准备：							

续表

姓　　名		班级		学时		成绩	
日　　期				指导教师签字			
任务名称			中控门锁失效故障检修				

二、操作过程

1. 中控门锁电路的拆画

2. 中控门锁电路的检测
（1）蓄电池的检测。
蓄电池是否亏电：　　　　　　　　　　　　　是 □　　　　　否 □

（2）熔断器的检测
① 目测熔断器的熔丝是否熔断：　　　　　　　是 □　　　　　否 □
② 熔断器的检测：
测量值：_____　　　　　　　　　　　正常 □　　　　　断路 □

（3）中控门锁开关的检测。
① 目测中控门锁开关是否有损坏：　　　　　　有 □　　　　　无 □
② 中控门锁开关的检测：　　　　　　　　　　正常 □　　　　　断路 □

三、过程考核	工具设备的使用	A	B	C	D
	项目工单的填写	A	B	C	D
	回答现场提问	A	B	C	D

任务 7-1　空调不制冷故障的检修

（一）理论测试

1．填空题

（1）空调制冷系统中，_____是用来散热的；_____是用来吸热的。

（2）在冷凝器内，制冷剂从_____变成_____。

（3）汽车空调制冷系统由_____、_____、_____、_____、_____、风机及制冷管道等组成。

（4）衡量汽车空调质量的指标主要有四个：_____、_____、_____和_____。

（5）汽车空调系统具有对车内的_____、_____、_____进行调节和_____的功能。

2．选择题

（1）在制冷循环系统中，被吸入压缩机的制冷剂呈（　　）态。

A．低压液体　　B．高压液体　　C．低压气体　　D．高压气体

（2）气液分离器安装在（　　）。

A．压缩机入口处　B．压缩机出口处　　C．蒸发器入口处　　D．冷凝器出口处

（3）空调制冷系统采用 CCOT 系统时，孔管安装在（　　）。

A．压缩机入口处　B．蒸发器入口处　　C．蒸发器出口处　　D．压缩机出口处

（4）空调中冷凝器的作用是（　　）。

A．控制制冷剂流量　　　B．吸收车厢中的热量　C．将制冷剂携带的热量散至大气中

3．判断题

（1）汽车空调是根据物质状态改变时吸收或释放热量这一基本热原理工作的。（　　）

（2）流过压缩机的制冷剂应是气体，流过孔管或膨胀阀的制冷剂应是液体。（　　）

（3）冷凝器的作用是将制冷剂从气体转变为液体，同时放出热量。（　　）

（4）冷凝器一般位于发动机冷却系散热器的前面，将热量向汽车外部释放。（　　）

（5）起动发动机时，电磁离合器线圈即有电流流通，压缩机即开始工作。（　　）

（6）压缩机是空调系统高、低压侧的分界点。（　　）

4．简答题

（1）空调制冷压缩机的功用是什么？

（2）简述空调系统中储液干燥器的作用。

5．论述题

图 7-1 所示为汽车制冷循环系统，请回答下列问题：

（1）图中 1 是_____；4 是_____；6 是_____；8 是_____。

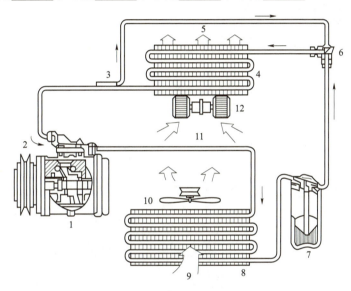

图 7-1　汽车制冷循环系统

（2）叙述汽车空调的制冷循环过程。

（二）技能操作

空调不制冷故障的检修作业表如表 7-1 所示。

表 7-1 空调不制冷故障的检修作业表

姓　　名		班级		学时		成绩	
日　　期				指导教师签字			
任务名称	空调不制冷故障的检修						
能力目标	（1）能正确使用工具进行空调压缩机的拆装。 （2）能正确使用数字万用表对汽车空调系统进行检测，并能准确判断空调系统的技术性能。						
信息获取	空调压缩机型号：_____						

一、操作准备

（1）工具仪器的准备：

（2）技术资料的准备：

二、操作过程

（1）鼓风机检查。　　　　　　　　　　　　　完成情况：优秀 □　　良好 □　　差 □

（2）电磁离合器检查。　　　　　　　　　　　完成情况：优秀 □　　良好 □　　差 □

（3）空调压缩机检查。　　　　　　　　　　　完成情况：优秀 □　　良好 □　　差 □

（4）空调制冷剂泄露检查。　　　　　　　　　完成情况：优秀 □　　良好 □　　差 □

（5）汽车空调管道的检查。　　　　　　　　　完成情况：优秀 □　　良好 □　　差 □

（6）空调压缩机的拆装。　　　　　　　　　　完成情况：优秀 □　　良好 □　　差 □

（7）用专用诊断仪进行仪表诊断。　　　　　　完成情况：优秀 □　　良好 □　　差 □

（8）场地整理。　　　　　　　　　　　　　　完成情况：优秀 □　　良好 □　　差 □

（9）故障是否已排除_____。

（10）故障思路是否正确_____，不正确之处应该如何修改_____。

三、过程考核	工具设备的使用	A	B	C	D
	项目工单的填写	A	B	C	D
	回答现场提问	A	B	C	D

任务 7-2　空调制冷不足故障的检修

（一）理论测试

1．填空题

（1）冷冻机油的作用有_____、_____、_____及降低压缩机噪声。

（2）_____是在空调制冷回路里循环工作的介质，对其有严格的要求。

（3）当前汽车空调系统常用的制冷剂种类是_____。

（4）现代汽车空调系统一般都装有不同类型的_____，它可以实现压力控制和系统保护，它装在空调管路上或储液干燥器上。

（5）空调压力开关用来感测系统的工作压力，一旦压力有异常，压力开关就会打开或闭合，这时空调系统便自动_____压缩机电路或控制冷却风扇以加强_____效果。

2．选择题

（1）现代汽车空调普遍采用（　　）作为制冷剂。

A．R12　　　　　B．R134a　　　　　C．R22　　　　　D．R123

（2）开启空调后发现蒸发器排水管口有水滴出，说明（　　）。

A．发动机漏水　　B．R12 液体泄漏　　C．制冷循环良好　　D．管路有堵塞

（3）不同牌号的冷冻机油混用，会产生（　　）。

A．制冷效果差　　B．不制冷　　C．冷冻机油变质　　D．蒸发器积油

（4）空调系统低压侧出现真空度，高压侧压力过低，说明管路（　　）。

A．有空气　　B．制冷剂不足　　C．管路有堵塞　　D．制冷效果差

（5）管路抽真空的目的是为了降低水的沸点，让水在较低的温度下（　　）。

A．结冰　　B．沸腾　　C．分解成氢气和氧气　　D．电离

（6）若空调视液窗内有气泡或泡沫，则可判定为（　　）。

A．制冷剂不足　　B．制冷剂过多　　C．制冷剂有水　　D．压缩机故障

3．判断题

（1）在制冷系统抽真空时，只要系统内的真空度达到规定值时，即可停止抽真空。（　　）

（2）空调系统正常工作时，低压侧的压强应在 0.15 MPa 左右。（　　）

（3）储液罐玻璃检视窗呈清晰、无气泡状态，说明管路内制冷剂肯定已泄漏完。（　　）

（4）汽车采暖的热源多为发动机冷却液。（　　）

4．简答题

（1）如何通过看观察窗判断制冷剂情况？

（2）如何用手感法判断制冷管路温度是否正常？

（二）技能操作

空调制冷不足故障的检修作业表如表 7-2 所示。

表 7-2　空调制冷不足故障的检修作业表

姓　　名		班级		学时		成绩	
日　　期				指导教师签字			
任务名称	空调制冷不足故障的检修						
能力目标	（1）能正确使用歧管压力表对空调系统进行压力检测。 （2）能正确使用歧管压力表对空调系统进行制冷剂加注，并能准确判断汽车空调制冷系统的技术性能。						
信息获取	汽车型号：_____；制冷剂型号：_____。						
一、操作准备 （1）工具仪器的准备： （2）技术资料的准备： 							
二、操作过程							
（1）制冷剂纯度检测。			完成情况：优秀 □　良好 □　差 □				
（2）制冷剂泄漏检查。			完成情况：优秀 □　良好 □　差 □				
（3）回收管路连接。			完成情况：优秀 □　良好 □　差 □				
（4）制冷剂回收。			完成情况：优秀 □　良好 □　差 □				
（5）制冷剂净化。			完成情况：优秀 □　良好 □　差 □				
（6）初抽真空。			完成情况：优秀 □　良好 □　差 □				
（7）保压。			完成情况：优秀 □　良好 □　差 □				
（8）注油。			完成情况：优秀 □　良好 □　差 □				
（9）抽真空。			完成情况：优秀 □　良好 □　差 □				
（10）定量加注制冷剂。			完成情况：优秀 □　良好 □　差 □				
（11）管路回收。			完成情况：优秀 □　良好 □　差 □				
（12）空调性能检验。			完成情况：优秀 □　良好 □　差 □				
三、过程考核	工具设备的使用		A	B		C	D
	项目工单的填写		A	B		C	D
	回答现场提问		A	B		C	D

任务 8-1　整车线路分析

（一）理论测试

1．填空题

（1）汽车电路图主要有_____、_____和_____三种类型。

（2）汽车线路一般采用_____、用电设备并联、_____、线路有颜色和编号加以区分。

（3）汽车电路图中 30 号线代表_____，31 号线代表_____。

（4）汽车电气系统的故障总体上可分为两大类：一类是_____故障；另一类是_____故障。

（5）可以利用短路法判断汽车电路中出现的_____故障；可以利用断路法判断汽车电路中出现的_____故障。

2．选择题

（1）通常用于控制点火电路、仪表电路、发电机励磁电路及起动电路等的开关称为（　　）。

　A．灯光开关　　　B．点火开关　　　C．组合开关　　　D．电源开关

（2）汽车电路中都设有保险装置，下列装置中（　　）除外

　A．继电器　　　B．易熔线　　　C．断路器　　　D．熔断器

（3）用万用表检测照明灯线路某点，无电压显示，说明此点前方的线路（　　）。

　A．短路　　　B．断路　　　C．搭铁　　　D．接触电阻较大

（4）汽车电路中导线的横截面积是根据所接用电设备的（　　）来确定的。

　A．类型　　　B．阻值　　　C．电流值　　　D．电压值

（5）装有电子线路的汽车上不允许使用的故障诊断方法是（　　）。

　A．仪器法　　　B．断路法　　　C．短路法　　　D．试火法

3．简答题

（1）简述识读电路图的一般方法。

（2）简述汽车电路图的种类。

（二）技能操作

整车线路分析作业表如表 8-1 所示。

表 8-1　整车线路分析作业表

姓　　名		班级		学时		成绩	
日　　期				指导教师签字			
任务名称	整车线路分析						
能力目标	（1）掌握电路图的种类。 （2）了解一般汽车电路的接线规律。 （3）掌握整车电路识图一般方法。 （4）能够使用万用表对全车线路进行检测。						
信息获取	汽车型号：_____						

一、操作准备

（1）工具仪器的准备：

（2）技术资料的准备：

二、操作过程

（1）电源系统电路检测。　　　　　　　　　　完成情况：优秀 □　良好 □　差 □

（2）起动系统电路检测。　　　　　　　　　　完成情况：优秀 □　良好 □　差 □

（3）点火系统电路检测。　　　　　　　　　　完成情况：优秀 □　良好 □　差 □

（4）照明系统电路检测。　　　　　　　　　　完成情况：优秀 □　良好 □　差 □

（5）仪表报警系统电路检测。　　　　　　　　完成情况：优秀 □　良好 □　差 □

（6）信号系统电路检测。　　　　　　　　　　完成情况：优秀 □　良好 □　差 □

（7）电子控制电路检测。　　　　　　　　　　完成情况：优秀 □　良好 □　差 □

（8）用专用诊断仪进行仪表诊断。　　　　　　完成情况：优秀 □　良好 □　差 □

（9）场地整理。　　　　　　　　　　　　　　完成情况：优秀 □　良好 □　差 □

（10）故障是否已排除_____。

（11）故障思路是否正确_____，不正确之处应该如何修改_____。

三、过程考核	工具设备的使用	A	B	C	D
	项目工单的填写	A	B	C	D
	回答现场提问	A	B	C	D